Sumário

Prólogo: Marcando 500 anos desde a morte de Leonardo Da Vinci, o Polímata por excelência

Leonardo da Vinci, o *uomo universale* (homem universal), é a ideia que a maioria das pessoas tem de polímata.

Pintura, escultura, arquitetura, cenografia, música, engenharia militar e civil, matemática, estática, dinâmica, ótica, anatomia, geologia, botânica e zoologia — Da Vinci buscou a maioria desses conhecimentos em um nível que garante menção em qualquer história dessas disciplinas. Profissionais de muitas dessas áreas veem Leonardo da Vinci em si mesmos, idealizando-o.

É totalmente apropriado que a capa de *O Polímata* de Waqās Ahmed seja o *Homem Vitruviano,* de Leonardo, a figura estendida desenhada em um quadrado e um círculo, baseado em *Os Dez Livros sobre Arquitetura*, de Vitrúvio. É a representação, uma espécie de "homenagem visual", de Da Vinci à unidade essencial dos seres humanos, do mundo e do cosmos. Muitas vezes, é usado de forma oportunista em publicidades e em outros lugares para conferir uma aparente profundidade a algo que seja comum. Aqui, no entanto, é fundamental para a empreitada de Ahmed.

Considerando como agora, em geral, costuma-se classificar e compartimentar as atividades intelectuais e práticas, tendemos a ver a diversidade de Da Vinci. Ele viu a unidade, a da organização fundamental do mundo físico, que foi abarcado pelos "princípios da matemática, isto é, número e medida — denominados aritmética e geometria, os quais lidam com qualidades descontínuas e contínuas, com a verdade absoluta". Por trás da miríade de diversidades de formas na natureza, existe um conjunto de leis coerentes e consistentes sobre como a forma se ajusta à função no contexto das leis naturais. Essas leis universais poderiam ser inferidas com base nos comportamentos da luz, do movimento de sólidos e fluidos, da mecânica do corpo humano e de todos os fenômenos que envolvem ação, seja como processo, seja como resultado. Por exemplo, Da Vinci observou o movimento de vórtice da água como expressão das mesmas regras que os movimentos de cachos de um cabelo. Agora, atribuímos o primeiro à dinâmica, o último à estática. Ele via *através das* fronteiras que agora usamos para separar os ramos de conhecimento. Minha descoberta pessoal da unidade de Da Vinci é recontada em meu recente livro *Living with Leonardo*, o qual narra a história de uma jornada pessoal que começou com um diploma em ciências e culminou na obra de arte mais cara do mundo, *Salvator Mundi*.

A polimatia matemática de Leonardo da Vinci era bem especial, mas acho provável que a maioria dos polímatas veja mais unidade em sua diversidade do que podemos discernir a princípio. Eles são melhores em ver relacionamentos, analogias, semelhanças, afinidades, relevâncias, causalidades subjacentes, unidades estruturais. Obviamente, em nosso mundo moderno, é difícil para um artista trabalhar como engenheiro profissional — algo que era aceito na Renascença, embora incomum. Qualquer polímata hoje em dia não pode deixar de considerar os limites profissionais tão zelosamente protegidos que precisam ser transpostos. As estruturas institucionais, construídas com maior zelo no século XIX, não deixam dúvidas sobre onde estão essas fronteiras. Elas são projetadas para manter fora os *outsiders* (ou "intrusos") e dentro, os *insiders* (ou membros internos). Enormes conjuntos de conhecimento profissional atestam o *status* dos especialistas, amparados por uma imensidão de jargões e siglas. As altas demandas das disciplinas modernas são reais, mas também servem como muralhas de proteção contra todos os que não pertencem.

A polimatia nas sociedades modernas corre o risco de superficialidade e amadorismo. Estamos cientes do estigma de que um polímata é um "pau para toda obra e mestre de ninguém". Mas há outra versão, mais antiga: "Um pau para toda obra não é mestre de ninguém, mas geralmente é melhor do que o mestre de apenas um". Muitas das grandes inovações nas artes e nas ciências surgiram quando a sabedoria externa foi aplicada em uma disciplina que se tornara complacente em seus próprios critérios. A biologia, na era do DNA, foi renovada com a chegada de físicos e químicos. A revolução de Copérnico, no século XVI, foi impulsionada tanto por conceitos de beleza quanto por observação inovadora. Em 1905, Einstein escreveu com eloquente brevidade sobre uma visão de espaço, tempo e energia, baseada em uma profunda intuição, em vez de empreender uma revisão abrangente do que era certo e errado na astronomia e na física modernas, como até então eram constituídas. Ele era um *insider* que conseguiu ficar do lado de fora.

É claro que há perigo em conquistar o território de outra pessoa sem os devidos respeito e humildade. Vejo isso nos estudos sobre Leonardo da Vinci. Profissionais modernos em, digamos, engenharia presumem que podem resolver a questão de compreender Da Vinci por meio de seu conhecimento privilegiado e estreitamente focado, transpondo-o para o mundo moderno como "um homem à frente de seu tempo". Acaba sendo distorcido. Algo semelhante ocorreu quando o artista David Hockney afirmou que os pintores há muito usam dispositivos óticos para ajudar na representação da natureza — uma ideia pela qual tenho muita simpatia. Isso abriu as portas para especialistas em óptica moderna, principalmente em lentes, que anteriormente tinham pouco interesse na natureza dos primeiros instrumentos ópticos e em como era o trabalho de fazer imagens na época. Ao caracterizar o passado, precisamos estar atentos para a arrogância do presente.

A verdadeira polimatia envolve uma combinação única e improvável de ambição incorrigível, imaginação, abertura e humildade. Não pode ser igual ao que era na época de Leonardo da Vinci. No entanto, o princípio de ver algo como se fosse outra coisa — vendo-o como pertencendo a outro lugar que não o seu conceitual normal — é mais vital agora do que nunca, se quisermos promover as culturas de compreensão mútua que são necessárias para a sobrevivência da raça humana.

Martin Kemp
Professor Emérito de História da Arte,
Universidade de Oxford

Prefácio

Uma mente que é esticada por novas experiências nunca pode voltar às suas antigas dimensões
– Oliver Wendell Holmes Sr.

Meu interesse é a busca pela vida em excelência. Isto é, desenvolver a mente e experimentar uma vida que seja a mais rica possível. Portanto, embora este livro proponha uma nova maneira de pensar, ele também expõe uma nova forma de ser humano, uma nova forma de viver — diferente daquela que foi definida para você como "normal" por forças que afirmam saber mais. É necessário "retirar" a alma do paradigma atual, como em uma projeção astral, e fazer uma visita aos reinos da história e das possibilidades. É preciso começar assumindo uma vida consciente e atenta, ativando a mente para pensar com mais frequência e de forma mais eficaz — sobre os objetos e suas conexões, o todo e o particular, o filosófico e o prático — para que você possa se tornar tudo o pode ser: o seu eu *completo*.

Não fui contratado para escrever isso. Era apenas para ser uma odisseia intelectual pessoal até recentemente, quando percebi que havia se tornado algo importante demais para não ser compartilhado com o mundo. Como tal, o trabalho foi tecido entre uma gama de experiências — físicas, emocionais, espirituais e outras —, cada uma me dando uma visão única do assunto em questão.

Você é o que vive como experiência. Todo e qualquer pensamento, emoção e fluxo de conhecimento terão um impacto sutil ou fundamental em sua perspectiva sobre qualquer questão ao longo do tempo. Isso não é apenas uma especulação intuitiva, mas um fato neurocientífico. Sua natureza em evolução se manifesta em seu *conectoma* — o complexo circuito e em constante mudança exclusivo de cada cérebro. Como tal, fui tanto proativo como reativo ao pesquisar e escrever este livro. Não "mergulhei" no assunto, exceto por períodos intervalados. A imersão completa teria arriscado o tipo de especialização tacanha que este livro, em última análise, busca desafiar. Permiti, conscientemente, que o conhecimento de todas as outras facetas da minha vida durante um período de cinco anos se fundisse, se chocasse e se conectasse com o material preexistente em minha mente. Portanto, permaneci aberto quanto à minha abordagem, estrutura, conteúdo e conclusão, até o final.

Vi o Efeito Borboleta em ação à medida que cada pensamento, ideia ou fato alterava fundamentalmente a posição e a natureza (ou mesmo a existência) dos anteriores. Passei a compreender a fluidez dinâmica de ideias e opiniões. Não comecei com uma tese, procurando uma pós-racionalização, como funciona o método comum. Em vez disso, do início ao fim, este livro foi uma aventura investigativa que, a qualquer momento, revelava percepções extraordinárias — às vezes transformadoras — sobre a mente e o mundo.

Os últimos cinco anos proporcionaram-me muito mais "educação" do que toda a minha vida escolar-universitária. Foi durante esse período, no final dos meus vinte anos, que escrevi a maior parte deste livro. Sempre tive consciência e considerei a imensa responsabilidade que veio com o fato de ser o primeiro livro em língua inglesa sobre o assunto. Os *insights* que incluo nestas páginas são, portanto, de uma ampla gama de fontes investigativas e intelectuais; compreendendo as palavras de profetas, sábios, cientistas, historiadores, filósofos, artistas, polímatas e — por meio das Escrituras — o próprio Deus. Com uma mente jovem e limitada como a minha, confio muito nessa sabedoria — meu esforço era por curar, sintetizar e comunicar.

Certa vez, um amigo descreveu minha jornada como semelhante à do Herói, de Joseph Campbell: começando com relutância, enfrentando muitos desafios — intelectuais ou não —, viajando para os cantos mais distantes do mundo, trocando ideias com as maiores mentes do planeta e, finalmente, voltando com a bênção da iluminação para compartilhar com o mundo, a fim de que outros também pudessem considerar esta como parte de suas próprias jornadas. Não tenho certeza de se minha jornada foi, de alguma forma, heroica, mas sei que não foi menos do que esclarecedora.

À medida que leem o livro, alguns críticos podem estar ansiosos para identificar meu método de investigação com algo com o qual estão familiarizados, para que "saibam de onde venho" — ele é um pós-modernista tradicional ou talvez adepto do perspectivismo nietzschiano? Ele está empregando a filosofia do taoísta Zhuangzi ou do jainista Anekantavada? Ele é da escola de Ibn Khaldun ou Al Ghazali? A resposta é simultaneamente todas as opções anteriores e nenhuma delas. Como o pós-modernismo, meu pensamento não é de fácil definição, mas, ao contrário dele, considera a *possibilidade* da Verdade ou Realidade Máxima e reconhece as múltiplas maneiras de buscá-la e experimentá-la. Dessa forma, não estou denegrindo indiretamente outras culturas e visões de mundo, reduzindo-as a meras construções mentais, como fazem a maioria dos pós-modernistas, orientalistas e materialistas. Na verdade, se este livro traz algo de valor é o fato de incentivar as pessoas a ver as ideias (e, na verdade, os indivíduos) como construções híbridas, diferenciadas e multifacetadas independentemente, em vez de membros automáticos de categorias preexistentes.

Para uma verdadeira análise do tema, dadas suas impressionantes nuances, eu sabia que seria importante ser tanto futurista quanto historiador, tanto místico quanto racionalista, contador de histórias, mas também estudioso, realizador tanto quanto pensador. Recorri a todos os métodos e ferramentas que considerei necessários. A razão deste livro é tanto ser um estímulo ao pensamento quanto um apelo à ação. Por isso, peço que você, leitor, mergulhe no mundo que o livro busca criar para você, a fim de refletir seriamente sobre seu conteúdo, integrá-lo ao seu conhecimento existente, avaliar a aplicabilidade e relevância à sua própria vida, armazenando-o, assim, na memória de longo prazo, pronta para uso, no pensamento futuro. Este é o processo de internalização, sem o qual o conhecimento perde seu papel mais importante: enriquecer a mente.

Este livro certamente me deu uma perspectiva para o pouco que ainda pode haver do meu futuro. Qualquer pessoa que me conhece pode ver que vivo minha existência de acordo com o pensamento e o estilo de vida descritos nestas páginas; meu trabalho em vários campos influenciou e foi influenciado pelo processo de escrita. Mas isso não mais diz respeito a mim. Muito mais importante é a *sua* prontidão, caro leitor, para começar *a sua* jornada de autorrealização. E se este livro contribuir, mesmo com o peso de um átomo, para esse preparo, então todo o crédito é de Deus, e apenas as deficiências são minhas.

Estou bastante ciente de que, depois de publicado, muitas vezes poderei voltar a este livro como um homem diferente, com percepções diferentes, em vários momentos de minha vida. Se eu revisitasse este livro, por exemplo, tendo aprendido mandarim, vivido com um clã samoano, estudado zoologia, aprendido a tocar alaúde e competido em um triatlo, tenho certeza de que minhas percepções seriam diferentes, se não mais evoluídas. Caso, no futuro, eu tenha mais a acrescentar ou emendar, posso revisar este trabalho ou desenvolver as ideias em um volume separado — ou talvez alguém mais qualificado me dê a honra dessa tarefa.

A mera complexidade desse assunto implica que sua pesquisa deva ser uma busca contínua, não uma missão cumprida. Como disse Leonardo da Vinci: "a arte nunca está acabada, apenas abandonada". Na mesma linha de pensamento — embora de forma alguma com a mesma autoridade, nem por um momento considerando esta uma obra de arte —, estou deixando-a ir por enquanto.

Waqās Ahmed
Outubro de 2018

CAPÍTULO 1

Introdução

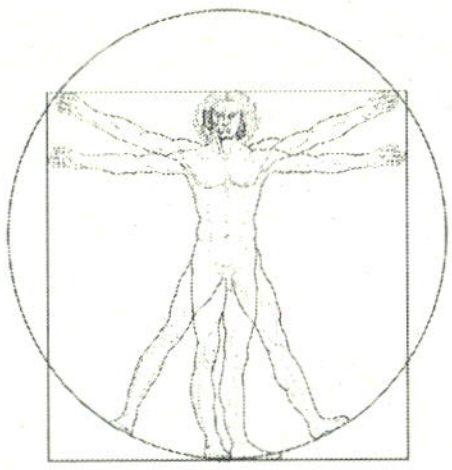

Ela era negra. E pobre. Ainda assim, ressurgiu, impressionantemente, de uma vida de discriminação e abuso nos Estados Unidos, anos 1950, para se tornar uma figura central no movimento dos Direitos Civis. Ela estava no centro da luta, responsável por organizar a campanha tanto de Martin Luther King Jr. como de Malcolm X, logo antes de ambos serem assassinados. Mesmo após a histórica Lei dos Direitos Civis de 1964, essa jovem radical continuaria na vanguarda da luta por justiça social e direitos das mulheres.

Seu constante interesse pelas causas sociais a levou a conseguir um emprego como jornalista itinerante, primeiro para *The Arab Observer*, no Cairo, e depois para o *Ghanaian Times*, em Accra. As extensas viagens permitiram que ela satisfizesse sua curiosidade linguística, passando a conhecer diversas línguas europeias, e também do Oriente Médio e da África Ocidental. No final de sua vida, foi considerada uma eminente historiadora das questões afro-americanas, com 30 títulos como doutora *honoris causa* e uma cátedra em uma grande universidade norte-americana.

Conquistas nos campos da política, do jornalismo, da história e das línguas são habituais em sua trajetória de carreira, embora ainda assim impressionantes. Mas e se eu lhe dissesse que a mesma jovem também foi dançarina profissional de calipso, atriz de teatro indicada ao Prêmio Tony e diretora aclamada de cinema, que por acaso, também escreveu um roteiro indicado ao Prêmio Pulitzer? E todas essas conquistas não são nem aquelas pelas quais ela é mais conhecida.

Por fim, ficou conhecida como uma gigante literária — poetisa, dramaturga e romancista extraordinariamente popular e aclamada pela crítica, com 30 títulos *best-seller* de ficção e não ficção. Publicou vários livros de poesia, especialmente populares entre as mulheres afro-americanas, pelos quais foi indicada para o Prêmio Pulitzer. Sua poesia também era recitada em eventos importantes na história moderna, como a posse de um presidente dos EUA, a morte de Michael Jackson e o 50º aniversário das Nações Unidas. Mas é a autobiografia, publicada em vários volumes, indiscutivelmente, seu trabalho mais importante, considerado uma contribuição significativa para a compreensão da experiência afro-americana no século XX. Sim, ainda estamos falando da mesma senhora!

Fascinado com suas realizações, entrei em contato com ela solicitando uma entrevista para este livro. Para minha tristeza, ela veio a falecer pouco tempo depois. Conhecida por nós como a grande Maya Angelou, essa poetisa, dramaturga, autora, cantora, compositora, dançarina, atriz, cineasta, jornalista, poliglota, historiadora e ativista fez parte de uma espécie de pessoas multifacetadas que agora, preocupantemente, estão em perigo de extinção: os Polímatas.

Este livro é sobre a plena realização do potencial humano. Como tal, exige uma revolução do pensamento, liderada por uma espécie milenar de seres humanos conhecidos como polímatas, às vezes (embora erroneamente) chamados de "homens da Renascença". A maneira mais concisa de defini-los é:

> Pessoas de excepcional versatilidade, que, dessa forma, se destacam em múltiplos campos aparentemente não relacionados.

Esta é a definição superficial. Em outras palavras, polímatas são mentes multidimensionais que buscam um ótimo desempenho e autorrealização em seu sentido mais abrangente. Com tal mentalidade, eles rejeitam a especialização ao longo da vida e, em vez disso, tendem a se destacar em vários campos aparentemente não relacionados — ao mesmo tempo ou em sucessão, seja no campo do pensamento e/ou da ação. A complexidade inimitável de suas mentes e vidas é o que os torna excepcionalmente humanos. Desse modo, eles moldaram nosso passado e serão donos de nosso futuro. Este livro explica como.

Embora se possa argumentar a respeito de uma certa distinção neurobiológica do padrão *Homo sapiens* (agora sabemos que há uma correlação entre comportamento, personalidade e o tamanho e a estrutura do cérebro), a referência a uma "espécie" ou "variedade" nesse contexto é amplamente metafórica. Então, quem realmente pode ser considerado polímata? Embora existam muitas pessoas versáteis que operam — em graus variados e com sucesso diversificado — em diferentes campos, o ponto em que o operador versátil, ou o amador, torna-se um verdadeiro polímata depende do nível de realização ou domínio de cada área assumida, considerando a enorme variedade *de áreas em conjunto*.

Tomemos o caso do famoso aventureiro italiano do século XIX, Giacomo Casanova. Aos 25 anos, ele já tinha uma carreira curta, mas intensa, como advogado da corte, soldado do exército veneziano, violinista do teatro San Sanuele, jogador profissional, médico de nobres venezianos e clérigo em Roma. Após um período de escândalo, prisão, fuga e escalada social em seu *Grand Tour* pela Europa, ele ganhou prestígio entre a nobreza parisiense como alquimista, tornou-se espião do governo francês, vendeu esquemas de loteria para governos europeus e depois passou seus últimos anos na Boêmia como bibliotecário na casa do Conde Waldstein, onde escreveu as ilustres memórias que tornariam seu nome sinônimo de mulherengo. Que vida animada! Mas será que as atividades ilustres de Casanova o qualificam como polímata? Ou será que ele ficou aquém, dispersando-se muito e deixando de dar uma verdadeira contribuição à maioria dos campos em que atuava?

E o que dizer do fraudador americano Ferdinand Waldo Demara, que assumiu várias identidades ao longo de sua longa carreira como impostor em série em meados do século XX? Sem as qualificações necessárias, ele trabalhou falsamente (mas, na verdade, de forma bem-sucedida) como médico naval, engenheiro civil, delegado adjunto, diretor-assistente de presídio, médico de psicologia aplicada, assistente hospitalar, advogado, especialista em assistência infantil, monge beneditino e trapista, editor de jornal, pesquisador de câncer e professor. Eis aqui um homem de grande variedade; mas será que ele demonstrou a necessária *profundidade*, bem como a abrangência, para ser chamado de polímata?

Tecnicamente, em geral, o polímata se destaca em pelo menos três campos aparentemente não relacionados ("poli" refere-se a mais de dois). Mas, na realidade, sugerir que alguém "se destacou em" ou "é talentoso" em uma área específica seria uma afirmação relativa. A realização — assim como a felicidade, o sucesso e a inteligência — assume várias formas, e geralmente é um estado de ser subjetivo. As manifestações convencionais de realização, entretanto, geralmente incluem qualquer uma ou uma combinação das seguintes: aclamação da crítica, reconhecimento popular, sucesso financeiro, publicação ou exibição de trabalhos, qualificações ou prêmios, habilidade demonstrada e experiência. Mas até a própria avaliação dessas realizações simplesmente em termos de profissão ou disciplina acadêmica é uma maneira bastante isolada e limitada de ver o polímata. Um ser humano é muito mais do que sua "profissão" ou um campo de trabalho. A multilateralidade vem em muitas formas. Portanto, o verdadeiro polímata tem um tipo de mentalidade e abordagem que é muito mais profunda e holística, como exploraremos mais tarde.

De qualquer forma, deve-se ter cuidado para não usar o termo "polímata" de forma vaga; há uma diferença entre simplesmente ser multitalentoso e ser um polímata genuíno, assim como há uma diferença entre ser inteligente e ser um gênio comprovado. Um indivíduo multitalentoso não necessariamente utiliza ou traz à fruição esses talentos a fim de realizar feitos nas áreas que correspondem a cada um deles. Dito isso, poucas pessoas percebem que o termo se aplica a uma série de diferentes tipos de indivíduos; incluindo aqueles que podem não ter sido considerados polímatas anteriormente.

Em todos os casos, o pré-requisito, como já mencionado, é apresentar uma "versatilidade excepcional entre domínios", mas os maiores, mais influentes e mais autorrealizados polímatas são essencialmente pessoas autocentradas, de mentalidade holística e que estabelecem conexões, caracterizadas por uma curiosidade sem limites, uma inteligência surpreendente e uma criatividade maravilhosa.

Claro, todo ser humano nasce com um potencial multifacetado. Por que, então, pais, escolas e empregadores insistem para que restrinjamos nossos diversos talentos e interesses a fim de que nos "especializemos" em apenas *um*? Vendemos um mito de que se "especializar" é a única maneira de buscar a verdade, a identidade ou até mesmo um meio de vida. No entanto, a especialização nada mais é do que um sistema desatualizado que fomenta a ignorância, a exploração e a desilusão, além de impedir a criatividade, a oportunidade e o progresso.

Após uma série de intercâmbios com os maiores historiadores, futuristas, filósofos e cientistas do mundo, este livro tece uma narrativa da história e uma visão para o futuro que visa romper esse sistema dominante de "hiperespecialização" injustificada. Na verdade, revela que o *verdadeiro especialista* é, na verdade, um Polímata.

Existe outra maneira de pensar e ser. Por meio de uma abordagem ao mesmo tempo filosófica e prática, iniciaremos uma jornada cognitiva para redescobrir e desbloquear o seu estado como polímata inato. Indo mais além, este livro propõe nada menos do que uma revolução cultural em nossas estruturas educacionais e profissionais, por meio da qual todos são encorajados a se expressar de várias maneiras e realizar seu potencial multifacetado. Isso não só aumenta a satisfação individual das pessoas, mas, ao fazê-lo, facilita que uma sociedade consciente e criativa, altamente motivada e bem equipada, enfrente a complexidade dos desafios do século XXI.

A fim de conduzir o leitor nessa jornada, o livro seguirá uma estrutura muito específica. Para começar, precisamos entender que, em diferentes sociedades e em diferentes épocas, os polímatas sempre existiram e, de fato, foram algumas das figuras mais influentes da história mundial, fundamentais na formação do mundo moderno. Mas hoje, vivemos em uma sociedade altamente especializada que desencoraja (e quase suprime) o polímata, bem como qualquer lembrança de sua existência. Embora esse cenário atual seja adequado a alguns poucos selecionados (que ficam felizes em dividir e conquistar usando a especialização como uma ferramenta de controle), ele vem às custas da realização humana, da liberdade intelectual e do progresso social.

Mais importante ainda, os *Sapiens* simplesmente desaparecerão, a menos que cultivemos a mente de uma forma que nos torne indispensáveis para o Projeto Terra. Com a inteligência da máquina e a chamada singularidade tecnológica iminente (para não falar das catástrofes nucleares, ambientais e econômicas que são mais iminentes), o mundo tem pouca opção, a não ser ver o renascimento do polímata, já que é apenas essa espécie de pessoa multifacetada, complexa, criativa, versátil e inimitável que terá qualquer valor ou relevância em um futuro altamente complexo, automatizado e superinteligente.

Então, o que fazer? Primeiro, devemos todos recondicionar nossas mentalidades para sermos capazes de pensar e operar como polímatas, adotando as características e os métodos atemporais demonstrados por incontáveis polímatas ao longo da história. Devemos então identificar aqueles que ainda existem para buscar lições sobre como liberar nosso próprio potencial polimático e resistir à hiperespecialização imposta a nós pelo sistema.

Finalmente, devemos buscar mudar o próprio sistema — sua cultura prevalecente, os currículos escolares e pedagógicos, as estruturas sociais, as instituições, os ambientes de trabalho e, de fato, a visão de mundo geral — e substituí-lo por outro que crie e incentive mentes polimáticas e inaugure uma nova geração global de polímatas. São apenas essas mentes altamente criativas e que funcionam de maneira otimizada, e essas pessoas autorrealizadas, que podem assumir a administração do futuro e conduzir a humanidade em direção a um amanhã inovador. Isso requer nada menos do que uma revolução tanto cognitiva quanto cultural. Os capítulos seguintes visam despertar sua consciência para que você também possa se juntar a ela.

Sejamos claros desde o início: polímatas não são um clube, ordem ou sociedade exclusiva — todo ser humano tem potencial para se tornar um. Na verdade, em vez de "se tornar", a melhor expressão talvez seja "reverter". Somos todos seres inerentemente multifacetados e demonstramos claramente essa disposição durante a infância; o fato de permanecermos assim ou não na idade adulta é determinado por uma série de influências culturais, educacionais, políticas, filosóficas e econômicas. Portanto, para o indivíduo, ser um polímata é, em essência, ser fiel ao seu eu primordial; é desbloquear o potencial brilhante de sua mente adormecida. A primeira parte desse processo é considerar um fato fundamental: os polímatas são pessoas atemporais.

CAPÍTULO 2

Pessoas Atemporais

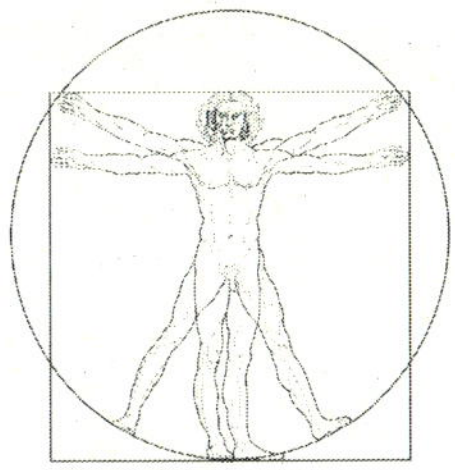

O Polímata é tão antigo quanto o próprio *Homo Sapien*. A natureza instável do início da vida humana, em que o conhecimento humano era limitado, mas ainda assim os desafios e as oportunidades eram tão grandes, teria exigido versatilidade e criatividade excepcionais. O zoólogo e etnólogo Desmond Morris, em seu famoso livro *O Macaco Nu*, confirmou que o ser humano é naturalmente o animal mais adaptável, oportunista e não especializado de todos. Portanto, não surpreende que o principal historiador mundial Felipe Fernandez Armesto tenha afirmado que "quanto mais voltamos para o passado, mais vemos a polimatia, porque, até bem recentemente, *sub specie eternitatis* (sob o aspecto da eternidade), os domínios eram indefinidos, e a especialização em um campo não teria inibido o interesse em outro".

Em tais sociedades primitivas, a maioria dos seres humanos teria se dedicado a se tornar "generalistas práticos" — isto é, adquirir uma ampla gama de conhecimentos e habilidades que tivessem um valor prático para sua sobrevivência. Isso geralmente significava que uma pessoa teria o conhecimento de um botânico ou médico (para saber quais plantas prejudicam, curam ou são comestíveis), as habilidades de um caçador (para seu sustento e de suas famílias), a criatividade de um arquiteto ou engenheiro (a fim de construir uma casa segura ou abrigo no terreno correto, usando os materiais certos) e a mente de um artista (para entreter e iluminar a obra de arte). Não havia divisão de trabalho — todos eram tudo o que podiam ser.

É claro que todos tinham seus pontos fortes e suas predisposições em especial, que eram reconhecidos, encorajados e utilizados para o bem da família, comunidade ou tribo. Inevitavelmente, passou a se desenvolver uma sociedade funcionalista. Mas não há evidências de uma cultura de microespecialização duradoura. Saindo das sociedades tradicionais, o polímata foi parte integrante da criação das primeiras civilizações e da consequente "alta cultura", responsável pelas grandes realizações artísticas e científicas da história antiga. Considerando grandes construções antigas — como as pirâmides do Egito e da América Central, os zigurates (templos de torres encenadas) do Iraque, o palácio de Knossos, em Creta, a fortaleza de Micenas, na Grécia continental, e as cidades planejadas em grade de Harapa e Mohenjo-Daro, sobre o rio Indo —, o famoso escritor e pesquisador histórico Graham Hancock acredita que os grandes monumentos construídos durante esses tempos são, eles próprios, evidências de que os arquitetos eram polímatas:

> Se você olhar para as conquistas dos Antigos, descobrirá que apenas polímatas poderiam tê-las criado. Mesmo que não tenhamos biografias dos indivíduos em questão, podemos deduzir de seu trabalho manual que não se tratava de uma equipe restrita de especialistas, mas sim de um grupo de pessoas que eram multiplamente hábeis em diversas disciplinas diferentes.

Não há melhor exemplo disso do que Imhotep, o arquiteto da Pirâmide Escalonada de Sacará e o primeiro dos polímatas registrados historicamente. A maioria dos historiadores concorda que Imhotep foi contemporâneo do lendário Rei Djoser (provavelmente o faraó mais conhecido da Terceira Dinastia do Egito). Imhotep foi um plebeu que recebeu uma educação relativamente liberal e, de acordo com seu biógrafo, "cresceu um homem erudito e versátil, uma espécie de gênio aristotélico, que levou todo o conhecimento para sua província". Sua genialidade, ao que parece, foi rapidamente identificada e recompensada conforme ele conquistava maior hierarquia, e, por fim, ganhou a atenção do próprio Rei Djoser. Foi esse relacionamento próximo com o Rei que permitiu a Imhotep tanto a flexibilidade quanto os recursos para conseguir explorar a diversidade de seus interesses e exibir a multiplicidade de seus talentos.

Impressionado com seu potencial, Djoser nomeou Imhotep como ministro de confiança, ou vizir. Foi nessa função que ele mais floresceu, desenvolvendo diversos serviços interdisciplinares. Sua jurisdição "se estendia aos vários departamentos de estado", incluindo "o Judiciário, o Tesouro, a Guerra (Exército e Marinha), o Interior, a Agricultura e o Executivo Geral". Sua função era uma espécie de primeiro-ministro ou chefe do executivo do século XXI, e há muitos exemplos citados por historiadores a respeito da habilidade de Imhotep como político, nas áreas de economia, relações exteriores e engajamento público.

O *status* e o poder recém-descobertos de Imhotep permitiram que ele buscasse atividades além de seus deveres majestosos convencionais. O impulso polimático que havia nele o levou a desenvolver seus maiores talentos: arquitetura, medicina, espiritualidade, ciência, poesia e filosofia. Como engenheiro e arquiteto, Imhotep fez descobertas fenomenais. E à medida que suas obras rapidamente foram surgindo na região, Imhotep ficou conhecido por ser um dos primeiros a usar colunas nas construções. Sua impressionante habilidade de projetar, criar e trabalhar com pedra (ele havia construído muitos edifícios ao redor da região de Sacará) lhe valeu um ambicioso projeto de projetar a Pirâmide de Escadas de Sacará para o Rei Djoser. Isso deu a Imhotep a oportunidade de mostrar suas habilidades não apenas como arquiteto, mas também como escultor, astrônomo e inventor. Ele projetou a Pirâmide Djoser para ser a primeira construção totalmente revestida de pedra dessa dimensão. O resultado foi uma pirâmide de pedra de 60 metros de altura que revolucionaria o mundo arquitetônico da época e estabeleceria um precedente para sucessivas dinastias egípcias. Além disso, é considerada por pesquisadores como Robert Bauval como "*um 'manual' astronômico em pedra*" por seus alinhamentos celestes ocultos.

Como médico, as conquistas de Imhotep são reconhecidas como tão, se não ainda mais, inovadoras. Ele é conhecido por ter identificado e curado mais de 200 doenças e escrito vários tratados sobre medicina. Ele é reconhecido pela invenção do rolo de papiro, e foi identificado como o autor do papiro Edwin Smith — um tratado médico notável, excepcionalmente, por ser desprovido de qualquer pensamento mágico, o qual contém uma série de observações anatômicas, doenças e curas marcantes, incluindo o uso de mel para feridas e o uso de carne crua para estancar o sangramento. A reputação de Imhotep como médico habilidoso e inovador desempenhou um papel decisivo em lhe garantir o *status* de semideus por muitos séculos após sua morte. O médico Sir William Osler disse que Imhotep era o verdadeiro "pai da medicina... a primeira figura de um médico a se destacar claramente das brumas da antiguidade". O legado de Imhotep na profissão médica pode ser visto nas origens do Juramento de Hipócrates (um juramento feito por todos os médicos após a prática), no qual se refere a Asclépio — o deus que os gregos associavam a Imhotep — como um deus a ser homenageado.

Além disso, Imhotep desempenhou um papel importante como Sacerdote Leitor Chefe (um sacerdote da classe superior) com deveres permanentes e compromissos espirituais, como cerimônias de sacrifício e procissões fúnebres. Ele frequentemente representava o Rei (o sumo sacerdote do reino) em eventos, uma posição à qual só poderia ter sido promovido se possuísse as habilidades e o respeito adequados. Imhotep também produziu obras de filosofia e poesia. Suas ideias eram citadas em poemas como "Ouvi as palavras de Imhotep e Hordedef com cujos discursos os homens falam tanto". Além disso, diversos provérbios são creditados a ele, incluindo o famoso "Coma, beba e divirta-se, pois amanhã podemos morrer". A raridade de realizações tão diversas parece ter oprimido as pessoas de seu tempo — que talvez tenham visto isso como uma indicação de sua divindade — e ele se tornou o único plebeu a ser elevado ao *status* divino e a ser retratado como parte da estátua do faraó.

Como médico, arquiteto e astrônomo, que também trouxe contribuições tremendas para a sociedade e a cultura egípcia como sacerdote, inventor, poeta, filósofo e estadista, Imhotep foi um dos primeiros polímatas registrados. De acordo com a inscrição de seu túmulo, seus títulos oficiais incluem:

"Chanceler do Rei do Egito, Doutor, Primeiro na linhagem do Rei do Alto Egito, Administrador do Grande Palácio, Nobre hereditário, Sumo Sacerdote de Heliópolis, Construtor, Carpinteiro-Chefe, Escultor-Chefe e Feitor-Chefe de Vasos".

Mecenato

Tal como Imhotep, os polímatas tiveram, na maioria dos casos ao longo da história, uma plataforma — principalmente na forma de uma posição social ou profissional — que lhes proporcionou oportunidades de explorar e contribuir para vários campos. Seus trabalhos permitiam (ou às vezes exigiam) intrinsecamente que eles fossem polímatas. Um exemplo típico de tal situação que existiu durante grande parte da história social é a posição do Cortesão. Eles eram intelectuais e artistas que atuavam como conselheiros, administradores ou animadores nas cortes reais. Cortes tão promissoras e exuberantes não apenas atraíam polímatas, mas também criavam uma atmosfera que ativamente promovia e encorajava os multitalentosos. Considerando as importantes posições que ocupavam nos cargos, esses cortesãos contavam com o mecenato de seu monarca. O brilhantismo versátil dessas pessoas seria atributo inato o qual era favorecido e encorajado pelo patrono, ou fortuitamente desencadeado por eventual encomenda de vários projetos relacionados a diferentes campos.

Na história ocidental, o arquétipo de tal cultura da corte existia na Itália renascentista. Aqui, Baltasar Castiglione, em seu Livro *O Cortesão,* descreveu o ideal e o *status* do "cortesão perfeito": "Ele [o cortesão] terá o conhecimento e a habilidade para servi-los [seus príncipes] em todas as coisas razoáveis". É importante ressaltar que os patronos reais não tinham medo de apadrinhar o mesmo indivíduo para várias tarefas não relacionadas, pois a confiança na capacidade geral do indivíduo era mais importante para eles do que a "eficiência", a "especialização" ou a divisão do trabalho. Nesse contexto, foi a posição do cortesão que permitiu ao polímata prosperar no âmago das instituições.

Foi o que aconteceu com o homem considerado o polímata mais famoso do mundo: Leonardo da Vinci. Esse grande maestro começou como aprendiz de pintura e engenharia em uma guilda florentina, e se tornou um dos principais profissionais em ambos os campos. Pelo menos duas de suas pinturas — *Mona Lisa* e *A Última Ceia* — são consideradas entre as maiores obras-primas de todos os tempos. Outras obras, como *Virgem das Rochas,* e o recentemente atribuído *Salvator Mundi*, pintado em seu estilo de assinatura *sfumato*, também são aclamadas pelos críticos de arte como pinturas que definem a arte renascentista. Como escultor, ele projetou e construiu o famoso, mas malfadado, Cavalo Sforza. Também atuou como cenógrafo e figurinista da realeza, organizador de eventos e *designer* de interiores, além de ter atuado em pelo menos dois casamentos reais. Ele foi nomeado como "arquiteto de família e engenheiro geral" por Cesare Borgia e projetou a villa suburbana de Mario de Guiscardi. Durante o cerco de Pisa, ele fez esboços topográficos, projetos de máquinas militares e fortificações para a Signoria de Florença e o Senhor de Piombino e também trabalhou como engenheiro militar para a República de Veneza durante as tentativas de resistir à invasão otomana.

Leonardo da Vinci era alguém que permanentemente fazia anotações, e todas as suas escritas formam uma tese bastante abrangente — embora aparentemente esporádica — contendo pesquisas em filosofia, óptica, perspectiva geométrica, anatomia e aviação. Apenas alguns de seus cadernos sobreviveram, mas de acordo com Martin Kemp, a maior autoridade mundial em Leonardo da Vinci, eles teriam virado cerca de 50 livros de extensão acadêmica — um conjunto abrangente de conhecimentos universais exclusivamente apresentados em uma forma visual impressionante.

Fez estudos anatômicos com o professor de anatomia da Universidade de Pavia e estudos de matemática com Fra Luca Pacioli. Participou de estudos hidráulicos e geológicos dos vales em Lombardi e do Lago Iseo, e criou sua própria máquina voadora, além de realizar experimentos em voos tripulados. Em última análise, destacando-se como pintor, escultor, músico, cenógrafo e figurinista, inventor, anatomista, aviador, engenheiro, estrategista militar e cartógrafo, Da Vinci foi o arquétipo do polímata. Kemp calculou que se lhe pedissem para "montar um Leonardo da Vinci" hoje, ele precisaria de 13 profissionais diferentes!

Mecenas como Sforza e Borgia ficavam felizes em permitir que Da Vinci explorasse e criasse em qualquer um dos campos para os quais ele considerasse que faria uma contribuição válida. O objetivo desses mecenas era simplesmente glorificar e proteger seu reinado, e se um indivíduo multitalentoso pudesse ajudar de variadas formas em direção a esse objetivo, seria encorajado. Essa polimatia era certamente difundida na Renascença Europeia e permitiu que Leibnitz prosperasse na Casa de Hanover e que Copérnico fizesse contribuições para a corte de Vármia. Em todo o mundo, seja como os persas *hakim*, os *griots*, da África Ocidental, os *Junzi chineses*, seja como os maias *itz'at,* havia a tradição do cortesão polivalente e polímata na maioria das eras da história pré-moderna.

Embora a erudição tenha sido historicamente apoiada por mecenas reais nas respectivas cortes, outros órgãos, como instituições religiosas, "escolas de mistério", universidades acadêmicas seculares e sociedades amadoras desempenharam um papel importante no apoio ao polímata em diferentes pontos da história. Em especial durante o início da Idade Média (frequentemente chamada de a "Idade de Ouro de Deus"), vimos muitos teólogos — padres cristãos, rabinos judeus, pânditas hindus e budistas e Alis muçulmanos — tornarem-se os indivíduos mais eruditos de seu tempo. As vidas de Beda, Alberto Magno, Konrad von Megenberg, Pselo e Bar Hebreu são exemplos evidentes no mundo cristão, e Abhinava Gupta, Chavandarya, Sankardev, Dikshita e Zanabazar no Oriente. Como a civilização islâmica estava particularmente bem desenvolvida nessa época, os teólogos muçulmanos demonstraram uma versatilidade intelectual além de qualquer outro grupo. Pessoas como Al Ghazali, Al Razi e Al Tusi eram tanto estudiosos da religião tanto quanto médicos, poetas e filósofos. A cultura da polimatia estava tão inserida no mundo islâmico que até mesmo polímatas cristãos e judeus, como Maimônides, Hunain ibn Ishaq e Abraão Ibne Esdras, prosperaram lá.

Leigos

Não é preciso ser historiador qualificado ou "conspiracionista" para concluir que o poder, a riqueza, a influência e, portanto, o conhecimento (seja esotérico, seja exotérico) sempre estiveram reservados a uns poucos selecionados, em praticamente todas as sociedades conhecidas pelo homem. E foram esses guardiões do conhecimento que, devido ao seu acesso exclusivo a uma série de recursos intelectuais, bem como a um grande grau de flexibilidade profissional, muitas vezes tiveram a maior propensão a explorar seus vários talentos e interesses. A maioria dos polímatas considerados na história veio de, ou pelo menos acabou se juntando à elite de seu tempo. Em outras palavras, acadêmicos e artistas geralmente só alcançavam proeminência se fossem permitidos por seus príncipes governantes. Políticos, economistas, escritores, artistas, advogados e soldados só podiam se destacar se seu trabalho estivesse de acordo e promovesse o *status quo*. Assim, ao longo da história, foi principalmente com a "bênção" e o patrocínio de reis, imperadores, califas, ditadores, e mesmo governos, que vários indivíduos talentosos receberam a licença para prosperar em sua totalidade.

Embora ocorra na esmagadora maioria dos casos, isso não é inteiramente verdade. Em uma era dominada pela narrativa histórica do "grande homem", somos levados a mergulhar nas histórias das pessoas para estudar a extensão do aprendizado e da polimatia entre as massas. O desejo por desenvolvimento intelectual não tem correlação com a situação social ou financeira — é uma característica humana universal. Além dos obviamente incontáveis "generalistas práticos" anônimos que devem ter existido em todas as culturas ao longo da história humana (especialmente nas sociedades tradicionais), devemos também reconhecer que a erudição intelectual ou o "generalismo enciclopédico" sempre prevaleceu entre muitos da classe trabalhadora. Isso não deveria surpreender; carentes de conhecimento, os leigos anseiam e perseguem-no com mais entusiasmo. Alguns são condicionados pela propaganda, por tempo excessivo de trabalho e por distrações vazias, mas a maioria é subestimada em termos de sua erudição. Indicações desse fato estão espalhadas por toda a literatura, basta apenas observarmos.

Sabe-se que o escritor americano Henry Thereau lembrou-se de ter encontrado um fazendeiro no interior dos Estados Unidos que tinha uma versão grega da Ilíada de Homero no bolso de trás enquanto arava o campo. Na China, Fung Ta-tsung, escritor do período Sung, observou que "todo camponês, artesão e comerciante ensina seu filho a ler livros". Ele ainda registrou que "até mesmo pastores e as esposas que trazem comida para os maridos no trabalho no campo podiam recitar os poemas de tempos antigos".

Jonathan Rose revelou, em seu trabalho seminal, *The Intellectual Life of the British Working Classes,* que o desejo e a busca pela liberdade intelectual não era exclusivamente um conceito "burguês", e que a classe trabalhadora britânica ou "as massas" tinham muito mais leitura a respeito de uma ampla variedade de assuntos do que tradicionalmente se considera. Ele citou vários exemplos, desde como os artesãos publicaram obras teológicas e literárias após a Reforma do século XVI, até como uma cultura autodidata (de autoaprendizagem) se desenvolveu entre os tecelões na Escócia do século XVIII. O agora célebre pintor e poeta, ativista político e comentarista religioso William Blake, por exemplo, foi um dos poucos dessa tradição artesanal que mais tarde veio a ser reconhecido como polímata. Muitos polímatas do passado se perderam nas páginas da história simplesmente porque não foram considerados dignos de reconhecimento ou não estavam "em consonância" por aqueles que encomendam histórias.

Mulheres

E as mulheres? Por que não existe uma versão feminina conhecida do "homem renascentista"? Infelizmente, a monopolização do conhecimento pela história é tão verdadeira em relação ao gênero quanto ocorre com a classe. Uma longa história de chauvinismo resultou em absurdamente poucas mulheres polímatas registradas em comparação com os homens. São os homens que repetidamente aparecem como "polímatas" e "homens da Renascença" em nossos registros. Uma das razões para isso é que, embora existissem muitas mulheres polímatas, elas foram omitidas dos registros ou simplesmente ignoradas por aqueles (predominantemente homens) que escreveram e registraram a história. Isso ocorre porque a maioria (embora, é claro, nem todas) das sociedades na história da humanidade foi amplamente dominada por homens.

Embora seja verdade que os historiadores são os principais responsáveis por ignorar (ou simplesmente ocultar) as conquistas das mulheres polímatas ao longo dos anos, a triste realidade continua sendo que muito poucas mulheres polímatas *realmente existiram* na esfera pública. Isso tem menos a ver com habilidade ou propensão das mulheres à polimatia (na verdade, provavelmente ocorria o oposto) e mais a ver com as normas culturais e as barreiras impostas a elas pelas sociedades restritivas de seu tempo.

Com algumas exceções, como a realeza kemética, mulheres eruditas no Iluminismo Europeu, o *Al-Muhadditath* do antigo islã e as cortesãs da Dinastia Tang da China, as mulheres raramente eram incluídas nos círculos intelectuais e profissionais antes da era moderna. Enquanto o homem da corte, por exemplo, era tradicionalmente respeitado como bem-educado, multitalentoso, amplamente culto e intelectualizado, a mulher cortesã — embora em muitos casos fosse tão culta e multitalentosa quanto — era automaticamente (e muitas vezes de maneira errônea) associada à promiscuidade sexual. As gueixas japonesas, muitas das quais eram polímatas artísticas, são exemplos desse preconceito de gênero.

A Hollywood moderna sofre de um fenômeno semelhante. A versatilidade dos homens é bem-vinda, enquanto as mulheres muitas vezes são classificadas de acordo com o apelo sexual. Hedy Lamarr, por exemplo, uma das atrizes de cinema de Hollywood mais famosas na década de 1940, também era inventora talentosa. Ela desenvolveu um sistema de salto de frequência para evitar que torpedos ficassem bloqueados, que ainda hoje é usado em dispositivos *Bluetooth*. A vencedora do Oscar, Natalie Portman, também foi prodígio na matemática. Existem vários exemplos como estes.

Voltando às raízes, as mulheres tradicionalmente viveram uma vida doméstica ao longo de grande parte da história e, portanto, contribuições para a sociedade, a erudição e o desenvolvimento da cultura em vários campos se tornaram menos possíveis a elas. O crítico cultural e estudioso feminista Gayathri Chakravorthi Spivak explicou isso:

A perspectiva da polimatia não estava disponível para as mulheres, porque elas eram, curiosamente, definidas como pessoas privadas. Mesmo eu, que tive uma educação relativamente liberal em uma família altamente educada e culta na Índia, acreditava que as mulheres não tinham personalidades acadêmicas. As que alcançaram sucesso em um campo tornaram-se, para citar Derrida, "homens honorários". Mesmo que se torne polímata, ela é detestada por outras mulheres por causa de questões ideológicas e assim por diante. Isso é algo muito triste.

Mesmo na vida doméstica, a capacidade da mulher de ser polímata tem sido bem demonstrada, já que faz "malabarismos" entre as diversas tarefas, como criar os filhos, preparar comida, educar, divertir, plantio e processamento de alimentos. Na cultura tradicional do Sul da Ásia, por exemplo, *ghargrasti* (traduzido literalmente como "administração da casa") é essencialmente uma função multifacetada em seu próprio direito, que requer uma troca eficaz entre várias aptidões cognitivas, linhas de conhecimento e atributos emocionais e intelectuais. Entre as tarefas incluem-se cozinhar e limpar, cuidar das finanças domésticas, criar e educar os filhos, administrar habilmente as relações sociais, cuidar da família, receber convidados de maneira adequada e manter a própria aparência, entre muitas outras tarefas. Vários estudos agora mostram que as mulheres, na verdade, fazem multitarefas e ajustes muito melhor do que os homens. "A habilidade e a prática da mudança epistemológica [necessária ao polímata] existem entre as mulheres", diz Spivak, "mas não foi permitida sua entrada na esfera pública".

Antes do período moderno, as mulheres, particularmente na Europa, eram marginalizadas da maioria das formas de vida social, profissional e intelectual. O próprio Iluminismo foi ridiculamente dominado por homens. No entanto, o filósofo britânico Alfred North Whitehead reconheceu que as mulheres não educadas e viajadas durante esse período eram, na verdade, muitas vezes mais cultas, mais sábias e mais bem informadas do que seus maridos, já que a educação masculina após a Revolução Industrial foi meramente a instalação de ideias inertes (desconexas, inúteis) destinadas a prepará-los para um trabalho específico, em vez de para compreender o mundo.

Muitas mulheres polímatas viviam nas sombras de seus maridos ou amores. Isso foi particularmente verdadeiro durante o Iluminismo francês, quando esposas e amantes de muitos intelectuais muitas vezes serviram como anfitriãs, tradutoras, pesquisadoras, mas que, em muitos casos, deram contribuições notáveis por seus próprios méritos. Marie Lavoisier, esposa do nobre e químico francês Antoine Lavoisier, era linguista, química e artista que traduzia os livros de seu marido e também os ilustrava. Ela também viajou com ele como sua pesquisadora e dirigiu salões onde ela entreteria outras figuras proeminentes, como Benjamin Franklin. Mas ela era muito feminina para ser reconhecida como polímata.

Émilie du Chatâlet era amante de Voltaire. Este, certa vez, afirmou a seu respeito: "ela é um grande homem cujo único defeito é ser mulher". Ela era matemática, física e tradutora, que também escreveu uma análise crítica da Bíblia, desenvolveu um sistema de derivativos financeiros para saldar suas dívidas, escreveu diversos discursos sobre filosofia e linguística e tornou-se uma ativista em apoio à educação feminina. No entanto, ela ainda é conhecida principalmente como "a amante de Voltaire".

Embora existam inúmeros exemplos de acadêmicas, artistas e líderes reconhecidas e aclamadas de todo o mundo, muito poucas são conhecidas publicamente por terem realizações em *múltiplos* domínios. São raros os exemplos como Ban Zhao, Lubna de Corboba, Hildegard von Bingen, Anna Maria von Schurman, Maria Agnesi e Florence Nightingale — que trataremos no capítulo seguinte. Mesmo quando as mulheres começaram a entrar profissionalmente na esfera pública, na era moderna, tiveram de trabalhar duas vezes mais que os homens, e a especialização e o foco em um único campo eram entendidos como o meio de provar seu valor.

A ideia de "senhora erudita" na Europa só surgiu no final do século XVIII. Instituições acadêmicas femininas só surgiram em todo o mundo no final do século XIX e no início do século XX, quando as escolas Seven Sisters nos Estados Unidos, Girton e Bedford no Reino Unido, Tsuda College no Japão e Lahore College for Women na Índia tornaram-se as primeiras faculdades criadas, assim como novas universidades mistas, como a Universidade de Chicago e a London School of Economics. E assim, infelizmente, encontraremos um destaque desproporcional aos polímatas masculinos em grande parte deste livro, mesmo que a noção seja igualmente aplicável (e de fato pertinente) entre os gêneros.

O "Outro"

Assim como mulheres e leigos, polímatas de sociedades diferentes da anglo-europeia têm sido esquecidos ou omitidos das páginas da história. Mesmo os melhores historiadores sempre foram propensos a certos preconceitos culturais e políticos — seja de forma deliberada ou não —, o que significa que suas versões da "história mundial" são restritas a uma perspectiva bastante unidimensional. A realidade é que a maioria dos textos de história foi encomendada diretamente pelas autoridades governantes da época ou indiretamente influenciada pela doutrina predominante.

Nos últimos 400 anos, por exemplo, a maioria das referências históricas a eventos, pessoas, culturas e pensamentos não ocidentais veio do que Edward Said notoriamente chamou de perspectiva "orientalista" — isto é, escolhida a dedo, minimizada ou a qual consiste em estereótipos depreciativos e generalizações imprecisas sobre o "Outro". Said referiu-se a diversos exemplos da literatura ocidental para demonstrar essa tendência, que surgiu devido ao desenvolvimento de um peculiar culto da superioridade.

A noção de "civilização ocidental" — como herdeira do pensamento grego, do direito romano e do aventureirismo anglo-saxão — foi propagada como a "força central do progresso" após o Renascimento e depois ensinada e estudada pela elite na Europa como "os clássicos" desde o Iluminismo. Todas as outras civilizações (muitas vezes maiores), como a indiana, a islâmica, a babilônica, a chinesa, a egípcia e a maia, foram, desse modo, degradadas e generalizadas, caindo coletivamente na categoria "Oriental", enquanto as sociedades indígenas nativas, das ilhas do Pacífico, africanas e aborígenes caíram na categoria de "selvagens". O "método histórico" ocidental — assim como seu semelhante "método científico" — assumiu, portanto, uma superioridade em relação a todas as outras formas e métodos de recontar a história pelos historiadores indígenas em todo o mundo. Como resultado, poucos historiadores ocidentais genuinamente integraram as diversas culturas e histórias em sua própria narrativa mundial histórica. Esse preconceito, é claro, nem sempre foi exclusivo do Ocidente — é uma característica de qualquer sociedade ou império dominante em cada época da história. Cada grande império teve a arrogância de se considerar o centro do mundo.

Ideias que se originam fora do Ocidente e não estão de acordo com o paradigma atual são ridicularizadas como "pseudo-história", "pseudociência" ou "bobagem filosófica". E embora algumas obras notáveis de todo o mundo tenham sido trazidas para nós, mesmo as melhores traduções muitas vezes ficam aquém em capturar a verdadeira essência e as nuances culturais dessas obras.

Os esforços especificamente no sentido de "anglizar" certas obras servem apenas para reforçar a falta de entendimento entre as culturas. Portanto, mesmo as pessoas mais "educadas" hoje em dia são, na verdade, na maioria das vezes, apenas educadas em *uma* da infinidade de perspectivas que existem em todo o mundo — elas apenas arranham a superfície do conhecimento.

Basta olhar para os livros famosos de ciência e história de hoje (mesmo os *best-sellers*) para perceber o quão profundamente arraigada está essa realidade. As histórias mais conhecidas da África, da Ásia, da América Latina, do Caribe ou das Ilhas do Pacífico ainda são escritas, na esmagadora maioria, pelas elites intelectuais de europeus ou formados em inglês — sendo estes últimos aqueles que, segundo Franz Fanon, foram colonizados culturalmente. Por essas razões, a maioria das tentativas de compilar uma história "mundial" em essência — seja de ideias, pessoas, seja de eventos — continua sendo irremediavelmente inadequada e majoritariamente eurocêntrica em perspectiva.

E é por isso que a maioria dos polímatas destacados na história convencional observada tende a ser elites anglo-europeias brancas e masculinas, como se fossem os únicos capazes de ter uma genialidade enciclopédica multitalentosa. Isso não ocorre apenas com a história — sempre que os "intelectuais" modernos se referem a polímatas, quase sempre se concentram na Grécia Antiga, na Itália renascentista ou na Inglaterra vitoriana. Pode-se perdoar esse fato?

Os polímatas não brancos sempre foram numerosos. Tomemos apenas os séculos XVIII e XIX, quando as potências coloniais europeias praticamente governavam a maior parte do mundo. Quantos europeus conhecem o equatoriano Eugenio Espejo, que foi um dos indígenas mais eruditos da América Latina durante a ocupação espanhola? Ele se destacou como advogado, médico, jornalista, teólogo, economista, satirista político e reformador educacional. Ou Sol Plaatje, um dos maiores polímatas negros da África do Sul moderna, que trouxe contribuições para a língua, literatura, política e jornalismo, e teve um impacto profundo e duradouro na política, cultura e sociedade de seu país. E quanto ao médico indiano José Gerson da Cunha, que escreveu vários artigos e 20 livros sobre diversos assuntos, incluindo história, numismática, arqueologia, linguística e medicina? Certamente também não conhecem o ativista filipino Epifanio de Los Santos, que foi um estudioso e ensaísta incrivelmente versátil, mas também músico e artista talentoso, além de político, advogado e jornalista renomado.

Não é de surpreender, como veremos mais adiante, que alguns dos maiores polímatas durante esse período foram determinantes em suas respectivas lutas pela liberdade contra o classismo ou colonialismo. Apesar de serem igualmente — e em alguns casos indiscutivelmente mais — impressionantes como polímatas, esses "povos indígenas das colônias" não recebem o devido apreço.

Incentivo

Em um mundo onde a especialização em todas as esferas da vida é quase obrigatória, é difícil para nós hoje em dia imaginar que, durante a maior parte da história da humanidade, a polimatia foi considerada normal, até mesmo natural. Existem muitos exemplos de culturas, filosofias e estruturas sociais que encorajaram o polímata — se não para todas as pessoas, pelo menos para uma classe seleta.

Na Grécia Antiga, por exemplo, existiram filósofos polímatas, questionadores livres-pensadores que transcenderam campos e disciplinas. Eles buscavam uma questão, e se dispunham a explorar qualquer campo do conhecimento que pudesse lançar luz sobre ela. Eram conhecidos como *atopos* ou "inclassificáveis". Foram eles — como Sócrates, Platão e Aristóteles — que definiram a filosofia grega à qual tanto devemos. Durante a era romana, a cultura de *Otium* ("momentos de ócio" realizados por políticos, advogados, mercadores e soldados para o exercício de atividades intelectuais ou artísticas) ganhou força, e o desenvolvimento de um estilo de vida multifacetado tornou-se uma meta, especialmente entre a elite.

No mundo islâmico, o Alcorão encorajava (e de fato exigia) que as pessoas ponderassem, refletissem e pensassem sobre sua mensagem (o árabe *tafakkur*, ou "pensar", é constantemente mencionado ao longo do texto). Existem várias referências a essa questão no Alcorão, que em diferentes pontos encoraja a aquisição de conhecimento e sabedoria por meio de estudo, viagens, pesquisa científica, filosófica e diálogo social. Isso, junto com o conceito islâmico fundamental de *Tawheed*, que alude à unidade do cosmos, além do exemplo poderoso de seu Profeta, a própria vida multifacetada de Maomé inspirou gerações de extraordinários polímatas muçulmanos (ou *Hakeem*). Mesmo Bertrand Russell, em sua aclamada, mas incrivelmente eurocêntrica *História da Filosofia Ocidental*, não teve escolha a não ser reconhecer esses primeiros estudiosos muçulmanos como sendo "geralmente enciclopédicos".

Na dinastia Sung da China, os burocratas (*Shih*) eram estadistas, bem como artistas e cientistas que, longe de serem filósofos idealistas, estavam mais preocupados em trazer contribuições práticas para a tecnologia, a cultura e a sociedade em geral. Eles se interessavam por construir, inventar e criar, bem como governar e administrar. Além das atividades intelectuais, os *Shih* exibiam hábitos e cultivavam *hobbies* que não apenas marcavam seu *status* social e refinamento, mas os tornavam mais polímatas. Eles aspiravam ser o que o I-Ching se refere como o *junzi* ou o "cavalheiro perfeito" — aquele que, além de possuir uma série de qualidades justas, domina *liiu yi* ou as "Seis Artes" (Ritos, Música, Arco e Flecha, Carruagem, Caligrafia e Matemática). Foi essa cultura que deu origem a polímatas fenomenais como Shen Kuo, Su Shi e Su Song.

Devido à ausência de guerras sob o Xogunato Tokugawa, no Japão do século XVIII, o papel dos Samurais como soldados diminuiu, e eles se tornaram cortesãos, burocratas e administradores. Um exemplo típico foi o de Yanagi Sawa Kien, que, com a nova cultura do Samurai, finalmente conseguiu liberar seus muitos "outros lados". Portanto, além de ser um pintor e calígrafo talentoso, ele dominou as "Dezesseis Nobres Realizações" que eram esperadas de um Samurai, as quais incluíam artes militares (como esgrima, equitação e arco e flecha), música (ele tocava flauta e harpa), poesia, medicina, budismo e a cerimônia do chá.

Durante o Iluminismo francês, pouco antes de a especialização intelectual se tornar comum, os *virtuosos* surgiram como questionadores "livres e irrestritos", assim como um grupo de livres intelectuais conhecido como *curieux* — um exemplo clássico sendo Montesquieu, cujos interesses multifacetados se refletiam em sua biblioteca e em seus cadernos. Além da classe intelectual, esperava-se que a burguesia ou "cavalheiros" também perseguissem e dominassem várias atividades, como música, esgrima, filosofia e dança — um costume bem ilustrado na peça clássica de Molière *O Burguês Gentil-homem*. O historiador Andrew Robinson viu o Iluminismo como "indiscutivelmente polimático"; e figuras como o Conde de Buffon exemplificam essa cultura.

Durante o mesmo período na Grã-Bretanha, uma espécie semelhante foi enaltecida. O historiador de arte Kenneth Clarke disse que "a Inglaterra do século XVIII era o paraíso do amador; quero dizer, de homens ricos e grandiosos o suficiente para fazerem o que quisessem, mas que, no entanto, faziam coisas que exigiam uma boa dose de especialização". Eles eram referidos por Philip Ball em seu livro *Curiosity* como os "professores de tudo", e incluíam pessoas como Christopher Wren, que se destacou como arquiteto, físico, astrônomo e matemático; William Herschel, que se notabilizou como astrônomo, botânico, compositor e físico; e William Petty, que se destacou como arquiteto naval, físico, professor de música, químico e engenheiro.

Portanto, pode-se ver que, de alguma forma, sempre houve uma cultura (pelo menos entre a elite) que encorajava o potencial multifacetado da mente e da vida. Em muitos pontos da história, os polímatas foram reconhecidos e aclamados por quem eles eram. Hoje em dia, no entanto, quando olhamos para o passado, esses mesmos polímatas foram implantados em nossa consciência como "especialistas" e colocados como tais nos livros de história. Não é de admirar que tenhamos perdido contato com nossa herança polimática.

O Mito do "Especialista"

Edwin Hubble destacou-se no atletismo, foi boxeador amador e pescador, serviu como soldado no exército dos Estados Unidos durante a Primeira Guerra Mundial, formou-se advogado, treinou basquete e ensinou espanhol antes de se tornar o astrônomo ganhador do Prêmio Nobel, cujo nome foi dado ao telescópio Hubble. Nicolau Copérnico foi clérigo, economista, pintor, poliglota, diplomata, médico e advogado, além de se tornar o pai da astronomia moderna, cuja teoria heliocêntrica revolucionou a forma como os astrônomos passaram a ver o universo nos séculos seguintes. Charles Dodgson foi fotógrafo, matemático, clérigo e inventor de sucesso, mas o conhecemos como Lewis Carroll, o escritor de contos, poemas e romances, principalmente *Alice no País das Maravilhas*. E Anthony Burgess, autor de *Laranja Mecânica*, também era major do exército britânico, linguista e poliglota, professor, compositor musical e escritor de vários assuntos.

Quer admitamos, quer não, consideramos automaticamente os grandes empreendedores do mundo como especialistas permanentes em seus respectivos campos. Supomos que eles ficavam completamente imersos em seu trabalho, sem permitir que nada os distraísse de seu assunto ou atividade principal. Presumimos que ganhadores dos prêmios Nobel, grandes cientistas, escritores e artistas, atletas, empresários e estadistas se tornam quem são por causa de seu compromisso exclusivo com a área em que atuam. E muitas vezes nos dizem que é essa imersão completa e extensa que, por fim, permite seus avanços criativos. Esta é uma suposição equivocada.

Quando se estuda a vida de alguns "especialistas" renomados, parece que, em geral, eles têm uma série de atividades ocupacionais (carreiras anteriores ou *hobbies*) que de uma forma ou de outra influenciaram — ou em muitos casos facilitaram — sua atividade principal. Em muitos casos, eles próprios admitem isso. Portanto, vale a pena questionar se aqueles que automaticamente consideramos "especialistas" na verdade o são.

Essa cultura de tipificar e vincular uma pessoa a uma identidade exclusiva também afeta a forma limitada como vemos a história. O fato de conhecermos Copérnico e Hubble *apenas* por sua astronomia e Carroll e Burgess *apenas* por sua ficção é revelador de nossas mentalidades atuais. Porque nossas mentes, nosso estilo de vida, nosso pensamento, nossa cultura, nossas sociedades são tão especializadas que automaticamente assumimos que sempre foi assim. Desprezamos ou ignoramos os muitos lados das pessoas na história, destacando-as por *uma conquista específica*. Aceitamos alguns casos — como Leonardo da Vinci, Franklin e Aristóteles — como polímatas apenas para demonstrar que são casos "excepcionais" (anormais), praticamente uma espécie diferente de outro planeta.

A verdade é exatamente o oposto: a especialização não é a norma, mas a exceção. Existem aqueles para quem um domínio é de fato *a* grande vocação exclusiva: Nusrat Fateh Ali Khan, Pelé, Muhammad Ali, John Nash, Akira Kurisawa, Stephen Hawking, Pablo Picasso, Sigmund Freud, AR Rahman, Mozart, Rumi e outros semelhantes. Estes são os casos excepcionais — para os quais se aplica a frase "eles nasceram para fazer isso" — mesmo que suas jornadas tenham muito mais coisas do que nos preocupamos em reconhecer.

Na verdade, escolha qualquer grande figura da história mundial — de arte, ciência, negócios, política, qualquer área — e pesquise suas vidas e veja se eles têm experiências variadas, interesses variados ou realizações diversas em campos diferentes daqueles pelos quais são principalmente conhecidos. Os hiperespecialistas, você descobrirá, são raros. Polímatas são a norma.

Para a mente do século XXI, condicionada a assumir que todos os seres humanos são ou deveriam ser especialistas, pode ser bem difícil aceitar que sempre existiram polímatas, muito menos que eles foram de fato os principais formadores da história. Para provar essa hipótese, o capítulo a seguir apresenta uma maneira diferente de olhar para a narrativa histórica do "grande homem".

CAPÍTULO 3

Formadores do Nosso Mundo

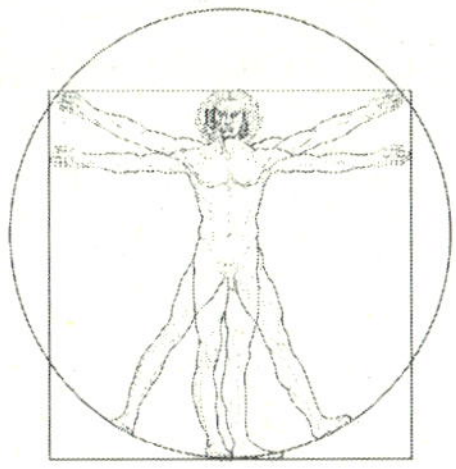

Os polímatas são certamente uma espécie fascinante. Eles nos mostram do que os seres humanos são capazes, caso se recusem a ser classificados. Abrangem a diversidade do potencial humano. Mas que valor realmente agregam à sociedade? A resposta está em um simples fato: os polímatas constituem algumas das figuras mais influentes da história mundial. Como "desafiadores" de seu tempo, eles contribuíram significativamente para a história humana, moldando o mundo moderno de uma forma que seria inimaginável sem eles.

Mais ainda, passaremos a compreender que foi o fato de eles serem polímatas que definiu sua grandeza. Não importa se seu impacto no mundo é percebido como positivo ou não — a questão é que foi *transformador*. No entanto, como seria possível fazer uma afirmação tão ousada sem um levantamento da história do mundo? Ou então identificar apenas alguns desses criadores da história; aqueles que automaticamente assumimos serem especialistas em um único campo, mas que na verdade eram gênios multifacetados e multidimensionais. Por uma questão de estrutura, neste capítulo, eles são separados em líderes, influenciadores de reis (*king–makers*), revolucionários, intelectuais, educadores, cientistas, místicos, artistas, empresários e humanitários — apenas porque foram esses canais que mais impactaram a história humana.

Líderes

Muhammad ibn Abdullah (Maomé) era um homem simples e analfabeto, que foi um pastor e órfão para se tornar um respeitado comerciante na Arábia beduína do século VII. Mas, aos 40 anos, recebeu um chamamento muito diferente e começou sua iniciativa para mudar o mundo. Após ficar anos em meditação em uma caverna distante, ele chegou à iluminação, suscitada pelo que os muçulmanos consideram como Revelações Divinas. Isso não só o levou a se tornar um respeitável guia espiritual, mas, além disso, um soldado que comandou um exército durante uma luta revolucionária; estadista que fundou, governou e expandiu um novo estado; legislador, que formou e implementou um sistema legal completamente novo, além de pensador enciclopédico. Ele também oferecia orientação espiritual, em geral, e assessoria prática sobre diversos assuntos que vão desde negócios, política e direito, até questões mais pessoais relacionadas à família, relações sociais e higiene.

Dessa forma, Maomé iniciou um movimento que inspirou a criação de grandes civilizações, produziu belíssima arte e propiciou avanços tremendos na ciência e na filosofia. Seu impacto no mundo e no futuro foi tão profundo que até mesmo o estudioso e separatista branco Michael H. Hart, em seu importante livro *As 100 Maiores Personalidades da História*, viu-se compelido a colocar Maomé no topo da lista como o ser humano mais influente de todos os tempos.

O Alcorão — o livro das revelações divinas proferido por Maomé — é considerado a palavra de Deus pelos muçulmanos e, de qualquer forma, uma obra-prima literária e enciclopédica por muitas outras pessoas. Maomé tinha aquilo que o biógrafo Fethullah Gülen se refere como um "conhecimento universal", o qual poderia ensinar a qualquer um, desde "o beduíno ignorante do século VII, ao maior intelectual moderno do mundo". Sua vida multifacetada, sabedoria transcendente e liderança em questões de guerra, lei, diplomacia e espiritualidade lhe renderiam o título de *alInsan al–Kamil*, ou "o Homem Universal" no mundo islâmico.

Os líderes — sejam políticos, militares, empresariais, sejam de movimentos ou organizações — são, sem dúvida, as figuras mais influentes em qualquer sociedade, pois, pela natureza de suas atribuições, tomam decisões que afetam um número significativo de pessoas. E, assim como Maomé, muitos dos considerados líderes mais influentes da história eram, na verdade, polímatas de um tipo ou de outro.

Isso não deveria ser surpresa para ninguém. Os líderes de empresas, instituições de caridade, governos ou qualquer tipo de grande instituição, organização ou projeto que naturalmente tenha várias dimensões precisam intrinsecamente ser sintetizadores de informações. Espera-se que eles tenham um conhecimento completo de vários fatores e perspectivas, os quais podem influenciar as decisões mais importantes. Os líderes são encarregados de levar em consideração vários fatores aparentemente não relacionados, mas intrinsecamente conectados. A natureza de seu trabalho exige que eles recuem e apreciem a visão geral, avaliem as sinergias e conectem os pontos necessários. Portanto, um grande líder não é apenas um tomador de decisões ousado, mas um tomador de decisões *holisticamente informado*, capaz de compreender a importância do contexto e ter senso de perspectiva.

Alguns dos monarcas governantes mais influentes (ouso dizer "os maiores") da história foram além, não eram meros patrocinadores entusiastas das artes e da erudição. Eles estavam na posição privilegiada de serem capazes de perseguir seus próprios interesses e talentos sem se preocupar com entraves financeiros, nem com restrições impostas, os quais, por outro lado, outras pessoas que viviam sem tal autonomia financeira e política enfrentavam. Alguns monarcas diversificaram suas atividades com o propósito de governar, enquanto outros realizaram atividades simplesmente por questões de interesse pessoal e para exibir múltiplos talentos como um sinal de sua legitimidade. Ao fazer isso, demonstravam vários talentos, muitas vezes revelando-se como polímatas extraordinários.

Um exemplo importante foi **Frederico II**, Sacro Imperador Romano do século XIII, muitas vezes referido como *estupor mundi,* ou "maravilha do mundo", um título adquirido mais do que pela conquista de Jerusalém na quinta cruzada (considerada o ápice de conquistas políticas na Europa do século XIII). Frederico era poliglota, poeta e linguista e conduziu experimentos filológicos para entender a evolução da linguagem; especialista em falcoaria (sobre a qual escreveu um tratado); patrono das artes e da Academia (principalmente a Escola Siciliana de poesia), em um nível sem paralelo para um monarca europeu na "Idade das Trevas".

Menos conhecido no mundo ocidental, **Nezahualcóyotl**, guerreiro-estadista do século XV, que instigou e presidiu a Idade de Ouro da Texcoco asteca — um período que trouxe o estado de direito, a erudição e a arte a um nível que causaria profundo impacto em outras culturas na região. Ele elaborou um código de leis baseado na divisão do poder, criando os conselhos de finanças, guerra, justiça e cultura. Sob seu governo, Texcoco floresceu como o centro intelectual da Tríplice Aliança, e possuía uma extensa biblioteca a qual, tragicamente, não sobreviveu à conquista espanhola. Ele também criou uma academia de música e recebia candidatos conceituados de todas as regiões da Mesoamérica.

Também é conhecido como o pai de um movimento filosófico, cujos sucessores são referidos como *tlamatinime* na língua nahuati, palavra que significa "alguém que sabe alguma coisa", geralmente traduzida como "homem sábio". Além disso, foi o responsável por apresentar a ideia de monoteísmo a Texcoco. Muitos dos maiores poemas da língua nahuati são atribuídos a ele, alguns dos quais escritos nas paredes do Museu Nacional de Arqueologia da Cidade do México. Também é considerado um dos grandes *designers* e arquitetos da era pré-hispânica. É atribuído a ele o projeto do *Albarrada de Nezahualcoyotl* (dique de Nezahualcoyotl) para separar as águas doces e salobras do Lago Texcoco, um sistema que continuou em uso mais de um século após sua morte. Ele encomendou e, em muitos casos, projetou pessoalmente alguns dos locais mais icônicos da cidade.

Sua história não é diferente da de **Suleiman,** "o Magnífico", que liderou no ápice do poderio militar, político e econômico do Império Otomano. Ele, pessoalmente, instituiu mudanças legislativas relacionadas à sociedade, educação, tributação e direito penal. Sua lei canônica (ou o *Kanuns*) definiu a forma do império por séculos após sua morte. Poliglota, ele falava seis línguas: turco otomano, árabe, bósnio, chagatai (um dialeto da língua turca e relacionado aos uigures) e persa. Suleiman não foi apenas notável poeta e ourives por si só; também foi um grande patrono da cultura, favorecendo a idade de ouro do desenvolvimento artístico e literário do Império Otomano, colaborando com o grande arquiteto Mimar Sinan em construir alguns dos maiores edifícios da história islâmica.

Existem também outros monarcas mais famosos que conhecemos bem, mas cujos interesses e realizações, além de liderança, são frequentemente desvalorizados ou mesmo ignorados pelos historiadores (e, portanto, em nossas mentes) como fantasias secundárias. **Aquebar,** "o Grande", o imperador da Índia do século XVI, estabeleceu um forte sistema de governança, buscou a diplomacia com facções dentro do império por meio de alianças matrimoniais, promoveu as belas-artes e a arquitetura e expandiu o império para incluir os principais portos e cidades estratégicos do subcontinente. Além disso, coordenou a formação de uma religião inteiramente nova, *Din-e-Ilahi,* a qual sintetizaria elementos de todas as crenças, tradições e visões de mundo do império.

O fato menos conhecido relacionado a Aquebar é sua busca por um estilo de vida de aprendizado contínuo. Apesar de ser analfabeto, ele se cercou de especialistas em vários campos — muitas vezes pedindo a outros que lessem livros em voz alta para ele. Foi treinado como soldado e caçador e, por fim, tornou-se um formidável guerreiro, que liderou e lutou em suas próprias batalhas como imperador. Também foi artesão, armeiro e ferreiro de renome e se destacou em carpintaria e rendaria, continuamente aprendendo, dominando e implementando novas habilidades. Desse modo, obteve o respeito de sua corte e criou uma imagem quase sobre-humana na mente de seus adversários.

Semelhanças podem ser traçadas com outro rei, inglês. O rei **Henrique VIII** é famoso por ter tido seis esposas e por ter sido o fundador da Marinha Inglesa, além de seu rompimento revolucionário com a Igreja Católica Romana. Mas ele também era um gênio multitalentoso. Usou seus talentos como cavaleiro e caçador para realçar sua imagem real atlética e impressionar emissários e governantes estrangeiros, bem como demonstrar habilidade em reprimir rebeliões. Além disso, era um ávido apostador e jogador de dados, e também músico, autor e poeta talentoso; sua música mais conhecida é *Pastime with Good Company* (*The Kynges Ballade*). Também foi o primeiro rei inglês bem instruído, com uma biblioteca bastante extensa, e pessoalmente redigia notas em vários livros, e escreveu e publicou seu próprio trabalho.

Monarcas ambiciosos muitas vezes tinham uma paixão perpétua pelo aprendizado. A **Rainha Cristina** da Suécia, no século XVII, foi uma das mais proeminentes patronas das artes e da Academia. Ela era estudante permanente de todos os tipos de saberes, conhecida por passar 12 horas por dia estudando uma variedade de assuntos. Era poliglota, treinada na arte de combate, e trocava cartas com Descartes sobre questões de filosofia (e de fato o contratou como tutor). Estudou astronomia com Leibniz e criou seu próprio observatório. Na Índia, no século XI, o rei Paramar **Raja Bhoja**, de Malwa, é reconhecido pelos historiadores como um grande estadista e gênio militar, que também escreveu vários tratados sobre temas que vão desde teologia, poesia e gramática, até engenharia, arquitetura e química.

Esses polímatas eram monarcas, mas o mesmo princípio se aplica a alguns excepcionais líderes "democráticos" modernos. **Thomas Jefferson,** em geral, é reverenciado como um dos maiores estadistas de todos os tempos. Seu início na carreira política foi como deputado, diplomata (embaixador na França) e secretário de Estado. Depois de cofundar o Partido Republicano Democrata, tornou-se o terceiro presidente dos Estados Unidos. Mais conhecido como um dos fundadores da nação norte-americana, ele foi o principal autor da Declaração da Independência. Mas suas realizações multifacetadas fora da política foram o que o destacaram dos outros 40 presidentes norte-americanos. Tanto que, em um jantar no qual recebia vários ganhadores do prêmio Nobel na Casa Branca, John F. Kennedy notoriamente brincou: "Acho que esta é a coleção mais extraordinária de talentos, de conhecimento humano, que já foi reunida na Casa Branca — com a possível exceção de quando Thomas Jefferson jantou aqui sozinho".

Além de ser advogado renomado, Jefferson era fazendeiro, com interesse constante em técnicas agrícolas; arquiteto talentoso, que ajudou a popularizar a arquitetura Palladiana; um inventor prolífico, cujos projetos incluem uma estante de livros giratória e o "Grande Relógio". Era também poliglota, pois falava cinco línguas fluentemente, e intelectual, que se correspondia com alguns dos principais pensadores de sua época.

Será que essa característica multifacetada de Jefferson contribuiu para sua habilidade como estadista? De acordo com o intelectual Azeri Hamlet Isakhanli, "uma pessoa multifacetada tem mais chances de ser líder e de obter sucesso na liderança". O psicólogo de gestão Philip Tetlock conclui em pesquisa que há uma relação inversa entre os melhores indicadores científicos de um bom julgamento e a especialização em uma área específica. Baseando-se na analogia de "a raposa e o ouriço", de Isaiah Berlin, ele afirma que a raposa — o pensador que sabe muitas coisas pequenas, deduz com base em uma gama eclética de tradições e é mais capaz de improvisar em resposta a eventos variáveis — tem mais sucesso em prever o futuro do que o ouriço, que sabe tudo, labuta devotadamente dentro de uma tradição e impõe soluções estereotipadas para problemas mal definidos.

Baseando-se na tese de Tetlock, o neurocientista de Oxford Anders SandBerg reafirmou: "o gerente resolve problemas administráveis, um líder resolve problemas desconhecidos. O líder provavelmente tem de ser uma espécie de polímata. Eu ficaria muito preocupado com um líder ouriço". De fato, um dos maiores futuristas do mundo, Ray Kurzweil, insiste na necessidade de o líder de qualquer projeto ser polímata. "*Experts* em campos altamente especializados podem fazer parte de uma equipe", ele admite, "mas o líder desta precisa fazer a ponte entre as várias disciplinas".

Isso também pode explicar o sucesso de Winston Churchill, aclamado como um dos maiores estadistas do século XX. Ele ocupou diversos cargos de alto nível no governo, incluindo Primeiro Lorde do Almirantado, Chanceler do Tesouro, Presidente da Junta Comercial e Secretário do Interior, antes de se tornar um dos primeiros-ministros mais proeminentes da história britânica.

As realizações de Churchill como líder são tão veneradas que muitas vezes obscurecem o fato de que ele também foi soldado talentoso, artista e estudioso — um "gênio multifacetado", de acordo com a Rainha. Também foi um escritor prolífico, que ganhou o Prêmio Nobel de Literatura em 1953; escreveu um romance, duas biografias históricas, três volumes de memórias, diversas histórias e inúmeros artigos de jornal como correspondente de guerra. Como pintor a óleo, produziu mais de 100 obras, principalmente paisagens impressionistas, que foram exibidas em todo o mundo — ele até escreveu um tratado sobre pintura. O filósofo Roger Scruton — ele próprio um intelectual polímata — atribuiu a grandeza de Churchill em liderança ao fato de que ele era um polímata: "(...) penso em Churchill, com sua compreensão de história, literatura, arte, os modos da sociedade e o Direito — tudo o que o ajudou a ter uma compreensão imaginativa e total da situação na década de 1930, quando o restante da classe política estava tropeçando no escuro".

Existem ainda outros exemplos. O 26º presidente dos Estados Unidos, **Theodore Roosevelt**, se destacou em judô e boxe, e depois passou por períodos trabalhando como policial, soldado, explorador, fazendeiro e caçador, antes de assumir um cargo público aos 42 anos de idade e se tornar um dos maiores líderes de todos os tempos da nação norte-americana. Mais tarde, reconhecido como o mais erudito estadista, ele se tornou um dos escritores mais publicados de todos os presidentes norte-americanos, com livros sobre assuntos tão diversos como história (história naval, bem como seu monumental *Winning of the West*), natureza e literatura de viagem (contos de suas aventuras brasileiras e africanas), além de filosofia.

Reconhecido como um dos "Maiores sul-africanos de todos os tempos", **Jan Smuts** é aclamado como um dos grandes estadistas do século XX. Ele ocupou vários cargos no governo britânico e depois tornou-se primeiro-ministro da União da África do Sul, de 1919 a 1924 e de 1939 a 1948. Ele foi a única pessoa a assinar os tratados de paz que encerraram tanto a Primeira quanto a Segunda Guerra Mundial. Em nível internacional, também foi um importante arquiteto da Liga das Nações e sua sucessora, as Nações Unidas, tornando-se, portanto, a única pessoa a assinar os estatutos de ambas as organizações. Seu sucesso como líder pode ter algo a ver com o fato de que ele teve uma carreira extremamente diversificada. Também foi — em vários momentos de sua vida — advogado, jornalista, soldado, filósofo e botânico.

Influenciadores de Reis

Uma das principais figuras do que ficou conhecido como movimento Classicismo de Weimar, **Johann Wolfgang von Goethe** é considerado um dos maiores nomes de todos os tempos da literatura mundial. Mas, além de romances, peças e poemas extremamente populares, também contribuiu com avanços significativos às disciplinas científicas de biologia, botânica e física, ao mesmo tempo em que foi advogado, cortesão e filósofo de sucesso. Goethe iniciou a carreira como desenhista e aquarelista, ao mesmo tempo em que nutria um forte interesse por teatro e literatura. Ele se matriculou para estudar Direito em Leipzig, e acabou se tornando licenciado por Frankfurt, e trabalhou em uma série de casos importantes. Então tornou-se conselheiro na corte do duque de Saxe-Weimar-Eisenach, onde ocupou muitos cargos, incluindo o de conselheiro militar durante a invasão fracassada da França e o Cerco de Mainz.

Durante todo esse tempo como advogado, e depois na corte, Goethe perseguiu sua paixão pela literatura, produzindo romances, poemas e peças de grande popularidade. Sua poesia — incluindo *Willkommen und Abscheid*, *Sesenheimer Lieder*, *Heideroslein* e *Mignon's Song* — foi musicada por quase todos os grandes compositores austríacos e alemães, de Mozart a Mahler. Seu estilo serviu de modelo para um movimento na poesia alemã denominado *Innerlichkeit* (Introversão). Seu romance *Os Sofrimentos do Jovem Werther* (*Die Leiden des Jungen Werthers*), uma tragédia romântica, tornou–se um *best-seller*, e inaugurou a fase inicial do Romantismo. Como dramaturgo, Goethe teve enorme sucesso, especialmente depois de seu épico poema trágico *Fausto, Primeira Parte*, de 1808 — uma peça trágica em que o protagonista Fausto vende sua alma ao diabo em busca de poder sobre o mundo físico. As implicações filosóficas, psicológicas e políticas da peça tiveram um profundo impacto no povo alemão, e logo foi reconhecida como um dos maiores feitos da literatura alemã. *Fausto, Segunda Parte* só foi concluída no ano de sua morte, e publicada postumamente.

Foi o trabalho notável de Goethe nas ciências, entretanto, que consolidou sua lenda de gênio polímata. Sua primeira grande contribuição científica foi em biologia. Por meio de extensa pesquisa, Goethe fez observações sobre a contínua metamorfose dos seres vivos, em especial das plantas. Esse ramo da biologia mais tarde seria chamado de homologia, e seria usado mais de um século depois por Charles Darwin na compilação de sua teoria da evolução. Goethe então voltou a atenção para a física teórica, publicando sua Teoria das Cores em 1810, na qual propôs que a cor surge da interação dinâmica de luz, escuridão e turbidez. Esta é considerada por muitos — e na verdade pelo próprio Goethe — como sua obra mais importante, até mesmo acima das obras literárias. Ele também mostrava um grande interesse por minerologia, e o mineral goethita (óxido de ferro) leva seu nome. Goethe também foi um proeminente filósofo. Sua filosofia originou-se do trabalho tanto na literatura quanto nas ciências, e foi muito influenciada pela amizade intelectual com Wilhelm Schiller. Ele se tornou pioneiro do Romantismo alemão.

Os influenciadores de reis, nesse contexto, não eram necessariamente apenas conselheiros reais que buscavam assegurar a sucessão de seu príncipe, mas, de maneira mais geral, eram cortesãos que defendiam a glória de seu governante auxiliando-o de várias maneiras, conforme seus talentos e habilidades. Eram intelectuais e artistas que atuavam como conselheiros, administradores ou animadores nas cortes reais. Eles produziram grandes obras artísticas, científicas e filosóficas por conta própria, mas, ao fazê-lo, também contribuíram para a legitimidade, sustentabilidade e potência geral de suas respectivas monarquias.

O brilho geral desses influenciadores de reis ou era um atributo reconhecido — conscientemente incentivado e apoiado pelo patrono — ou era eventualmente desencadeado pela encomenda de vários projetos relacionados a diferentes campos, simplesmente porque o patrono ou mecenas tinha fé na pessoa. Não havia essa necessidade de identificar um único segmento em alguém; uma pessoa talentosa era ilimitada, até mesmo infinitamente talentosa. Cortes tão promissoras e exuberantes não apenas atraíam polímatas, mas também criavam uma atmosfera que promovia e encorajava a polimatia de forma ativa, como método de trabalho e estilo de vida.

Ban Zhao, professora da Imperatriz Den Sui, da Dinastia Han, e bibliotecária da corte, foi uma das primeiras mulheres polímatas registradas no mundo (pelo menos no sentido intelectual e profissional). Sua obra incluía história, filosofia, poesia, astronomia, literatura de viagem e genealogia. Seu trabalho mais célebre, o *Han Shu* (*Livro de Han*), é conhecido como um dos mais conhecidos contos já escritos, e serviu de modelo para todas as futuras histórias das dinastias na China. Outro trabalho muito aclamado de Zhao foi *Nü Jie* (*Lições para Mulheres*), um texto filosófico confucionista focado nas virtudes e na educação das mulheres. Outras contribuições notáveis incluem: supervisionar a reprodução de manuscritos de bambu e seda para papel e editar o *Lienü Zhuan*, uma compilação de 125 biografias das grandes mulheres da história chinesa pelo bibliotecário Liu Xiang, de Han. Zhao foi nomeada bibliotecária e conselheira geral em todos os assuntos na corte da Imperatriz Deng, onde ela se tornou conhecida como a "Superdotada".

Lubna de Córdoba, descrita pela BBC Radio 3 como uma "mulher de muitos disfarces", foi uma das principais bibliotecárias de Córdoba, bem como a secretária particular de al Hakam, encarregada de viajar pelo mundo islâmico para buscar e adquirir os melhores livros do império. De acordo com o famoso estudioso da Andaluzia Ibn Bashkuwāl: "Ela se destacou em escrita, gramática e poesia. Seu conhecimento de matemática também era imenso, além de ser proficiente em outras ciências também. Não havia ninguém no palácio Omíada tão nobre quanto ela". Alguns historiadores acharam tão difícil aceitar que uma mulher polímata pudesse existir no mundo muçulmano que as teorias de que ela era várias mulheres começaram a se espalhar.

Baha ud-Din al-Amili migrou do Líbano para a Pérsia do império Safávida, beneficiando-se de sua cultura vibrante para se tornar o maior polímata da região desde a Idade de Ouro islâmica. Ele produziu vários trabalhos importantes sobre matemática e astronomia, incluindo *Risālah dar h.all-i ishkāl-i 'ut.ārid wa qamar (Tratado sobre os Problemas da Lua e Mercúrio), Tashrīh. al-aflāk* (*Anatomia das Esferas Celestes*) e *Kholasat al-Hesab* (*The Summa of Arithmetic*). Ele foi arquiteto e engenheiro aclamado que projetou muitos edifícios em Isfahan, incluindo a Mesquita Imam e os banhos públicos. Também foi poeta sufi e teólogo xiita reverenciado e escreveu muitas obras sobre gramática e jurisprudência, bem como *tafsir* (interpretações) do Alcorão e Hádices.

Um dos principais pesquisadores do Iluminismo na Alemanha, **Gottfried Leibniz**, também foi seu maior polímata. Diderot disse a seu respeito que "talvez nunca um homem tenha lido tanto, estudado tanto, meditado mais e escrito mais", e que "quando alguém compara os talentos que possui com os de Leibniz, fica tentado a jogar fora os livros e morrer em silêncio no escuro de algum canto esquecido". Isso porque, além de ser um dos pensadores mais influentes na história da filosofia, Leibniz também foi um cortesão multifacetado na Casa de Brunswick, que atuou como advogado, diplomata, engenheiro, bibliotecário, alquimista e historiador, bem como importante estudioso científico de matemática, física e geologia. Escreveu apenas dois tratados filosóficos em formato de livro, mas muitas outras cartas, ensaios e folhetos. Trouxe outras contribuições acadêmicas para a psicologia (fazendo a distinção entre consciência e inconsciência), a economia (propondo reformas tributárias e discutindo a balança comercial) e a linguagem (estudou as origens do sueco, do sânscrito, do chinês e do hebraico; ele próprio era poliglota e escrevia em diversos idiomas). Suas cartas o levaram para além dos assuntos já mencionados, e dizem que ele tinha cerca de 1.100 correspondentes em todo o mundo, com os quais trocava ideias sobre os mais diversos temas.

Mikhail Lomonosov se destacaria tanto nas artes quanto nas ciências. Começou a carreira como professor de química na Academia Russa de Ciências, onde publicou um catálogo de mais de 3.000 minérios, explicou a formação dos *icebergs* e tornou-se a primeira pessoa a registrar o congelamento de mercúrio. Como físico, ele considerava o calor como uma forma de movimento, sugeriu a teoria ondulatória da luz, contribuiu para a formulação da teoria cinética dos gases, explorou a ideia de conservação da matéria e concluiu que a Teoria do flogisto, comumente aceita, era falsa. Como astrônomo, inventou e aprimorou o *design* de um telescópio refletor e tornou-se a primeira pessoa a imaginar a existência de uma atmosfera em Vênus. Ele defendeu a existência da Antártica com base em seu estudo sobre *icebergs* e deriva continental.

Como inventor, Lomonosov desenvolveu ferramentas marítimas que facilitaram a escrita e o cálculo de direções e distâncias. Organizou uma expedição para encontrar a Passagem Nordeste entre os oceanos Atlântico e Pacífico navegando ao longo da costa norte da Sibéria. Também publicou uma história da Rússia em 1760. O que torna Lomonosov um verdadeiro polímata, entretanto, foi seu trabalho nas artes, assim como nas ciências. Era poeta e escrevia em uma gramática que modificou a língua literária russa, combinando o eslavo antigo com a língua vernácula. Escreveu mais de 20 odes cerimoniais solenes, em especial *Meditação Noturna sobre a Majestade de Deus*. Seu trabalho inicial sobre a química dos minerais o levou a desenvolver um interesse pela antiga arte dos mosaicos, e ele acabou produzindo cerca de 40 de suas próprias composições, 24 das quais sobreviveram, incluindo obras-primas como *Pedro, o Grande* e a *Batalha de Poltava*. Em 1763, montou uma fábrica de vidro que produziu os primeiros mosaicos de vitrais fora da Itália.

O sultão Selim III procurou um polímata talentoso para obter avanços militares, diplomáticos e intelectuais avidamente necessários. **Ibrahim Müteferrika,** originalmente unitarista húngaro, era um janízaro (uma criança cristã escrava convertida ao islamismo e treinada como soldado de unidade especial no exército otomano) que começou sua carreira como soldado e diplomata com o governo otomano e tornou-se fundamental no desenvolvimento das relações com austríacos, russos, suecos e franceses. Ele é mais conhecido como o primeiro editor muçulmano a operar uma máquina de impressão com caracteres árabes móveis. Foi o primeiro editor no Império Otomano a receber permissão para imprimir livros seculares e islâmicos. Publicou muitas de suas próprias obras, incluindo importantes tratados sobre astronomia, teoria militar, teologia, história e economia, e publicou um total de 17 obras em 23 volumes (entre 500 e 1.000 cópias cada um). Como parte de seu trabalho de impressão e publicação, Müteferrika também demonstrou habilidade como ávido cartógrafo e gravador. Suas descobertas permitiriam ao Império se sustentar pelo menos nos próximos 100 anos.

A República de Ragusa (na atual Croácia), também sob controle otomano até o início do século XIX, foi o lar de outro polímata fenomenal dessa época. Ruđer Bošković foi diplomata, poeta, arquiteto, teólogo, engenheiro e astrônomo. Após migrar de sua cidade natal de Dubrovnik para Roma, ele foi ordenado padre católico e serviu como diplomata, confessor e funcionário público. Ganhou reconhecimento especial como arquiteto envolvido nos reparos arquitetônicos de muitos edifícios icônicos de Roma, como a Cúpula de São Pedro, a Catedral de Milão e a biblioteca de Cesarea di Vienna, além de ser engenheiro civil que trabalhou em vários projetos relativos a portos e rios.

Como acadêmico científico e professor de matemática, Bošković criou a precursora da teoria atômica, e fez muitos avanços em astronomia, incluindo o primeiro procedimento geométrico a fim de determinar o equador de um planeta em rotação com base em três observações de um elemento da superfície. Ele também é conhecido por calcular a órbita de um planeta com base em três observações de sua posição e por descobrir a ausência de atmosfera na lua. Bošković também foi renomado filósofo da ciência e poeta (seus poemas geralmente aludiam à junção da religião e da ciência), além de membro da sociedade literária romana Arcádia.

Revolucionários

Ser capaz de buscar múltiplos interesses dentro do *establishment* é uma coisa. Mas muitos polímatas da história moderna realmente lideraram uma grande resistência *contra o sistema*, muitas vezes pagando um alto preço. **Paul Robeson** foi um dos maiores jogadores de futebol americano de seu tempo. Fora do campo, ele estudava bastante na Faculdade de Direito e, ao se formar, iniciou carreira em um escritório de advocacia em Nova York. Mas ser advogado-atleta não bastava. Esse jovem estava determinado a perseguir seu sonho de infância de uma vida no palco. Depois de fazer alguns *shows* enquanto estudava, sua reputação como cantor baixo começou a crescer. Ele se tornaria um dos primeiros a trazer os *Spirituals* (canções religiosas compostas por africanos escravizados nos Estados Unidos) para os concertos. Sua apresentação da *Ballad for Americans*, uma cantata patriótica americana ainda amplamente associada à sua voz, fez dele um *superstar* nacional.

Ele era igualmente talentoso como ator, e suas primeiras atuações em peças como *O Imperador Jones* lhe renderam muitos elogios. Passou então a desempenhar o papel-título em *Otelo*, de William Shakespeare, pelo qual ganhou a Medalha Spingarn, em 1945. Estrelou as produções de Londres e Broadway de *Show Boat*, e também atuou na versão cinematográfica de 1936. Sua interpretação da canção *Ol' Man River* no filme ainda hoje é considerada a melhor de todas. Ele atraiu a atenção de produtores de filmes britânicos, e sua carreira atingiu novos patamares quando desempenhou papéis principais em uma série de sucessos de bilheteria britânicos, incluindo *Song of Freedom* e *The Proud Valley*.

Apesar de seu sucesso brilhante, ele sentiu necessidade de aprender mais. Interessava-se, em especial, por línguas e linguística. Então, em 1934, matriculou-se na Escola de Estudos Orientais e Africanos em Londres, onde se concentrou em mandarim, suaíli e diversas outras línguas africanas. Um aluno excepcionalmente rápido, acabou sendo fluente em mais de 20 idiomas — o que o tornou um dos maiores poliglotas do século XX.

Seu estudo sobre a história e a política do povo africano, juntamente com as experiências pessoais de segregação racial, permitiu que ele se tornasse um dos críticos mais incisivos de racismo, colonialismo e classismo nos Estados Unidos. Ele continuou a viajar pelo mundo — não apenas como artista, mas agora também como defensor da justiça social. Suas opiniões socialistas, e a própria cor da pele, acabaram levando ao isolamento em seu próprio país, mesmo sendo um dos homens mais talentosos da história norte-americana moderna.

Robeson acreditava na *completa* autorrealização de cada ser humano, independentemente de raça, classe ou gênero. E ele sentiu que isso não era possível em um sistema capitalista. Na verdade, ao contrário da crença comum, o pensamento socialista original não visionava uma população obediente e regimental, mas, em vez disso, um sistema de igualitarismo que estabeleceria as bases para que cada indivíduo brilhasse de sua maneira única. Oscar Wilde, em seu famoso ensaio *A Alma do Homem sob o Socialismo,* insistiu que um sistema baseado na propriedade privada nunca poderia permitir o desenvolvimento completo de um indivíduo ou "a expressão plena da personalidade". Ele dizia que um sistema baseado em uma filosofia de "trabalho por aluguel" só poderia permitir que um pequeno grupo de estudiosos e artistas de elite (financeiramente seguros) florescesse em sua totalidade. Isso cria uma sociedade na qual "o homem é absorvido por suas posses" em vez de si mesmo.

Na verdade, o próprio Marx acreditava em uma "educação multifacetada", e escreveu que "em uma sociedade comunista não há pintores, mas apenas pessoas que se dedicam à pintura, entre outras atividades". Talvez tenha sido isso que inspirou muitos revolucionários socialistas em todo o mundo, como Robeson, a exercer suas muitas facetas, quase como se fosse em si um ato de resistência.

Houve muitas revoluções sociopolíticas ao longo da história, muitas vezes por um grupo sedento de poder para substituir outro. Mas as verdadeiras revoluções — aquelas que representam escravos, camponeses, minorias ou súditos coloniais — são essencialmente uma luta organizada dos oprimidos para substituir um sistema imposto a eles por seus opressores. Entre as mais citadas e bem-sucedidas na era moderna estão as revoluções norte-americana, haitiana, francesa, cubana, russa e iraniana. Elas foram lideradas por figuras radicais, geralmente liberais, nacionalistas anticoloniais e socialistas, dependendo do contexto.

A revolução ocidental moderna mais célebre ocorreu em Paris no final do século XVIII, liderada por liberais contra a monarquia absolutista e inspirada pelo movimento de livre-pensamento do Iluminismo. Duas das figuras mais proeminentes do Iluminismo francês não eram apenas revolucionários por seus próprios méritos, mas também polímatas extraordinários. **Voltaire** foi um escritor versátil, que produziu obras em quase todas as formas literárias, incluindo peças, poemas, romances, ensaios e obras históricas e científicas. Escreveu mais de 20.000 cartas e mais de 2.000 livros e folhetos. Foi um defensor aberto da reforma social, apesar das rígidas leis de censura e severas punições para quem as quebrasse. **Pierre Beaumarchais** foi considerado por muitos historiadores uma das figuras definidoras do Iluminismo francês, bem como da Revolução. Isso porque a vida de Beaumarchais — que se tornou exemplar da infinitude do Iluminismo francês — foi aventureira: ele foi um magistral relojoeiro, além de músico da família real francesa, empresário, diplomata e espião durante a Revolução Norte-americana, e depois um dos dramaturgos de maior sucesso de seu tempo.

Antes de o marxismo ser adotado como base para a revolução na Rússia, ele ganhou popularidade na Europa, especialmente na Inglaterra. **William Morris**, inspirado pelo pensamento de Marx e um amigo de sua filha Eleanor, tornou-se um dos maiores ativistas revolucionários socialistas da Inglaterra. Iniciou sua carreira na metade do século XVIII como arquiteto do renascimento gótico até se interessar por *design* de interiores. Ele rejeitava a manufatura industrial, e foi pioneiro do movimento *Arts and Craft*, clamando por um retorno ao artesanato tradicional e pela elevação do *status* do artesão ao de um artista. Ele se tornou um *designer* de padrões para papéis de parede, azulejos de cerâmica, vitrais, produtos têxteis e outras decorações de interiores, e também se especializou em tecelagem, tinturaria, estamparia e bordados. Além disso, foi um artista de pintura a óleo reconhecido, e sua única pintura de cavalete que ainda existe, *La Belle Iseult*, está exposta na Tate Gallery de Londres.

Morris também projetou fontes de texto e decorações de livros famosas para imitar os métodos tradicionais de publicação do século XV. Na verdade, fundou sua própria editora, a Kelmscott Press, a qual, durante seu curto período de existência, se tornou uma das editoras especializadas mais renomadas do país. Inspirado pelos escritores medievais que publicou, o próprio Morris fez contribuições tremendas ao mundo da literatura. Foi o primeiro dos poetas pré-rafaelitas, e publicou muitos volumes de poesia ao longo de sua vida. Como romancista, Morris foi o pioneiro do gênero de ficção de fantasia, e diz-se que seus romances como *News from Nowhere* e *The Wood beyond the World* teriam influenciado escritores subsequentes, como James Joyce e J.R.R. Tolkien. Quando ele morreu, aos 62 anos, seu médico declarou que a causa era "simplesmente ser William Morris, e ter feito mais trabalho do que mais de dez homens". Morris passou a compreender, no final da vida, que, apesar de seus esforços, uma revolução não aconteceria durante sua vida. Os romances que escreveu eram uma forma de expressar sua visão utópica.

Em outros lugares, revoluções socialistas estavam "em infusão" na Rússia, Índia e Cuba e em muitas outras partes do mundo. E cada uma delas tinha seus próprios polímatas. O russo **Alexander Bogdanov** foi um dos fundadores do Partido Trabalhista Social-Democrata Russo, bem como do movimento cultural proletário *Proletkult*. Mas ele também foi médico e psiquiatra especializado; teórico político e economista durante a Revolução Bolchevique; pioneiro da ficção científica russa (seu livro *Estrela Vermelha*, sobre uma utopia em Marte, tornou-se um clássico na literatura russa moderna); importante filósofo da ciência e um dos primeiros teóricos de sistemas (descritos em sua obra seminal, *Tectologia*).

O indiano **Rahul Sankrityayan** liderou uma rebelião de camponeses contra os senhores de terras em Bihar, foi preso em três ocasiões e foi um dos principais biógrafos socialistas de seu tempo, completando obras seminais sobre Marx, Lenin, Stalin e Mao Tse Tung. Conhecido como *Mahapundita* (o mais sábio), ele também era hiperpoliglota, escreveu mais de 100 livros a respeito de uma variedade de assuntos, incluindo sociologia, história da ficção, filosofia, budismo, gramática, editoria, folclore, ciência, teatro e política.

Um dos líderes da Revolução Cubana dos anos 1960, **Che Guevara** raramente é referido como polímata, apesar de ser escritor *best-seller* de viagens, médico diplomado e atuante, aclamado filósofo marxista, habilidoso soldado e teórico militar e, em última análise, um poderoso estadista e diplomata. Portanto, não é de surpreender que, apesar de ter sido morto antes mesmo de completar 40 anos pelas autoridades bolivianas apoiadas pelos Estados Unidos, o filósofo francês Jean Paul Sartre o tenha descrito como "o homem mais completo de sua idade".

Na virada do século XX, as autoridades imperialistas começaram a enfrentar importante resistência de ativistas locais aos seus governos, e uma nova espécie de polímatas emergiu entre eles. Muitos eram extremamente diversificados; cada um deles foi muito bem-educado (geralmente nas tradições ocidentais e locais); tiveram carreiras profissionais, escreveram poesia de resistência, desenvolveram visões de mundo filosóficas, lutaram como soldados, lideraram movimentos e muitas vezes usaram as artes e a literatura para articular seus sentimentos anti-imperialistas. A necessidade de desenvolver muitas formas criativas de expressão inspirou (e, em alguns casos, os obrigou) a se desenvolverem como polímatas.

O herói nacional filipino, **José Rizal**, foi um revolucionário polímata cuja vida foi interrompida pelos colonialistas espanhóis aos 35 anos. Tendo inicialmente se interessado por Direito, acabou estudando Medicina, obtendo a Licenciatura em Medicina pela Universidade Central de Madrid, tornando-se oftalmologista. Muitos também descreveriam Rizal como um pensador antropólogo. Pesquisou extensivamente as línguas e as culturas do Oriente, como o chinês e o japonês, bem como as da própria Filipina. Sua aptidão para aprender idiomas era excepcional — ele se tornou familiarizado em mais de 20 línguas em um período de tempo relativamente curto.

Como poeta, Rizal foi aclamado mundialmente, escreveu mais de 35 poemas, incluindo seu famoso *Ultimo Adios*. Mas, talvez o mais importante, sua poesia ajudou a inspirar muitos filipinos a defender a liberdade contra os colonialistas espanhóis. Ele começou a escrever trabalhos políticos em forma de ensaio e diário e, por fim, formou *La Liga Filipina*, uma organização revolucionária sucedida pelo *Katipunan*. Enquanto estava na Espanha, ele se tornou colunista do jornal espanhol *La Solidaridad*, reclamando mais liberdade para o povo filipino e melhor governança, livre de corrupção e controle. Rizal também foi um artista impressionante. Como pintor, produziu muitas peças em aquarela, óleo e giz de cera, incluindo *Cristo Crucificado, Saturnina Rizal* e *Brasão de Armas Espanholas*, usando várias superfícies como tecido, conchas do mar, papel e tela. Também produziu inúmeros esboços de lugares por onde viajou, monumentos históricos e pessoas em sua vida.

Talvez mais impressionante, porém, foi a magnífica produção de Rizal como escultor. Seu famoso *Triunfo da Ciência sobre a Morte* representou o surgimento do Iluminismo a partir da Idade das Trevas na Europa por meio de uma mulher nua segurando uma tocha. Também esculpiu os bustos de várias pessoas importantes da época, incluindo seu próprio pai; trabalhou em madeira, argila, cera e terracota, chegando a produzir mais de 50 peças. Muitas vezes nos perguntamos como encontrou tempo, em uma vida tão curta, mas Rizal se interessava muito por alguns *hobbies*, mostrando visível habilidade em xadrez, esgrima, música (flauta) e tiro com pistola. Também se envolveu com a cartografia, esboçando muitos mapas de regiões das Filipinas, incluindo Mindanau. Alguns também podem se referir a Rizal como "ruralista". Isso se deve ao seu trabalho na agricultura — ele teve fazendas que administrou durante anos, onde fez pesquisas botânicas e cultivou muitas variedades de plantas.

Rizal era claramente multitalentoso. Em uma curta vida, tornou-se talentoso médico, artista, poeta, ativista, poliglota, amador e acadêmico, cujo trabalho abrangeu as ciências sociais e físicas, bem como as artes. Mas sua extraordinária polimatia foi uma forma de protesto contra um sistema imposto pelos opressores coloniais.

Ao formar instituições semelhantes às suas próprias nas colônias, as autoridades imperiais do século XIX espalharam uma cultura de especialização por todo o mundo colonizado. As burocracias coloniais designavam especialistas onde necessário e restringiam amplamente a liberdade intelectual dos pensadores e artistas locais. Assim como Rizal, no final do imperialismo europeu, muitas figuras importantes da resistência emergiram como sendo fenomenalmente polêmicas. No Sul da Ásia, **Muhammad Iqbal** foi o "fundador intelectual" do Paquistão, bem como o poeta nacional (tendo escrito mais de 12.000 versos em várias línguas). Mas também foi um advogado de sucesso, escreveu um dos primeiros livros sobre economia na língua urdu e é aclamado como um dos grandes filósofos islâmicos modernos — tornando-o o que em urdu é referido como um *har-fun mawla* ("mestre de todas as artes").

Na África, o revolucionário senegalês **Cheikh Anta Diop** destacou-se como o físico que traduziu a Teoria da Relatividade de Einstein em seu wolof nativo, criou um laboratório de radiocarbono no Insitut Fondamental d'Afrique Noire (IFAN) e escreveu um livro sobre física nuclear. Ele então reuniu os conhecimentos que tinha de genética, linguística, egiptologia, antropologia e história mundial para produzir sua obra-prima inovadora — *A Origem Africana da Civilização: Mito ou realidade?* — na qual defendeu sua filosofia política anticolonial por meio de uma obra magistral de amplo conhecimento histórico e científico. Então, como teórico político, escreveu o livro *Black Africa: A Base Econômica e Cultural de um Estado Federado*, no qual argumentou que a única maneira pela qual o continente pode se desenvolver economicamente e obter liberdade total da subjugação colonial é tornar-se uma única entidade política. Era não apenas teórico, mas praticante também, e, ao longo de mais de 25 anos, fundou três partidos políticos que constituíram a principal oposição no Senegal.

Intelectuais

Dois dos maiores intelectuais modernos da Índia eram pai e filho — ambos chamados de **D.D. Kosambi**. O pai (Dharmananda), no início do século XX, foi matemático, filósofo budista, especialista em linguística Pali e proeminente historiador marxista. Talvez igualmente, senão mais impressionante, tenha sido seu filho, Damodar, que também se destacou em matemática, linguagem e história, mas em vez de se concentrar na filosofia budista, perseguiu um interesse por arqueologia e o estudo de moedas (numismática). Tendo estudado em Harvard, Damodar Kosambi voltou para casa na Índia e ensinou matemática em instituições de prestígio como a Banaras Hindu University, a Aligarh Muslim University, o Ferguson College Pune e o Tata Institute of Fundamental Research. Publicou vários artigos e se tornou estatístico e geômetra em nível mundial, dando palestras nas Universidades de Chicago e Princeton. Também mantinha contato com os principais cientistas da época, incluindo John von Neumann e J. Robert Oppenheimer.

Suas crescentes visões marxistas, no entanto, levaram a uma desavença com os estabelecimentos políticos e corporativos indianos e norte-americanos, e ele decidiu se concentrar em outros interesses acadêmicos. Kosmabi já era um prodigioso poliglota, que havia publicado obras em inglês, francês, italiano e alemão, e era proficiente em várias línguas do sul da Ásia. Seu foco em sânscrito levou a avanços importantes no estudo da história da Índia Antiga, e seu livro *Culture and Civilisation in Ancient India* é considerado um clássico da literatura indiana. Mais tarde, também publicou um importante trabalho sobre numismática.

Os Kosambis foram ambos casos clássicos de *Polimata Intelectual* — um indivíduo cujos conhecimentos, pensamentos e ideias não apenas abrangem vários campos distintos, mas, além disso, trazem contribuições intelectuais significativas para cada um deles. Eles são "multiespecialistas", e não generalistas, dominando seus campos simultaneamente ou em sucessão ao longo da vida. Eles são descobridores, produtores e disseminadores de conhecimento e, por definição, usam seus intelectos para trabalhar, estudar, refletir, especular ou fazer e responder perguntas a respeito de um determinado assunto ou assuntos. É claro que o intelectual é naturalmente um *pensador* que — deliberada ou inadvertidamente — prioriza o pensamento sobre a ação para atingir seus objetivos; em geral, por meio de alguma forma de contribuição acadêmica. Normalmente, eles vêm como filósofos, historiadores, cientistas, cientistas sociais, ensaístas e até romancistas. Muitas vezes, são a fonte e os desenvolvedores das grandes ideias da história mundial. E os melhores são pensadores ilimitados. Seus conhecimentos, pensamentos e ideias não apenas abrangem vários campos distintos, como também, além disso, trazem contribuições intelectuais significativas para cada um deles.

A forma mais comum que o intelectual polímata assume é a de filósofo. A filosofia hoje tornou-se cada vez mais compartimentada (lógica, metafísica, ética etc.) para criar especialistas dentro dela, mas começou como um método de investigação abrangente e ilimitado, bem como uma visão de mundo holística e completa. Os filósofos pré-modernos tradicionais adotavam uma abordagem interdisciplinar e sintetizadora, colocando questões sobre uma variedade de assuntos a fim de melhor formular suas visões de mundo filosóficas.

Descrito por Bertrand Russell como o primeiro verdadeiro erudito-filósofo, **Aristóteles** foi educado na Academia de Platão e, mais tarde, nomeado chefe da Academia Real da Macedônia, onde se tornou tutor pessoal de três futuros reis: Alexandre, o Grande, Ptolomeu e Cassandro. Foi durante esse período em Atenas, de 335 a 323 a.C., que Aristóteles teria produzido talvez a mais diversa obra intelectual que o mundo já viu. O alcance de suas pesquisas foi fenomenal. Nas ciências físicas, estudou e escreveu observações sobre anatomia, astronomia, embriologia, geografia, geologia, meteorologia, física e zoologia. Na filosofia, escreveu sobre estética, ética, governo, metafísica, política, economia, psicologia, retórica e teologia. Ele também estudou e fez observações importantes sobre educação, costumes estrangeiros, literatura e poesia. Suas obras em conjunto constituem uma espécie de enciclopédia do conhecimento grego: ele contribuiu para quase todos os campos do conhecimento humano então existentes, e foi o fundador de muitos novos campos. O historiador britânico Brian Magee disse a respeito dele que "é difícil que algum ser humano soubesse tanto quanto ele". Fernandez-Armesto disse que ele era "excepcionalmente transgressivo no domínio do que agora consideramos como campos diferentes — e poucos superaram sua influência em qualquer um deles". Ele foi talvez o primeiro exemplo de polímata intelectual, alguém que harmonizou a profundidade e a amplitude do conhecimento de uma forma que raramente seria vista de novo.

Enquanto o filósofo polímata foi primeiro exemplificado pelos gregos (sendo Aristóteles o arquétipo), os filósofos islâmicos dos séculos X ao XIII desenvolveram sua própria tradição de investigação polimática. **Avicena** (também conhecido como *Ibn Sina*), um dos filósofos islâmicos mais conhecidos no Ocidente, memorizou o *Alcorão* aos dez anos e dominou todos os ramos da aprendizagem islâmica aos 21 anos. Como médico da corte do imperador Samanid, ele teve acesso a uma magnífica biblioteca que lhe permitiu continuar seus estudos em diversos outros campos. A odisseia intelectual que se seguiu culminou no *Kitab al-Shifa*, um compêndio de aprendizagem que engloba muitos elementos de filosofia e ciência, incluindo lógica, geometria, aritmética, astronomia, música e metafísica. É considerado por muitos como a maior e mais variada obra desse tipo escrita por um único homem.

Averróis (também conhecido como *Ibn Rushd*) é considerado o sucessor intelectual de Ibn Sina. Ele frequentou a mundialmente famosa Universidade de Córdoba, estudando Teologia, Direito e Medicina ao mesmo tempo. Foi nomeado juiz principal em Córdoba e, paralelamente, serviu como médico da corte do príncipe almóada Abu Ya'qub Yusuf, onde trouxe enorme contribuição acadêmica para a Medicina, *al Kulliyat fi al Tibb* (livre tradução: *Generalidades na Medicina*), uma enciclopédia médica. Na corte, Ibn Rushd viu-se em uma posição única — como Ibn Sina, Ibn Tafayl e outros antes dele — de conseguir desenvolver seu interesse em uma investigação filosófica abrangente. Estudioso da filosofia Aristotélica, sua resposta à crítica anterior de al Ghazali à filosofia grega foi aclamada como uma das obras mais importantes da história da filosofia islâmica. **Nasir al-Din al-Tusi**, aiatolá persa do século XII, trouxe contribuições inovadoras para a teologia, a filosofia e quase todos os ramos das ciências naturais conhecidas de seu tempo; mais notavelmente, matemática (geometria), química (conversão de massa), biologia (evolução) e astronomia (movimento planetário).

Polímatas filosóficos também podem ser considerados críticos culturais. **John Ruskin** escreveu vários livros sobre arquitetura, ganhou o prestigioso prêmio Newdigate de poesia em Oxford, escreveu artigos sobre geologia e botânica, escreveu uma crítica de *A Riqueza das Nações*, de Adam Smith, e tornou-se o principal crítico de arte e historiador de sua geração — sua obra-prima em vários volumes *Modern Painters* ainda é considerada uma das melhores obras de crítica de arte dos tempos modernos. Também foi artista visual e pensador político por si só, com uma enorme influência tanto na arte quanto nos círculos políticos.

Tão importante quanto foi o historiador de arte ceilonês **Ananda Coomaraswamy**, que foi o primeiro a chamar a atenção dos artistas ocidentais para a arte indiana. Coomaraswamy também foi filósofo e metafísico defensor da "filosofia perene", e tornou-se um dos fundadores da Escola Tradicionalista. Como mineralogista, ele estava envolvido em pesquisa geológica do Ceilão. Foi ilustre membro do renascimento cultural de Bengala, bem como do movimento de independência *Swadeshi*. Era um verdadeiro poliglota, que conhecia línguas tão diversas quanto o latim, hindi, islandês, francês, pali, grego, inglês, sânscrito, persa e chinês.

Polímatas intelectuais são estudiosos que se destacam em múltiplas disciplinas não relacionadas (*multidisciplinares*), ou pensadores que sintetizam áreas aparentemente díspares do conhecimento a fim de fazer uma contribuição séria para uma delas (*de forma interdisciplinar*). Um bom exemplo do primeiro é o escritor americano **Isaac Asimov**, que publicou livros que estavam em todas as dez principais categorias do sistema decimal de bibliotecas de Dewey. Ele é mais conhecido por seus livros de ciência popular e romances de ficção científica altamente conceituados. Escreveu livros sobre todas as áreas das ciências (química, matemática, física, astronomia, biologia, computação, anatomia) e sobre temas tão amplos quanto teologia, literatura, limeriques e DIY (*do it yourself* — faça você mesmo). No total, escreveu mais de 500 livros e contos, muitos deles publicados postumamente.

Estudiosos interdisciplinares se familiarizam completamente com diferentes disciplinas (entendendo como elas interagem e se complementam) em vez de necessariamente fazer contribuições específicas para a compreensão de cada uma. Ou seja, eles *sintetizam a fim de contextualizar*, e vice-versa. Alguns dos melhores cientistas sociais, por exemplo, demonstraram uma capacidade excepcional de sintetizar múltiplas vertentes de conhecimento. **Karl Marx** baseou-se em seu conhecimento claramente amplo de economia, política, sociologia, história, literatura e psicologia para formular as "leis do capitalismo" (notavelmente analisadas em *Das Kapital*); uma hipótese que teria um impacto marcante na política mundial ao longo do século XX. De acordo com o estudioso marxista David Harvey: "Para Marx, novos conhecimentos surgem com base em blocos conceituais radicalmente diferentes, e esfregando-os juntos, geram um fogo revolucionário". Seu aparente rival ideológico **Adam Smith** também tinha um conhecimento completo de vários assuntos, incluindo Física, Astronomia, Direito, História e Metafísica (escreveu ensaios importantes sobre cada um), os quais ele reuniu para construir sua filosofia econômica extremamente influente, conforme estruturada em *A Riqueza das Nações*. Algumas influências como a Astronomia podem, a princípio, não parecer óbvias, mas certamente forneceram contexto científico e estrutura para seu pensamento.

Aqueles que assumem a escrita como profissão muitas vezes têm menos restrições do que pensadores que estão vinculados a instituições religiosas e acadêmicas (embora, em muitos casos, também estejam à mercê de seus editores). Os escritores versáteis têm a liberdade de explorar diferentes campos, às vezes sob diferentes pseudônimos. Antes da era moderna, estes surgiam geralmente como ensaístas. Durante a renascença europeia, o escritor **Giovanni Pico della Mirandola** tinha uma reputação como estudioso erudito, cuja busca por adquirir e reunir todo o conhecimento disponível no mundo o levou a se tornar um dos fundadores da filosofia do Humanismo Renascentista — culminando em seu ensaio revolucionário *Oração sobre a Dignidade do Homem*. O escritor inglês renascentista **Thomas Browne** escreveu de forma independente e autoral sobre temas tão diversos quanto Medicina, Religião, Filosofia, Botânica, Arqueologia, Falcoaria, Música e Matemática, e seu contemporâneo **Michel de Montaigne**, da França, demonstrou versatilidade e erudição semelhantes com sua famosa coleção de ensaios.

Autores de ficção muitas vezes exibem um conhecimento incrivelmente amplo que se torna essencial para a formação das histórias que contam. O poder de síntese do escritor russo **Leo Tolstoy** quanto à religião, história, guerra, política, arte, literatura, economia, agricultura, sociedade e filosofia em seus romances (particularmente *Guerra e Paz*) fez dele um dos escritores mais aclamados de todos os tempos. Outros autores com esse poder de síntese no mundo literário incluem o inglês **Aldous Huxley** e o italiano **Umberto Eco**, que demonstraram uma compreensão excepcional de diversos assuntos por meio de suas obras literárias, embora alguns deles, como Asimov, tenham, naturalmente, feito suas próprias contribuições para vários campos por conta própria.

As melhores "histórias do mundo" tendem a ser escritas por polímatas historiadores que selecionam muito bem os vários domínios — sejam geográficos, culturais, econômicos, sejam científicos. O historiador árabe do século X **Al-Mas'udi**, por exemplo, escreveu *The Meadows of Gold and Mines of Gems* — um relato cronológico da história mundial que reunia múltiplas ciências islâmicas. O historiador tunisiano do século XIII **Ibn Khaldun** produziu uma das melhores obras de síntese histórica de todos os tempos — o *Muqaddimah*. Essencialmente uma tese enciclopédica sobre as muitas perspectivas da ascensão e da queda das civilizações humanas, a obra incorporou habilmente elementos fundamentais da filosofia, história, teologia, economia, teoria política, sociologia, ciências naturais e geografia, e, nesse processo, formou uma nova disciplina acadêmica — as ciências sociais. O objetivo do historiador vencedor do Prêmio Pulitzer, **Will Durant**, era unificar as várias facetas da história, que ele sentia que haviam se tornado cada vez mais fragmentadas no século XX. Isso culminou em sua obra-prima histórica em vários volumes, *História da Civilização*, na qual ele tenta "ver as coisas como um todo, buscar perspectiva, unidade e compreensão ao longo da história no tempo..." **Jacob Bronowski** reuniu seu comprovado conhecimento de matemática, física, biologia, filosofia e literatura para explicar a histórica "Ascensão do Homem" por meio de seu livro inovador e da série de documentários para a TV, com o mesmo título.

Educadores

Em 47 a.C., Júlio César nomeou **Marco Terentius Varro** — citado por Quintiliano como "o mais erudito dos romanos" — para supervisionar a biblioteca pública de Roma. Antes disso, Varro estudou em Roma e Atenas e serviu como soldado e político em Pompeia. Seus *Nove Livros de Disciplinas* tornou-se um modelo para enciclopedistas posteriores, e foi exemplar pelo uso das artes liberais como princípios organizadores, identificando-as como: gramática, retórica, lógica, aritmética, geometria, astronomia, teoria musical, medicina e arquitetura. Escritores posteriores usaram a lista de Varro para definir as sete "artes liberais das escolas medievais" clássicas.

Não satisfeito em ser um mero generalista, Varro estava disposto a dar sua própria contribuição para a erudição romana. Por fim, acabou produzindo 74 obras em latim, abrangendo uma enorme variedade de conhecimentos, muitos deles trazendo contribuições notáveis para a ciência, linguística e história. Sua compilação da *Cronologia Varroniana* foi uma grande realização na história cronológica, que incluiu biografias curtas de mais de 700 notáveis gregos e romanos. Em *De Re Rustica*, um livro enciclopédico sobre agricultura, Varro afirmou que o contágio da água estagnada poderia afetar a saúde de uma pessoa — uma teoria posteriormente atribuída e comprovada cientificamente pelo cientista do século XVI, Girolamo Fracastoro. *De Lingua Latina* impressiona não só como obra linguística, mas também como fonte de valiosas informações incidentais sobre diversos assuntos.

Antes de Varro, os grandes educadores do mundo antigo eram sábios que derivavam seu conhecimento de fontes experienciais e metafísicas. Muitos deles tinham uma sabedoria geral, que se aplicava a muitas áreas do ensino. **Confúcio**, por exemplo, foi um professor enciclopédico de história, poesia, governança, honorabilidade (decoro), matemática, música, adivinhação e esportes — ele próprio, "à maneira de Sócrates, era uma universidade de um homem só" durante a Dinastia Zhou. Assim, tornaram-se fontes confiáveis de conhecimento em uma série de questões práticas relacionadas à vida cotidiana. **Thiruvalluvar**, o poeta tâmil da Índia antiga, escreveu o *Thirukural*, um influente conjunto de máximas éticas e práticas, incluindo questões de Virtude (assuntos familiares, autocontrole, fidelidade), Riqueza (emprego, masculinidade, aprendizado) e Amor (cortejo, beleza, intimidade). De maneira semelhante, o filósofo grego **Epicuro** escreveu 300 obras de conselhos tipo "autoajuda" sobre todos os aspectos da vida prática, incluindo seus *On Love, On Justice, On Nature* e *On Human Life*.

À medida que a sabedoria deixou os lábios dos grandes sábios da história antiga, o conhecimento (factual ou não) começou a se desenvolver e se espalhar esporadicamente. Um novo grupo de educadores ao redor do mundo, como Varro, começou então a reunir e organizar esse conhecimento na forma de enciclopédias. Em virtude de *saber, compilar* e *compartilhar*, esses enciclopedistas têm sido tradicionalmente alguns dos educadores mais influentes da história. A natureza de sua erudição e seu conhecimento absoluto confirmam que os melhores enciclopedistas eram de fato polímatas. Eles compilavam, editavam (e às vezes eles próprios contribuíam com) uma variedade excepcionalmente ampla de verbetes sobre pessoas, lugares, eventos, objetos e outros fenômenos.

Muitos outros seguiram essa tradição. O enciclopedista romano **Aulo Cornélio Celso** compilou uma enciclopédia abrangente que incluía todos os principais aspectos do conhecimento romano, contendo verbetes sobre medicina, agricultura, guerra e direito. Apenas um volume, *De Medicina*, chegou até nós, mas comentários de contemporâneos de Celso sugerem que ele tinha conhecimento de todos os outros assuntos relativos à vida romana da época. O burocrata da Dinastia Tang, **Du You**, passou 36 anos compilando o *Tongdian* — uma enciclopédia de 200 volumes que incluía todo o conhecimento sabido, separado em: Alimentos e mercadorias, Exames e promoções, Gabinetes governamentais, Ritos, Música, Militar, Direito penal, Administração local e defesa de fronteiras.

Fócio I, o poderoso patriarca do século IX da Igreja Ortodoxa Oriental, em Constantinopla, era mais conhecido por sua compilação da *Biblioteca* — uma coleção monumental de extratos e resumos de 280 volumes de autores clássicos. O polímata francês **Vicente de Beauvais** produziu o *Speculum Maius* (ou *O Grande Espelho*); a enciclopédia mais lida na Idade Média. Era um compêndio de todo o conhecimento da Idade Média em três partes: *Speculum Naturale* (ciências naturais), *Speculum Doctrinale* (conhecimento prático) e *Speculum Historiale* (História do mundo conhecido). O estadista chinês **Li Fang**, enciclopedista da dinastia Sung, compilou as outras enciclopédias mais lidas da Idade Média, os *Quatro Grandes Livros de Canções*. A tradição enciclopédica estava particularmente presente na erudição da Igreja Europeia na Idade Média. Santo **Isidoro de Sevilha**, um dos maiores estudiosos do início da Idade Média, é bastante aclamado como o autor da primeira enciclopédia conhecida desse período, a *Etymologiae* (por volta de 630), na qual compilou uma parte considerável do ensino disponível em sua época, tanto antigo quanto moderno. Foi o compêndio mais conhecido em bibliotecas medievais, e foi impresso em pelo menos dez edições entre 1470 e 1530, mostrando a popularidade contínua de Isidoro na Renascença.

Com uma produção tão vasta de conhecimento nos primeiros séculos do Islã — sem falar na preservação do aprendizado do grego antigo —, grande parte de sua compilação, organização e disseminação foi feita por polímatas. O egípcio mameluco **Al Nuwaiyri** compilou uma enciclopédia de 9.000 páginas e 30 volumes, traduzida para o inglês recentemente como *The Ultimate Ambition in the Arts of Erudition*. Ele catalogou o mundo conhecido com base na perspectiva de um literato do século XIV. Os verbetes variavam desde cultos medievais de adoração da lua, afrodisíacos sexuais e a substância das nuvens até o queijo de leite de búfala e os hábitos de aninhamento dos flamingos. Da mesma forma, um século depois, o estudioso egípcio **Al Siyuti** escreveu cerca de 500 livros sobre assuntos tão variados quanto medicina, linguagem, direito e teologia islâmica, essencialmente compilando e organizando os vários ramos do conhecimento islâmico no Cairo do século XV.

No século XVI, o clérigo calvinista alemão **Johann Heinrich Alsted** compilou sozinho uma enciclopédia de sete volumes ao longo de duas décadas. E então, durante o Iluminismo francês, o filósofo **Denis Diderot** foi o editor-chefe de uma das enciclopédias mais aclamadas de todos os tempos, a *Encyclopédie*. Diderot, por meio de sua obra-prima, pretendia *pour changes la facon commune de penser*, "mudar a face do pensamento comum" por meio da síntese de uma vasta quantidade de conhecimento humano. A *Encyclopédie* é agora considerada uma das principais representações da filosofia iluminista francesa, e o próprio Diderot, consequentemente, passou a ser reverenciado como um dos importantes filósofos daquela época.

Mas, por volta de 1800, o aumento exponencial do conhecimento disponível ultrapassou as capacidades dos enciclopedistas individuais. O suplemento de 1805 da *Enciclopédia Britânica* reconheceu que "nenhum homem, por mais surpreendente que seja seu talento e intensa aplicação, pode esperar ser uma enciclopédia ambulante". Hoje em dia, a introdução de enciclopédias digitalmente comunais, como a Wikipedia, substituiu a dependência em polímatas individuais para essa função. No entanto, a existência dessas pessoas em todo o mundo ao longo da história sempre foi fundamental na compilação e disseminação do conhecimento.

Enquanto os enciclopedistas eram educadores em si, pois compilavam e codificavam o conhecimento, os professores e catedráticos transmitiam esses conhecimentos (embora, em alguns casos, contribuíssem para o conhecimento em si) de forma eficaz para o mundo em geral por meio das Academias, universidades e outros locais de aprendizado. Assim como ocorreu com as enciclopédias, na forma de livros, as Academias e as universidades logo começaram a organizar o conhecimento e seus professores em disciplinas compartimentadas, aparentemente distintas umas das outras. Mas muitos dos primeiros educadores acadêmicos ensinavam uma ampla variedade de assuntos. **Platão**, em sua Academia, por exemplo, usou um método universal de pesquisa filosófica que o levou a ensinar (ou investigar com seus alunos) uma série de assuntos que hoje seriam considerados completamente sem relação entre si. E mais tarde, **Hipátia** chefiou a escola neoplatônica em Alexandria, onde ensinou matemática, astronomia e filosofia e foi considerada uma das principais autoridades em cada disciplina.

Embora a maior parte do ensino pré-renascentista fosse feito em estabelecimentos religiosos, como mosteiros, ainda continuavam existindo universidades dedicadas em outras partes do mundo, inclusive na África Ocidental. Aqui, o Império Songhai sucedeu à dinastia Mande e se expandiu no século XV para se tornar um dos maiores impérios muçulmanos de todos os tempos — com mais de 1,4 milhão de quilômetros quadrados em seu auge. Um de seus intelectuais mais importantes, **Ahmad Baba** — erudito em direito, teologia, gramática e antropologia —, foi chefe da mundialmente famosa Universidade Sankor por 32 anos. Ficou notoriamente conhecido por ter uma biblioteca pessoal com cerca de 1.600 livros — um feito notável, dado que a quantidade total de livros publicados em toda a Europa pré-Gutenberg era provavelmente menor. Esta era considerada "uma coleção modesta" em comparação com alguns de seus colegas acadêmicos da época. É surpreendente o fato de que cerca de 700.000 livros reunidos durante esse período de erudição de Timbuktu tenham sobrevivido.

No século XVIII, **Maria Gaetana Agnesi** tornou-se a primeira professora universitária. Ela foi nomeada pelo Papa Bento XIV para a cadeira de matemática, filosofia natural e física na prestigiosa Universidade de Bolonha. Agnesi foi matemática, física, filósofa, teóloga e poliglota, reconhecida como prodígio por sua habilidade em aprender italiano, francês, grego, hebraico, espanhol, alemão e latim desde muito jovem. Ela publicou *Propositiones Philosophicae,* uma série de ensaios sobre filosofia e ciências naturais.

Com a ascensão da universidade moderna na Europa, após o século XVIII, começaram a surgir pensadores acadêmicos seculares como arquétipos do educador moderno. **William Whewell**, erudito do século XIX, foi um dos primeiros polímatas totalmente "acadêmicos" na Europa moderna. Na Universidade de Cambridge (como *Master of Trinity College*), ele trouxe contribuições significativas para a teologia, as várias ciências, história, economia, direito, arquitetura, educação e filosofia. Bertrand Russell foi o típico representante de "professor polímata", na Grã-Bretanha do início do século XX, cujo conhecimento de política, história, linguagem, matemática e religião (principalmente o Cristianismo), bem como vários ramos da filosofia — melhor demonstrado por sua *magnum opus* (grande obra) *A History of Western Philosophy* —, marcou sua posição como um dos maiores filósofos abrangentes e versáteis da história moderna.

Nos Estados Unidos, que desenvolveu um sistema de ensino superior semelhante ao da Grã-Bretanha, **Charles Sanders Pierce**, professor e filósofo de matemática, química, meteorologia, economia, lógica, história e linguística, foi apelidado por seus pares de "o mais original e versátil dos filósofos americanos". Ele foi um dos últimos filósofos polímatas, visto que a própria filosofia desde então tornou-se cada vez mais fragmentada e especializada como disciplina. Com o surgimento dos computadores, o pensamento e o ensino interdisciplinares tornaram-se domínio das ciências sociais e tecnológicas. Nesse contexto, **Herbert Simon** ocupou várias carreiras acadêmicas em disciplinas tão diversas como ciência política, economia, sociologia, psicologia cognitiva e ciência da computação. E trouxe contribuições marcantes para cada um desses assuntos. Ele foi professor de ciência política, escreveu um tratado inovador sobre tomada de decisão cognitiva, tornou-se pioneiro no estudo da inteligência artificial, trouxe contribuições para a biblioteconomia e pedagogia e ganhou o Prêmio Nobel de Economia em 1978.

Místicos

Rudolf Steiner foi filósofo e cientista que se tornou o editor de ciências naturais dos Arquivos Goethianos. Sua maior contribuição foi a notável síntese de ciência, filosofia e espiritualidade. Ele implementou suas ideias — que ficaram conhecidas como *antroposofia* — em múltiplas esferas da vida.

Fundou um sistema de agricultura orgânica (biodinâmica) que se generalizou hoje na prática dessa espécie de agricultura. Seu trabalho em medicina levou ao desenvolvimento de uma ampla gama de medicamentos complementares e terapias biográficas e artísticas de apoio. Como arquiteto, projetou 17 edifícios, dois dos quais são considerados obras-primas da arquitetura. Ele também era pintor, cujo trabalho influenciou Joseph Beuys e outros artistas modernos, e dramaturgo, que escreveu quatro peças importantes, além de ter desenvolvido um sistema de encenação que é conhecido por ter influenciado o famoso diretor russo Mikael Chekhov.

Para propagar as ideias antroposóficas, ele fundou as Escolas Waldorf — uma rede de escolas projetadas para educar as crianças de uma forma mais holística. Ele se tornou um proeminente ativista político durante o período entre guerras (escreveu *Rumo à Renovação Social,* que se tornou um *best-seller* internacional), e sua crescente influência social o colocou em confronto com Hitler, que tentou (sem sucesso) desacreditá-lo. A polimatia de Steiner é ainda mais bem demonstrada em seu legado póstumo. Além da arte, arquitetura, agricultura, educação, filosofia e medicina, suas ideias continuaram a influenciar setores como o bancário e a política.

Steiner está longe de ser o único místico a ter causado um impacto multidimensional no mundo. A tese de Jonathan Black, em seu inovador *Secret History of the World,* é de que certo conhecimento esotérico une muitas das maiores mentes da história. Curiosamente, muitos daqueles destacados por ele como místicos — Muhammad, Leonardo Da Vinci, Bernini, Carroll, Cicero, Voltaire, Copernico, Franklin, Edison, Bacon, Goethe, Imhotep, Leibniz, Newton, Pitágoras e Tolstoi —, cada um se destacou em vários campos (aparentemente não relacionados) e, ao fazê-lo, entrou para história. Eles eram polímatas. Alguns dos maiores metafísicos e líderes espirituais — inspirados pela necessidade de adquirir, conectar e colocar questões sobre várias formas de conhecimento para melhor compreender a realidade divina — tendem a ter as mentes mais polímatas.

Alguns dos místicos mais influentes da história mundial foram aqueles que compreenderam o mundo físico tão profundamente quanto o metafísico. Eles buscavam a teologia tanto quanto a filosofia. Os místicos tendem a ter uma abordagem holística da vida e do pensamento, e veem o mundo como interconectado e originário da mesma fonte. Eles não consideram a exploração de campos estranhos como transgressões. Veem unidade em tudo.

Uma das primeiras grandes tradições espirituais da humanidade, o hinduísmo, é, sem dúvida, um exemplo disso. Está presente em **Abhinavagupta**, o místico indiano do século X que escreveu peças, hinos e poemas, compôs músicas e escreveu sobre esteticismo, ioga e teologia. Por fim, reuniu seus trabalhos para criar uma enciclopédia (*Tantrālok)* da filosofia hindu do Shivaísmo. Essa abordagem, de acordo com Rabindranath Tagore, "penetrou na profundidade do pensamento vivo em que diversas correntes da sabedoria humana se unem em uma síntese luminosa". O filósofo espiritual Assamês do século XVI e sábio, conhecido como *Mahapurush* (O grande) **Srimanta Sankardev**, construiu uma represa (que ainda existe) para proteger o Assamês de fortes inundações. Mas ele é mais conhecido por transformar a cultura assamesa, como músico no gênero de *Tansen*, que poderia "fazer as folhas caírem das árvores pelas vibrações de suas canções raga". Como poeta, ele era conhecido como o Kalidasa de sua época, e como dramaturgo, tornou-se um dos pioneiros do teatro ao ar livre. Sua contribuição para as artes visuais inclui a magnífica tapeçaria *Vrindavani Vastra*. Depois de se firmar como cantor, músico, pintor e dançarino na Paris dos anos 1920, o francês **Alain Danielou** se tornaria um dos maiores especialistas ocidentais em cultura hindu do mundo, que traduziu o *Kama Sutra*, escreveu a *História da Índia*, foi nomeado por Tagore como diretor de sua conhecida escola de música clássica indiana no Ocidente e, em virtude de vários livros sobre yoga e filosofia shivite, tornou-se uma consagrada autoridade espiritual na tradição hindu.

O budismo também tem sua parcela de influentes místicos polímatas. **Zanabazar**, descendente de Gengis Khan, era um estadista e monge budista que apoiava a soberania de Qing sobre a Mongólia. Ele é conhecido no Ocidente como o "Michelangelo mongol", não só porque era um dos escultores mais célebres do país (suas estátuas de Buda de bronze douradas são consideradas tesouros nacionais), mas também porque ele tinha uma tremenda influência sobre a arte, a arquitetura e a música da região (compôs várias canções devocionais). Como estudioso, escreveu extensivamente sobre medicina, astronomia e filologia, mas é mais conhecido como espiritualista por suas reformas e pela propagação do budismo mongol. O monge tibetano do século XIX **Jamgön Ju Mipham**, referido como um *Mahapandita* (o grande homem) é celebrado por ter dominado as dez ciências: as artes e o artesanato (*bzo*), saúde (*gso ba*), língua (*sgra*), lógico-epistemologia (*tshadma*), soteriologia (*nang don*), poesia (*snyan ngag*), lexicologia (*mngon brjod*), prosódia (*sdeb sbyor*), dramaturgia (*zlos gar*) e astrologia (*dkar rtsis*). Seu conhecimento e síntese desses domínios diferentes permitiu-lhe trazer uma contribuição pioneira para a filosofia budista Nyingma. Depois de uma carreira extraordinariamente diversificada como soldado, funcionário público, advogado e agricultor, o norte-americano **Henry Steel Olcott** viajou para o Sri Lanka (então Ceilão) no final do século XIX para explorar os princípios do budismo, onde ele viria a se tornar um ícone religioso, "o budista branco". Ele construiu várias escolas budistas, algumas das quais são faculdades de prestígio hoje em dia. Em um nível mais amplo, juntamente com Madame Blavatsky, ele fundou a Sociedade Teosófica, que se tornou um poderoso movimento para a propagação da filosofia esotérica no final do século XIX.

O judaísmo tem uma longa história de filosofia e espiritualidade, mas talvez os maiores polímatas judeus tenham prosperado durante a civilização islâmica de Al Andalus. **Abraham Ibn Ezra**, um rabino que vivia na Espanha muçulmana durante os séculos XI e XII, foi um exegeta notável, bem como uma das figuras mais respeitadas na história da filosofia judaica. Também era um célebre poeta no estilo árabe *Muwashshah*, e uma coleção de seus poemas foram posteriormente traduzidos e publicados por Leon Weinberger. Além disso, ele escreveu sete tratados sobre astrologia, sete sobre gramática hebraica e três importantes trabalhos sobre matemática que desempenharam um papel importante na importação do sistema numérico indiano na Europa. Da mesma forma, no século XI, na Espanha, o teólogo **Moisés Maimonides** produziu diversos tratados médicos, escreveu uma crítica da astrologia e produziu importantes obras filosóficas, principalmente na lógica, culminando em seu tratado polímata *Guia para o Perplexo*.

A tradição mística no cristianismo realmente ganhou destaque durante a época de **Hildegard de Bingen**, que ganhou destaque no século XI inicialmente como freira e teóloga. Ela foi inspirada por "visões" para produzir mais de 100 cartas, 72 músicas, 70 poemas e nove livros sobre uma variedade de assuntos. Ela era poeta, filósofa e compositora ilustre, que também escreveu uma série de textos botânicos e medicinais importantes. Eleita como Magistra por suas colegas freiras, ela fundou os mosteiros de Rupertsberg e Eibingen, e defendia os direitos das mulheres na igreja.

Tomás de Aquino, monge cristão e místico do século XIII, é conhecido por ter adquirido todo o conhecimento de seu tempo, usando-o para formular a filosofia cristã progressista, que posteriormente influenciou incontáveis estudiosos renascentistas e iluministas. Mais recentemente, o padre **Pavel Florensky,** descrito por seu biógrafo como o Da Vinci "desconhecido da Rússia", fundou a Radical Christian Struggle Union antes de se tornar filósofo e místico. Escreveu *O Pilar e as Bases da Verdade*, um estudo multidisciplinar de matemática e misticismo. Ele também tornou-se um proeminente crítico de arte, tendo estudado a teoria e a história da arte, e publicou obras importantes sobre a arte russa antiga. Seu histórico inicial na matemática levou-o a explorar as ciências, e ele publicou trabalhos sobre eletrodinâmica e dielétrico e, mais tarde, uma tese inovadora *Números Imaginários em Geometria* — uma interpretação geométrica da teoria da relatividade de Albert

Einstein, que tenta explicar a compatibilidade entre Religião e Ciência. Como químico, também conduziu pesquisas sobre a produção de iodo e ágar na prisão antes de ser executado por uma instituição soviética que perseguia dissidentes religiosos.

O misticismo no Islã se manifestou melhor na tradição sufi. O místico persa do século X **Al Ghazali** é indiscutivelmente um dos sufis mais respeitados de todos os tempos. Sua reputação não vem apenas da demonstração de um conhecimento extenso de ciências naturais, teologia, misticismo, filosofia ocidental, gramática e direito (entre outros campos), mas, mais importante, de sua capacidade de sintetizar esse conhecimento com base em conclusões filosóficas, conforme estabelecido em seu *magnum opus Ihya' 'Ulum al-Din* (O Renascimento das Ciências Religiosas). No século XIII, **Qutb al Din al Shirazi** foi um místico islâmico que fundou a escola de iluminação da filosofia islâmica. Ele era teólogo e escrevia comentários sobre o *Alcorão;* além de gramático que escreveu sobre sintaxe árabe e retórica, e jurista que trabalhou como juiz e escreveu um tratado sobre direito. Como cientista, ele escreveu um comentário sobre *Kolliyet* de Avicena, bem como um trabalho sobre hanseníase, desenvolveu seu trabalho de mestrado em geometria; explorou a possibilidade do heliocentrismo, e trabalhou nas tabelas astronômicas. Sua obra-prima, *The Pearly Crown*, incluía todos os aspectos de filosofia natural, moral e política. Mas Shirazi não era apenas um intelectual. Contemporâneo de Rumi, ele também era poeta e músico, além de talentoso instrumentista de Rubab, e mestre em xadrez.

Os seres humanos são animais racionais e espirituais, mas qualquer que seja a principal inclinação, o conhecimento (seja do mundo ou esotérico) é sempre uma busca constante. Na verdade, tanto os meios racionais quanto os místicos têm muitas vezes sido usados simultaneamente para esse objetivo, às vezes (e alguns afirmam mais efetivamente) juntos. Filósofos gregos antigos buscavam diversas questões utilizando tanto *logos* (lógica) quanto *knosis* (misticismo). Os diálogos Socráticos são um exemplo primordial de busca racional que levou a um estado alterado de consciência. O budismo, tradicionalmente conhecido por sua essência mística e moral, também incentiva a busca da verdade por meio do pensamento crítico usando o *Kālāma Sutta*, ou *Charter of Inquiry*, de Buda. O Islã destaca tanto o coração (*alb*) quanto a mente (*akl*) como ferramentas para obter conhecimento. Uma das principais premissas da filosofia hindu é que queremos *saber*. De fato, *conhecimento* é um dos quatro principais caminhos para Deus (*jnana yoga*), e os outros são amor, trabalho e treinamento psicofísico.

Exploradores

Apoiado pela Royal Geographical Society, o aventureiro do século XIX **Richard Francis Burton** passou por várias expedições inovadoras, incluindo a peregrinação *Haje* disfarçado como peregrino sul-asiático, a descoberta dos grandes lagos de Somali e Congo e a pesquisa sobre a fonte definitiva do Nilo. Escreveu diversos relatos de suas viagens, incluindo *Sagacidade e Sabedoria da África Ocidental*, *Narrativa Pessoal de uma Peregrinação para Medina e Meca* e *Primeiros Passos na África Oriental*. Como resultado de extensas viagens, de seu talento linguístico e de pesquisas culturais, Burton tornou-se um dos maiores poliglotas do século XIX, e supostamente conseguia falar 40 línguas e dialetos, desde o grego e urdu até suaíli e hebraico. Ele usou as habilidades linguísticas para traduzir o *Kama Sutra* do hindi e as *Noites Árabes* do árabe.

A carreira de Burton como explorador contratado foi permeada por períodos como soldado e diplomata no início e no fim de sua vida. Mas ele também era um prolífico escritor que, além das crônicas de viagem e traduções da literatura oriental e renascentista, escreveu teses antropológicas e poesias, incluindo o famoso livro *Kasidah*, além de obras eróticas como *O Jardim Perfumado*. Ademais, ele era especialista em esgrima e falcoaria, e escreveu tratados sobre ambos. "Nenhum homem pode ser todas as coisas ao mesmo tempo, não importa o quanto ele tente", escreveu seu biógrafo Byron Farewell, "mas nenhum homem tentou mais do que Richard Francis Burton."

Todo estudo nasce da curiosidade. Monarcas, sociedades e empresas encomendaram expedições buscando seus próprios interesses. No entanto, para o explorador daquela expedição, a motivação é simplesmente a perspectiva da descoberta. Ele não está procurando por algo específico. Está apenas buscando. E quando descobre, deseja continuar descobrindo algo novo. É por isso que muitos exploradores ao longo da história são fundamentalmente polímatas.

O primeiro grande explorador polímata inglês, **Walter Raleigh,** representava o típico homem renascentista inglês da corte elizabetana. Lembrado principalmente como cortesão da Rainha, ele era, de fato — em vários momentos de sua vida —, poeta, explorador, soldado, historiador, político, comerciante, espião e escritor de diversos assuntos. Então, à medida que o império britânico se estabelecia e se expandia, durante os séculos XVIII e XIX, mais e mais aventureiros e acadêmicos usavam seus múltiplos talentos para explorar diferentes culturas. **James Atkinson** era cirurgião supervisor do Exército dos Indus em Bengala, onde foi premiado com a Ordem do Império Durrani. Também era habilidoso e talentoso artista, e narrou suas expedições militares em uma série de esboços e pinturas impressionantes do Afeganistão e do Punjab, que mais tarde ele publicou. Além disso, várias de suas obras, incluindo um autorretrato, ainda estão expostas na National Portrait Gallery, em Londres.

Atkinson também foi editor do *Calcutta Gazette*, um dos primeiros jornais de língua inglesa na Índia, e tornou-se editor do novo *Government Gazette* e posterior Superintendente da Imprensa. Como estudioso e linguista, ele se tornou proficiente em línguas orientais, e mais tarde atuou como professor adjunto de persa na Fort William College. Ele foi o primeiro a traduzir o épico clássico de Firdausi

Sha Nameh em prosa e verso para o inglês, pelo qual ganhou a medalha de ouro do Oriental Translation Fund. No mesmo ano, publicou *Customs and Manners of the Women of Persia, and their Domestic Superstitions*, traduzido do manuscrito persa original, bem como várias outras traduções de clássicos persas, como *Laili & Majnun* e *Makhzan al Asrar (O Tesouro dos Segredos)*. Também era poeta talentoso e publicou sua primeira obra aos 21 anos, o romance chamado *Rodolpho*.

Além dos interesses antropológicos, artísticos e linguísticos, um dos grandes impulsionadores de estudos nos séculos XVIII e XIX foi a ciência. **Alexander von Humboldt** é considerado um dos maiores eruditos-aventureiros e naturalistas versados na história moderna. Conhecido como o "último grande generalista científico", e um dos "maiores unificadores pensadores dos séculos XVIII e XIX", ele, na verdade, trouxe grandes contribuições a várias ciências naturais, incluindo botânica, geologia, antropologia, oceanografia, zoologia e anatomia. Seus primeiros estudos foram na América Latina, através da qual ele viajou extensivamente por um período de cinco anos, e na Rússia, onde passou por uma jornada exploratória de quase 15.000 quilômetros. Seu trabalho científico durante as viagens foi compilado e publicado em uma extensa coleção de livros ao longo de 21 anos, em especial seu trabalho em cinco volumes *Kosmos* (1845), que tentou unificar os vários ramos do conhecimento científico. Linguista experiente, ele também estudou as línguas das várias regiões para as quais viajou.

O explorador inglês **Francis Galton** fez parte de um grupo de cientistas que viajaram extensivamente ao redor do mundo, em vez de realizar seus estudos *in loco*. Ele até escreveu um *best-seller The Art of Travel*. Usou suas observações em diferentes ambientes culturais e geográficos para ter *insights* sobre — e fazer descobertas extraordinárias — muitas disciplinas científicas, incluindo meteorologia (o anticiclone e os primeiros famosos mapas meteorológicos), estatística (regressão e correlação), psicologia (sinestesia), biologia (a natureza e o mecanismo da hereditariedade) e ciência forense (impressões digitais). Galton foi pioneiro de um movimento eugênico em ascensão na Grã-Bretanha, que tentou usar a ciência para provar a superioridade intelectual da raça caucasiana.

O início do século XX viu o nascimento do multilateralismo e a formação da Liga das Nações. Uma nova geração de "líderes mundiais" começou a surgir. A Noruega, assim como outros países escandinavos, ganhou a reputação de país diplomaticamente neutro. É possível que fosse pelo fato de o norueguês **Fridtjof Nansen** ter sido nomeado alto-comissário para refugiados da Liga das Nações. Em 1951, recebeu o prêmio Nobel da Paz por seu trabalho em nome das vítimas refugiadas da Primeira Guerra Mundial e outros conflitos. Entre as iniciativas que ele introduziu estava o "passaporte Nansen" para apátridas, um certificado reconhecido por mais de 50 países. Mas, antes disso, levava uma vida excepcionalmente diversa como atleta, zoólogo, neurologista, oceanógrafo, historiador, escritor de viagens, explorador do Ártico e diplomata. Aos 18 anos, ele quebrou o recorde mundial de patinação de uma milha; e, no ano seguinte, ganhou o campeonato nacional de esqui *cross-country*, uma façanha que repetiria em 11 ocasiões depois disso.

Ao se aposentar dos esportes profissionais, ele desistiu de sua paixão pela pintura e estudou zoologia, tornando-se curador do departamento de zoologia do Museu de Bergen. Pesquisou e publicou artigos sobre o sistema nervoso central de criaturas marinhas inferiores e mais tarde tornou-se professor de zoologia na Royal Frederick University. A pesquisa científica de Nansen então mudou da zoologia para a oceanografia. Ele foi contratado pela Royal Geographical Society para produzir uma história em dois volumes da exploração das regiões do norte até o início do século XVI, que foi publicada em 1911 como *Nord i Tåkeheimen* (*In Northern Mists*). Foi explorador e participou de duas expedições ao Ártico: a primeira quando tinha 27 anos, quando conduziu a primeira travessia de esqui cruzando o interior da Groenlândia; e cinco anos depois, quando navegou sobre o Oceano Ártico com o navio polar *Fram* (atingindo uma latitude norte recorde de 86°14'). Como diplomata, desempenhou um papel importante na dissolução da união entre a Noruega e a Suécia em 1905, e mais tarde foi nomeado o primeiro embaixador da Noruega em Londres, onde negociou com sucesso o *status* de independência da Noruega.

Cientistas

De acordo com o sinologista Fredrick Mote, **Shen Kuo** foi "talvez o personagem mais interessante em toda a história científica chinesa". Ele melhor assumiu o papel da versatilidade intelectual e cultural do Sung Shih, trazendo contribuições a inúmeras ciências, incluindo matemática, astronomia, anatomia, geologia, economia e óptica, bem como na engenharia civil e mecânica. Como engenheiro e inventor, ele desenvolveu uma esfera armilar, relógio de água e um gnômon de bronze (um ponteiro cuja sombra dá a hora de meio-dia). Ele foi de fato o primeiro a descobrir que a bússola não aponta diretamente para o norte, mas, na verdade, para o polo norte magnético. Como matemático, ele considerou o problema da placa "Go" que tem 19 × 19 linhas, dando 361 interseções. Ele foi nomeado diretor da Agência de Astronomia, e ficou encarregado de desenvolver um novo calendário para o novo imperador, bem como fazer observações sobre os movimentos planetários. Então, foi nomeado Comissário de Finanças da Academia Imperial, e seus escritos sobre teoria da oferta e demanda, métodos de previsão de preços, fornecimento de moeda, controles de preços e intervenção no mercado fundamentaram sua posição como um dos economistas mais proeminentes de sua época.

Mas ele também foi um célebre estadista e ícone cultural, e conquistou enorme reputação de excelente poeta, pintor e músico. Embora boa parte das contribuições de Shen para a ciência e as artes tenham sido feitas como praticante, ele, por fim, sintetizou todo o seu conhecimento em um tratado enciclopédico conhecido como *Brush Talks* (*Dream Pool Essays*), que incorporava elementos de matemática, música, crítica de arte, astronomia, calendários, cartografia, geologia, ótica e medicina. Esta obra-prima polimática ficou conhecida como uma das obras intelectuais mais importantes da Dinastia Sung da China.

De acordo com Joseph Needham, o principal cronista ocidental da ciência chinesa, os chineses focaram em uma "visão de mundo científica holística e nas relações harmoniosas e hierárquicas das entidades", o que garantiu uma compreensão de múltiplos fenômenos naturais de forma simultânea e interconectada. Durante o período Ming, nos séculos XVI e XVII, a China ficou famosa por sua erudição enciclopédica relacionada às ciências naturais. O burocrata **Li Shizhen** foi pioneiro na medicina, fitoterapia e acupuntura tradicionais chinesas, mas também demonstrou uma enorme erudição científica em sua obra *Bencao Gangmu*, que inclui 1.892 verbetes sobre assuntos tão variados como botânica, zoologia, mineralogia e metalurgia. **Song Yingxing**, também da dinastia Ming da China, produziu uma das primeiras enciclopédias mais abrangentes científicas, *Tiangong Kaiwu*. Embora a China tivesse uma longa tradição em criar enciclopédias, *Tiangong Kaiwu* é única, no sentido de que parece não ter tido referências; em vez disso, acredita-se ter sido escrita inteiramente por Yingxing com base em seus próprios conhecimentos e experiências. Isso torna Yingxing mais do que um mero enciclopedista e importante colaborador de muitas ciências.

A fundação do Islã inicialmente viu o surgimento de muitos teólogos-cientistas, que acreditavam ser igualmente importante compreender a criação e seu criador. Esses estudiosos rejeitaram as fronteiras científicas ao fazer suas pesquisas, e pessoas como **Jafar Al Sadiq**, **Jā bir ibn Hayyān, Al Khwarzimi,**

Ibn Ishaq, Ibn Qurrah e **Al Jahiz,** nos primeiros dois séculos do Islã, tornaram-se estudiosos interdisciplinares de matemática, astronomia, anatomia e outras facetas de *scienta (*ou *'ilm*). A tendência para a polimatia científica entre os muçulmanos continuou. Foi representada novamente dois séculos depois na mesma região por **Ibn al-Haytham**, que se tornou um dos primeiros cientistas a estabelecer e usar um novo sistema de pesquisa científica — o método científico — para investigar vários ramos da ciência, incluindo física, biologia, astronomia e matemática. Al-Haytham é conhecido por seu trabalho sobre ótica e percepção visual, mas também trouxe contribuições significativas às áreas da física, anatomia, astronomia, engenharia, matemática, medicina, oftalmologia e psicologia. Alguns séculos depois, o erudito otomano **Takiyuddin** escreveu sobre todos os aspectos da ciência e engenharia, incluindo astronomia, física, medicina, óptica, matemática e engenharia mecânica (como fabricação de relógios). Escreveu mais de 90 livros sobre esses assuntos. Embora poucos livros tenham sobrevivido, certamente ajudaram a uma nova era na pesquisa teórica e experimental das diversas disciplinas científicas.

A polimatia entre os cientistas já era comum na Inglaterra, desde o Renascimento. **Isaac Newton**, na verdade, escreveu mais sobre teologia oculta do que sobre ciência. Ainda assim, suas realizações e contribuições à ciência são tão diversas e influentes quanto qualquer cientista na história registrada. Como matemático, ele desenvolveu cálculo diferencial e integral (dividindo o feito com Leibnitz), demonstrou o teorema binomial generalizado, formulou um método para aproximar as raízes de uma função e contribuiu para o estudo das séries de potências. Ele praticamente inventou (pelo menos no entendimento ocidental disso) a disciplina da física por meio de sua obra *Princípios de Filosofia Natural* (normalmente chamado de *Principia*), na qual descreveu a gravitação universal e as três leis do movimento, e eliminou as últimas dúvidas quanto a heliocentrismo. Construiu o primeiro telescópio de reflexão prática, desenvolveu uma teoria da cor com base na observação de que um prisma decompõe a luz branca nas muitas cores que formam o espectro visível. Também formulou uma lei empírica de resfriamento e estudou a velocidade do som. Contemporâneo de Newton, **Robert Hooke**, apelidado pelo historiador Allan Chapman como "Da Vinci inglês", também contribuiu para muitas disciplinas científicas, incluindo astronomia e gravitação, aerodinâmica, engenharia mecânica, combustão, psicologia e microscopia. Ele usou sua experiência variada nas ciências para manter um talento artístico como arquiteto ao projetar edifícios importantes em Londres, após o incêndio de 1666.

Apesar do crescente predomínio da especialização na Academia durante o Iluminismo, alguns intelectuais foram contra a corrente. **Thomas Young**, descrito por seu biógrafo como "o último homem a saber tudo", estabeleceu sua própria prática médica, publicou trabalhos importantes sobre fisiologia, óptica e física, e desenvolveu a teoria das ondas da luz como professor de física. Talvez o mais interessante seja o fato de ele ser poliglota; estudou a fonética de mais de 400 línguas e decifrou os famosos hieróglifos egípcios na Pedra de Roseta (embora o feito tenha sido concluído por completo apenas mais tarde, por Champollion). Ele também criou um método de afinação de instrumentos musicais, hoje conhecido como temperamento.

O mundo da pesquisa científica foi dominado por homens até o século XIX, até **Mary Somerville** ter sido solicitada a traduzir alguns dos complexos trabalhos científicos para a Society for the Diffusion of Useful Knowledge — uma organização voltada para tornar o conhecimento científico mais acessível ao público leitor em rápida expansão. Tendo popularizado muitos campos da ciência com seu estilo de escrita atraente, ela começou a produzir uma ampla variedade de trabalhos científicos próprios, incluindo *On the Connection of Physical Sciences*, *Physical Geography* e *Molecular and Microscopic Science*. Ela também avançou no campo da matemática, cunhando o termo "variáveis" usado em álgebra. Tornou-se uma das primeiras mulheres a serem admitidas na Royal Astronomical Society, e foi apelidada a "Rainha da ciência do século XIX" pelo *Morning Post*, de Londres, quando de seu falecimento.

O "pai de todo o pensamento na história natural" durante o Iluminismo foi indiscutivelmente o conde de Buffon, **Georges-Louis Leclerc,** autor da maior enciclopédia científica da época, *Historie Naturelle,* um trabalho monumental com 44 volumes que uniu vários ramos da natureza. Em outras obras, ele introduziu o cálculo diferencial e integral na teoria da probabilidade, estudou as propriedades da madeira, explorou as origens do sistema solar e tornou-se um grande defensor do monogenismo. **Carl Linnaeus**, cientista iluminista sueco, era conhecido como um naturalista versátil por suas pesquisas implacáveis em anatomia humana, botânica, zoologia e geologia em um momento de crescente especialização nas ciências. Ele se tornaria um dos pioneiros da classificação humana, vegetal, animal e mineral. Outros exemplos de polímatas científicos durante o Iluminismo incluem o alemão **Herman von Helmholtz**, um excelente médico, físico e psicólogo, que acabou se tornando um dos principais filósofos da ciência do século XX.

"Inventores em série" projetam e criam uma série de dispositivos que demonstram sua competência, ou brilho, em mais de uma disciplina científica. Um exemplo clássico (e talvez o mais antigo) é o inventor grego antigo **Arquimedes**, cujo talento como astrônomo, físico, matemático e engenheiro permitiu que ele fizesse algumas das mais importantes invenções na história da ciência. Ele usou o método de exaustão para calcular a área sob o arco de uma parábola com o somatório de uma série infinita e deu uma aproximação notavelmente precisa de *pi*. Também definiu a espiral que leva seu nome, fórmulas para os volumes de superfícies de revolução e um sistema engenhoso para expressar números muito grandes. Ele provara que a esfera tem dois terços do volume e área de superfície do cilindro (incluindo as bases deste), e considerou isso como a maior de suas realizações matemáticas. Entre seus avanços na física estão as bases da hidrostática, estática e uma explicação do princípio da alavanca. A ele foi atribuído o *design* de máquinas inovadoras, incluindo motores de cerco e a bomba de parafuso que leva seu nome.

Gênio do século IX, **Abbas ibn Firnas** foi um médico atuante que empreendeu uma carreira extraordinariamente diversa como inventor nos campos de engenharia, física, biologia, astronomia e química. Ele projetou um relógio de água chamado *Al-Maqata*, inventou um meio de fabricação de vidro incolor, inventou vários planisférios de vidro, fez lentes corretivas ou "pedras de leitura", desenvolveu uma cadeia de anéis que poderiam ser usados para simular os movimentos dos planetas e das estrelas, produziu um tipo de metrônomo e desenvolveu um processo de corte de cristal de rocha que permitiu à Espanha parar de exportar quartzo para o Egito a fim de ser cortado. Sua principal invenção (embora menos conhecida no Ocidente), no entanto, foi um conjunto de asas especialmente projetadas para um experimento em voos. De acordo com diversas fontes — algumas mais confiáveis do que outras —, ele conseguiu planar usando as asas, mas calculou mal a aterrissagem devido à falta de um mecanismo na cauda, machucando as costas. Esta é considerada a primeira tentativa registrada de voo humano.

Artistas

Ziryab quase sozinho revolucionou a cultura estética andaluz no século IX. Como jovem músico, seus talentos lhe renderam um prestigioso convite do califa de Al-Andalus, onde abriu escolas para formar cantores e músicos, e introduziu instrumentos musicais — em especial o alaúde persa, que se tornou a guitarra flamenca — bem como canções, melodias e danças da Pérsia e da Mesopotâmia, que mais tarde, misturadas com a influência cigana, evoluíram para formar o conhecido flamenco espanhol. Como teórico e compositor musical, ele reorganizou os parâmetros métricos e rítmicos da composição tradicional e criou novas formas de expressão, como *muwashah*, *zajal* e *nawbah*.

Foi na corte de Abdar-Rahman II, em Córdoba, que Ziryab começou a florescer como ícone da moda, criador de tendências e gastrônomo. Ele tornou-se o cortesão modelo e começou a treinar pessoas em estilo e maneiras na corte — séculos antes de Baldesare Castiglione escrever seu *Livro do Cortesão* durante o Renascimento italiano, no século XVI. Ele introduziu novos penteados, receitas culinárias, estilos de vestir, cuidados de higiene, maneiras sociais e hábitos alimentares, a refeição de três pratos, a toalha de mesa, jantares finos, moda sazonal, os cristais e jogos como xadrez e polo. Os talentos criativos de Ziryab abrangeram vários aspectos da cultura da corte.

Antes do início do período moderno, "as artes" se referiam a todo o espectro da aprendizagem humana. Na Europa, incluíram as sete artes liberais (gramática, retórica, lógica, aritmética, geometria, música e astronomia), que foram ensinadas nas primeiras universidades e as muitas artes mecânicas (como tecelagem, alvenaria, arte de combate, caça, comércio e culinária), que eram ensinadas nas guildas. Desde a Renascença na Europa, mas antes em outros lugares em todo o mundo, as artes eram redefinidas para se concentrar nessas "obras de expressão criativa, produzidas com habilidade e imaginação, que possuíam marcante valor estético. Hoje em dia, englobam as artes visuais (pintura, escultura, fotografia), a arte performática (música, cinema, teatro) e a arte literária (poesia, romances e peças). Alguns polímatas criativos demonstram uma versatilidade excepcional dentro dessas várias formas de arte. São a eles que nos referimos quando falamos de alma do artista.

Isso se tornou uma característica definidora do Renascimento italiano, dando à luz o *Uomo Universale,* ou "Homem renascentista", como **Michelangelo**, um dos mais célebres pintores, poetas, escultores e arquitetos de sua época. Como escultor, ele produziu muitas obras-primas, incluindo *Pietà* e *David*, e, como pintor, criou duas das obras mais influentes em afresco na história da arte ocidental: as cenas de a *Gênese,* no teto, e *O Juízo Final,* na parede do altar da Capela Sistina, em Roma. Como arquiteto, Michelangelo foi o pioneiro do estilo maneirista na Biblioteca Laurentian e tornou-se o arquiteto da Basílica de São Pedro, transformando o plano e reprojetando sua extremidade ocidental. Como poeta, Michelangelo escreveu uma série de epigramas e sonetos aclamados, cada um inspirado e dedicado àqueles que ele amou e desejou em diferentes fases de sua vida.

Como Ziryab e Michelangelo, os maiores artistas definem e iniciam movimentos culturais. Eles fazem isso impactando não apenas uma forma de arte, mas o meio em si. **Mário de Andrade** foi o pioneiro do modernismo na arte, música e literatura brasileiras, e foi uma figura central no movimento de vanguarda nos anos 1930, em São Paulo. Sua poesia *Paulicéia Desvairada* e o romance *Macunaíma* praticamente deram o pontapé inicial ao modernismo no Brasil e passaram a incluir a temática folclórica dos indígenas brasileiros. Suas fotos foram publicadas em seu diário de viagem *O Turista Aprendiz* e atraíram muita atenção do movimento modernista. Mário de Andrade também foi um importante crítico de arte e historiador, e um dos primeiros estudiosos de música no país a se dedicar à etnomusicologia. Com sua contribuição para as artes visuais, literárias e cênicas, Mário de Andrade é visto como um artista *completo,* que iniciou e personificou um movimento cultural.

O mesmo pode ser dito de um gênio artístico da Índia. Chamado por seu biógrafo Andrew Robinson como o "homem de mente miríade", **Rabindranath Tagore** foi poeta, compositor, pintor, romancista e dramaturgo. Mas talvez mais importante seja o fato de ele ter sido ativista intelectual e político multifacetado cujo significado na propagação de uma cultura nacionalista e anti-imperialista ainda é sentido até hoje. Depois de um breve período em Londres estudando direito, Tagore voltou para a Índia a fim de escrever poesia e contos, em recolhimento na propriedade de sua família. Durante esse período de "Sadhana" (1891–1895), escreveu mais da metade das histórias contidas em três volumes de *Galpaguchchha*, um conjunto de 84 histórias. Ele também escreveu oito romances, quatro novelas e muitas peças teatrais aclamadas, como *Dak Ghar*, *Chandalika* e *Raktakaravi.* Traduziu boa parte de seu trabalho para o inglês em verso livre, e ganhou o Prêmio Nobel de Literatura em 1913, tornando-se o primeiro ganhador do Nobel asiático.

Sua poesia teve um impacto profundo em muitos compositores renomados que musicaram vários de seus poemas. O próprio Tagore compôs cerca de 2.230 canções, que juntas se tornaram parte integrante da cultura bengali. Também se tornou o único compositor da história a escrever e compor as partituras dos hinos nacionais para dois países: *Jana Gana Mana,* para a Índia, em 1911, e *Amar Sho-*

nar Bangla, para Bangladesh (embora composto anteriormente, seria mais tarde usado por Bangladesh na independência, em 1971). Além disso, muitos de seus poemas e outros escritos foram usados como letras e, coletivamente, formam um novo gênero de música, classificada como "Rabindra Sangeet".

Aos 60 anos de idade, Tagore começou a desenhar e a pintar. Sua arte eclética, variando desde pastéis a óleo e giz até tinta no papel, despertou o interesse dos críticos de arte em todo o mundo, possibilitando muitas exposições de sucesso na Europa. Além de ser um polímata artístico, Tagore também foi historiador da Índia, espiritualista, que escreveu e deu palestras sobre a natureza de Deus, e linguista, que escreveu sobre a gramática bengali. O principal trabalho filosófico de Tagore, *Sadhana: O Caminho da Realização*, buscou reconectar o homem com a natureza.

As próprias culturas exigem que o artista seja excepcionalmente versátil. Por exemplo, os *Griôs* (*griots*), da África Ocidental — originados no próspero Império Mali, no século XV —, eram músicos, poetas, cantores, dançarinos, contadores de histórias e artistas, além de historiadores. Ainda hoje, para esses artistas africanos que desenvolvem sua criatividade com uma abordagem tribal, realizar uma síntese de múltiplas formas de arte é algo natural para eles. O sul-africano artista Pitika Ntuli expressou esse anseio em seu livro *Storms of the Heart*:

Em meu país, e na Suazilândia, o país que me adotou, a fusão das formas de arte, ser poeta, pintor, escultor, músico, ator, tudo em um, pode ser apenas uma via de regra. Cerimônias, rituais, fundir todas as formas de arte, para possibilitar... trocas de ideias e culturas... Ao chegar à Grã-Bretanha, eu me descobri vivendo, ou meio-vivendo, em setores diferentes simultaneamente.

Cada setor ou compartimento parecia hermeticamente fechado. Cada um tão sufocantemente particular.

O romantismo europeu, nos séculos XVIII e XIX, reconhecidamente utilizou a arte como ferramenta poderosa para combater o que eles chamam de racionalismo intelectual em excesso do Iluminismo. Como resultado, produziu alguns artistas maravilhosamente versáteis. Uma das poucas mulheres polímatas notáveis desse período foi **Bettina von Arnim**, expoente do Romantismo alemão, que se destacou como musicista, cantora, escultora, desenhista e romancista. Ela era amiga e contemporânea de Goethe, e embora conhecida como excêntrica (qualquer mulher polímata teria sido naquela época), seu brilho multifacetado nas artes refletiu a universalidade de que é marca registrada do romantismo alemão. Seu contemporâneo alemão **Richard Wagner** é mais conhecido como o compositor que produziu grandes peças, como *Cavalgada das Valquírias* e *Tristão e Isolda.* Mas o que menos se conhece é que ele também era diretor de teatro e teórico da arte cuja ideia de Arte Universal (*Gesamtkunstwerk*) revolucionou a ópera, ao harmonizar as artes poética, visual, musical e dramática para produzir uma "obra de arte total".

A invenção e popularização de filmes no final do século XIX abriu todo um novo campo de atuação para aqueles artistas que possuíam talentos completos nas artes visuais, dramática e literárias. O francês **Jean Cocteau**, talvez o artista mais versátil do século XX, foi conhecido por sua popularização da cultura vanguarda (*avant–guard*) no início até meados de 1900. Escritor prodigioso, ele produziu mais de 50 obras poéticas publicadas, escreveu cerca de 20 peças aclamadas pela crítica e dirigiu seis grandes filmes, entre os quais quatro — *A Bela e a Fera* e a *Trilogia de Orfeu* — em que ele próprio atuou, que se tornaram os melhores exemplos da consciência poética no cinema francês. A contribuição de Cocteau para as artes visuais foi igualmente impressionante, mostrando uma diversidade considerável de elementos plásticos, desde desenhos a lápis, giz de cera, pastel, tinta ou caneta e tinta até cartazes, decorações de parede, litografias, cerâmicas e tapeçarias. Ele foi uma das celebridades mais extravagantes da França de meados do século XX, e também se interessou por balé, *design* de carimbos e escultura. No mesmo viés estava o italiano **Pier Paolo Pasolini**, que se destacou em cinema, pintura e literatura. Ele também teve sua poesia publicada já na adolescência, e logo depois escreveu o romance polêmico *Meninos da Vida*, que chocou a sociedade italiana da época, mas, desde então, tem sido aclamado pelos críticos. Ele posteriormente escreveu vários poemas, histórias e ensaios, bem como seis peças — a maioria das quais desafiava o *status quo* religioso e político da época. Seu trabalho no cinema não foi menos polêmico. Como roteirista e diretor, seus filmes *Accatone – Desajuste Social* (1961), *Ro Go PaG – Relações Humanas* (1963) e *O Evangelho Segundo São Mateus* (1964) foram considerados blasfemos e ultrajantes, mas, mesmo assim, receberam aclamação da crítica. Ele escreveu roteiros para mais de 50 filmes e documentários, e até atuou e compôs as músicas de alguns deles. Além disso, sua arte visual — desenhos com estilos distintos, pinturas e esboços — foram exibidos em todo o mundo.

Gordon Parks foi um dos primeiros polímatas artistas negros conhecidos nos Estados Unidos. Ele começou sua carreira como fotojornalista para publicações de alto nível, como as revistas *Vogue* e *Life*, bem como para o *Office of War Information*, abrangendo temas que vão desde moda, esportes, teatro, pobreza e segregação racial, até retratos de gente como Malcolm X, Muhammad Ali e Barbra Streisand, além de publicar manuais de fotografia. Ele depois tornou-se o primeiro grande diretor de cinema negro de Hollywood, e seu filme de 1971, *Shaft*, gerou uma série de filmes do gênero *blaxploitation*. Parks também era um ótimo músico e pianista de jazz autodidata. Ele compôs *Concerto for Piano and Orchestra* (1953) e *Tree Symphony* (1967), bem como a partitura para seu filme *Shaft*, e um balé dedicado ao líder dos direitos civis Martin Luther King. O repertório de escrita de Jr. Parks inclui romances, poesia e autobiografia, bem como manuais didáticos fotográficos e livros de cinema.

De acordo com seu biógrafo Andrew Robinson (que também escreveu biografias de outros polímatas, como Thomas Young e Rabindranath Tagore), **Satyajit Ray** foi "de longe o criador mais versátil" que ele conheceu. Um dos maiores cineastas da história do cinema, para cada um de seus filmes, ele "escrevia o roteiro solo, escalava cada ator pessoalmente, projetava seus próprios cenários e figurinos, operava a câmera, editava cada quadro, compunha a própria música e até mesmo desenhava os próprios cartazes". Foi essa capacidade de sintetizar vários aspectos do processo de filmagem que lhe permitiu criar obras-primas como *Apu Trilogy*, na década de 1950, e outros clássicos que, por fim, lhe deram um Oscar pelo conjunto de sua obra antes de sua morte, em 1992.

Abbas Kiarostami estudou arte e *design* e começou sua carreira como pintor, *designer* e ilustrador de pôsteres da indústria de publicidade iraniana na década de 1960. Considerado um gênio do cinema (*Koker Trilogy*, 1987–1994), Kiarostami dirigiu mais de 40 filmes, entre curtas e documentários, além de vários comerciais de TV desde os anos 1970. Kiarostami esteve diretamente envolvido em todos os aspectos da produção de filmes: como roteirista, editor, diretor de arte e produtor, além de criar títulos de crédito e material publicitário. Kiarostami também era um poeta de renome, com uma coleção bilíngue de mais de 200 poemas, *Walking with the Wind*, sendo publicado pela Harvard University Press. Ele também foi um fotógrafo renomado e publicou *Fotografias sem Título*, uma coleção de mais de 30 fotografias apresentando paisagens de neve de sua cidade natal, Teerã, ao longo de um período de 25 anos.

Empreendedores

Benjamin Franklin personificou o espírito inventivo dessa nova época na história do norte-americana. Ainda jovem, ele se tornou editor e tipógrafo de um jornal de sucesso. Publicou artigos satíricos como o *Pennsylvania Chronicle* e *The Pennsylvania Gazette*, mas foi o *Poor Richard's Almanack* — para o qual contribuiu com provérbios e parábolas — que o tornou próspero. Ele fundou o "junto club", um grupo ou sociedade de intelectuais para discutir questões relacionadas à pesquisa científica e filosófica, além de autoaperfeiçoamento geral.

Franklin também adquiriu uma maior reputação internacional como cientista. Mais preocupado com a aplicação prática da ciência do que com a teoria, ele ficou conhecido por seus experimentos com eletricidade e por suas muitas invenções, incluindo o para-raios, bifocais, o fogão Franklin e um odômetro para carroagem. Também fez descobertas em climatologia, oceanografia e demografia.

Após a Revolução norte-americana, ele ajudou a redigir a Declaração de Independência e a Constituição dos Estados Unidos, e negociou o Tratado de 1783 de Paris, marcando o fim da Guerra Revolucionária. Devido às suas extensas viagens à Europa e contatos na comunidade intelectual europeia, ele já era o mais conhecido internacionalmente dos fundadores da pátria norte-americana, mais tarde tornando-se um brilhante diplomata e figura importante no desenvolvimento de relações positivas franco-americanas. Mais tarde, ocupou diversos cargos públicos, incluindo como o primeiro Postmaster-general dos Estados Unidos e governador da Pensilvânia. Fundou muitas organizações e instituições, como a força policial, o corpo de bombeiros e a biblioteca da Filadélfia, além da American Philosophical Society (da qual ele se tornaria Presidente).

Foi membro de mais de 30 clubes e sociedades intelectuais e tinha vários *hobbies*, como músico e compositor versado (inventor da harmônica de vidro), além de ter sido o primeiro jogador de xadrez conhecido nas colônias norte-americanas. Como escritor, compôs uma autobiografia e inúmeras cartas sobre assuntos que vão desde ciência e filosofia moral, xadrez e escravidão.

Gerenciar uma organização de sucesso (como uma empresa, instituição de caridade, instituição acadêmica ou órgão multinacional) requer a junção eficaz de seus vários aspectos. A palavra *organização* é derivada de "órgãos",

sugerindo que é análoga a um corpo com múltiplos órgãos com diferentes funções e características. O cérebro é responsável por conhecer atividade interna de cada órgão, bem como seu papel no ideal funcionamento do corpo como um todo. Os melhores líderes empresariais são aqueles que demonstram um forte conhecimento e envolvimento em diferentes partes de sua organização, que pode incluir áreas que vão desde finanças, direito e comunicações até tecnologia, comércio, bem como conhecimento sobre o produto e o setor.

Um(a) empresário(a) eficaz que sintetize tudo isso é mais do que apenas um(a) gerente. Ele ou ela deve ser totalmente bem versado(a) em cada dimensão do negócio e, portanto, deve entender como cada uma dessas dimensões se encaixa melhor no quebra-cabeça corporativo geral. Pode-se citar **Steve Jobs**, fundador da Apple, como um exemplo poderoso de tal líder empresarial. Ele tinha uma compreensão completa de todos os aspectos da corporação, que vão desde engenharia técnica e projeto artístico, até marketing e finanças. Sua síntese eficaz dessas divisões e a capacidade de, como ele disse, "juntar os pontos" permitiu a criação e o crescimento de uma das corporações mais inovadoras, bem-sucedidas e influentes do século XXI.

O empreendedor e industrial norte–americano **Thomas Edison** foi um dos inventores mais prolíficos de todos os tempos, detentor de 1.093 patentes nos Estados Unidos, além de outras na Europa. Ele também foi um dos primeiros inventores em nível mundial a obter sucesso igualmente fenomenal nos negócios e no empreendedorismo. Empregou vários pesquisadores, cientistas e inventores, e embora tenha-se questionado a respeito de seu envolvimento pessoal em cada invenção, ele é conhecido por ter dirigido e supervisionado a maioria, senão todos, dos projetos que ganharam patentes. Suas invenções estavam relacionadas a engenharia elétrica, química e mecânica, eram diversas em escopo e revolucionárias por natureza. Estas incluem o fonógrafo, a lâmpada (construída com base em tentativas anteriores de produzir um mecanismo de iluminação praticamente utilizável), o primeiro fluoroscópio disponível comercialmente (uma máquina que usa raios-X para tirar radiografias), o *ticker* da bolsa (os primeiros meios de comunicações eletrônicos digitais, transmitindo informações sobre o preço das ações por meio de linhas telegráficas), o cinetógrafo (uma forma antiga de câmera para cinema) e o cinetoscópio (um dispositivo de exibição de filmes).

Howard Hughes foi um dos empresários mais multifacetados de seu tempo. Ele herdou uma fortuna de seu pai, mas decidiu aos 18 anos mudar para produção de filmes. Sua estreia na direção, com *Hell's Angels (Anjos do Inferno),* foi um dos filmes mais caros de seu tempo, e ganhou grande aclamação em Hollywood. Após uma série de produções (incluindo vencedores do prêmio da Academia), Hughes decidiu perseguir sua paixão por voar (ele voou e caiu durante as filmagens d*e Anjos do Inferno*), e conquistou uma série de recordes na aviação, incluindo o recorde de circunavegar o globo. Até comprou uma grande participação na Trans World Airlines e foi indicado pelo governo dos Estados Unidos para construir várias aeronaves. Por meio de sua *holding*, a Summa Corporation, Hughes começou a investir em uma série de projetos em setores tão diversos como aeroespacial e defesa, eletrônica, mídia de massa, manufatura, setor hoteleiro, serviços em campos petrolíferos e de perfuração, consultoria, entretenimento e mineração. Ele foi um investidor imobiliário muito bem-sucedido, e acabou sendo dono de grande parte das melhores propriedades em Las Vegas. Seu interesse contínuo pela ciência o levou a fundar o mundialmente conhecido Howard Hughes Medical Institute.

O empreendedorismo certamente não é exclusivo da nação norte-americana moderna. Mas os Estados Unidos têm personificado o capitalismo e a indústria modernos, promovendo uma cultura de empreendedorismo e inovação. A maioria dos grandes industriais e empreendedores tende a ser norte-americana — assim como aqueles com formação científica que sabiam como popularizar (e monetizar) os mais recentes avanços tecnológicos. Com Franklin, Edison, Hughes e Jobs, não é o fato de terem acumulado grandes fortunas que os torna tão influentes. Mas, sim, o fato de serem visionários, que por meio dessas atividades econômicas/empresariais romperam com o *status quo*, trouxeram novas ideias e produtos ao mercado, e com isso mudaram o mundo profundamente.

Humanitários

Albert Schweitzer, figura eminente na história da filosofia moderna, trouxe contribuições intelectuais e culturais significativas para cada um dos campos em que atuou: filosofia, música, medicina, teologia e humanitarismo. Embora o pensamento de Schweitzer tenha sido um tanto influenciado pela filosofia hindu (sobre a qual escreveu um livro), ele também agia principalmente sob uma abordagem cristã. Estudou teologia protestante na Kaiser Wilhelm Universität de Straßburg e concluiu sua dissertação de doutorado em A *Filosofia Religiosa de Kant* na Sorbonne, após a qual se tornou diácono na igreja São Nicolau de Estrasburgo. Com a conclusão da licenciatura em Teologia, foi ordenado pároco e, no ano seguinte, tornou-se diretor provisório do Theological College of Saint Thomas. Em 1906, publicou *Geschichte der Leben-Jesu-Forschung* que foi primeiro traduzido para o inglês por William Montgomery e publicado em 1910 como *The Quest for the Historical Jesus*.

Motivado principalmente por seu dever religioso para com a humanidade, Schweitzer tornou-se médico após receber o doutorado em Medicina aos 37 anos. Ele juntou-se à Sociedade Missionária de Paris e abriu um hospital em Lamarené (agora Gabão), tratando várias doenças lá durante a Primeira Guerra Mundial. Também foi renomado erudito musical que estudou a música de Bach e influenciou o movimento de reforma do órgão alemão (*Orgelbewegung*). A busca contínua de Schweitzer por uma filosofia ética universal culminou na formulação da "Reverência da Vida", um conceito que lhe rendeu o Prêmio Nobel da Paz. Essencialmente, uma afirmação da vida, com foco na consciência do ser humano, pode ser resumido por sua citação "Eu sou a vida que deseja viver, e eu existo no meio da vida que deseja viver". Também merecedor do prêmio foi seu ativismo contra o colonialismo europeu na África.

Algumas pessoas fazem questão de ajudar os outros. Esses "humanitários" sentem um chamado, uma responsabilidade de proteger os vulneráveis. Eles o fazem de muitas maneiras; e é notável o fato de muitos deles serem polímatas. **Florence Nightingale**, que viveu na virada do século XX, tornou-se heroína nacional por seu trabalho como enfermeira durante a guerra da Crimeia, onde ela se tornou conhecida como a "Senhora com a Lâmpada", melhorando muito as condições médicas dos soldados feridos. Ela depois lançou as bases da enfermagem profissional com a criação de sua escola de enfermagem no Hospital St. Thomas em Londres — a primeira escola de enfermagem secular do mundo. Uma mulher excepcionalmente bem educada para a época, Nightingale foi matemática prodigiosa que ajudou a popularizar a apresentação gráfica de dados estatísticos, sendo responsável pelo desenvolvimento de uma forma de gráfico de pizza agora conhecido como diagrama Nightingale Rose. Ela foi eleita a primeira mulher membro da Royal Statistical Society e, mais tarde, tornou-se membro honorário da American Statistical Association. Ela também se revelou uma teóloga controversa, e sua teodiceia *Sugestões para Reflexão* abordou o problema do mal e promoveu a ideia de reconciliação universal. Ela era uma escritora excepcionalmente versátil, trazendo contribuições às áreas de medicina, feminismo, desenvolvimento humano, teologia, misticismo, matemática e muito mais. Seus escritos foram publicados postumamente, como os 16 volumes *Collected Works of Florence Nightingale*.

Indicado três vezes ao Prêmio Nobel da Paz, o russo Nicholas Roerich também tornou-se um dos teosofistas mais proeminentes do mundo, fundando o *Agni Yoga* School of esoterism, no sul da Ásia. Seguiu–se, excepcionalmente, uma carreira diversificada nas artes e humanidades no início do século XX. Tornou-se um dos principais pintores de óleo de sua geração, com uma produção de mais de 7.000 pinturas e desenhos. Ele foi Presidente da World of Art Society, diretor da Imperial Society for the Encouragement of the Arts e fundador de várias instituições de arte e cultura durante suas viagens para Ásia, Europa e América do Norte. Ele também se tornou um cenógrafo e figurinista de destaque, trabalhando em produções em grande escala, como o *Ballet Russes*, *Prince Igor* e *The Rite of Spring*, e trabalhando como cenógrafo para o Covent Garden Theatre, em Londres, e também para a Chicago Opera. Escreveu muitos contos e poemas antes e depois das revoluções de 1917, incluindo o famoso ciclo *Flores de Morya*. Como arquiteto, ele apelou pela preservação da antiga arquitetura russa e projetou o primeiro templo budista na Rússia. Roerich também era um ávido arqueólogo que viajava extensivamente em expedições.

No início dos anos 1900, duas figuras inspiradoras empoderaram comunidades oprimidas em diferentes lados do globo por meio de seu trabalho em diversos campos. Na Austrália, o polímata aborígine **David Ngunaitponi** destacou-se como cientista, engenheiro, inventor, mitologista, escritor de contos e ativista em uma época em que os aborígenes lutavam para encontrar modelos que mostrassem que eles eram tão capazes quanto qualquer homem branco de realizar tais feitos. Seu início de carreira foi variado. Ele era aprendiz de fabricante de botas e foi nomeado organista da missão e, em seguida, trabalhou como guarda-livros. Suas invenções incluíram um dispositivo antigravitacional, uma roda multirradial e uma peça de mão para tosquia de ovelhas, máquina de movimento perpétuo, motor centrífugo, uma roda multirradial e um dispositivo de propulsão mecânica. Seu projeto de helicóptero antes da Primeira Guerra Mundial foi baseado no bumerangue, e ele realizou pesquisas sobre a polarização da luz. Também era uma autoridade reconhecida em balística. Mas, é claro, ele não seria aclamado por esses feitos. Tornou-se um feroz defensor dos direitos dos aborígenes e de suas histórias tradicionais, publicadas em 1929 como *Native Legends* e, posteriormente, como *Legendary Tales of the Australian Aborigines,* não só desempenhou um grande papel em ensinar estrangeiros a respeito da cultura tribal, mas, talvez mais importante, em restaurar a dignidade da cultura aborígene e permitir a esse povo a oportunidade de reconectar-se com o patrimônio que havia sido diluído pelos colonos.

Como Ngunaitponi, **George W. Carver** foi um inventor prolífico, bem como humanitário, no contexto afro-americano do século XIX. Ele inicialmente estudou música na faculdade, mas depois se tornou um renomado pintor. Como ele era totalmente autossuficiente, fazia suas próprias tintas; costurava, tricotava e fazia crochê em suas próprias roupas enquanto estudava; começou a tecer cestos e tapetes e a fazer trabalhos em madeira; dominava botânica e agricultura, e fez contribuições fundamentais a cada uma dessas atividades. Mas ele também era professor de esportes respeitado, orador religioso e educador que inspirava os vulneráveis e promovia harmonia racial. Como cientista e inventor, ele ficou especialmente conhecido pelos muitos usos que criou para o amendoim. Os muitos outros produtos que ele inventou incluíam plásticos, tintas, corantes e até uma espécie de gasolina.

Não se pode ignorar o fato de que um grande número dos indivíduos mais influentes da história eram *polímatas.* Nezahualcoyotl, Akbar e Churchill estão entre os estadistas mais célebres de todos os tempos. As filosofias desenvolvidas por Confúcio, Aristóteles, Maimonides e Ibn Sina têm tido um impacto profundo na psique moderna. O Renascimento Europeu não teria sido o mesmo sem os avanços artísticos e científicos de Leonardo da Vinci, Bacon e Copérnico. A visão cultural e política de Tagore, Diop e Rizal ajudou a derrotar a ordem mundial imperial. Johnson, Robeson e Angelou foram fundamentais na restauração da integridade cultural dos oprimidos nos Estados Unidos. As ideias cativantes de Goethe e Steiner continuam a se infiltrar em campos tão diversos quanto educação, ciência e cultura. A lista é infinita. Sabendo-se que esses indivíduos — cujo atributo comum era o fato de serem, sem dúvida, polímatas — têm um impacto tão grande na sociedade, por que será que pais, professores, governos e empresários ainda insistem em construir especialistas em um tema, unidimensionais? Sem antes entender como e por que esse culto da especialização ainda prevalece, não conseguiremos superá-la.

CAPÍTULO 4

O Culto à Especialização

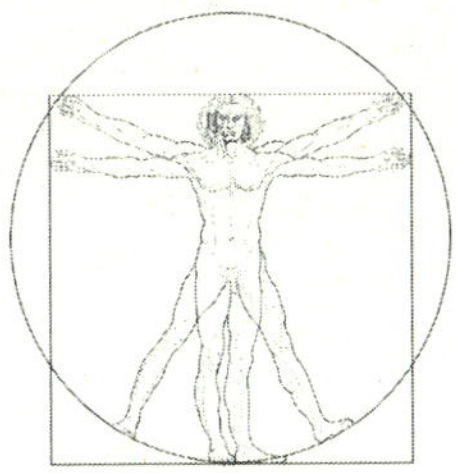

Avance rapidamente para o século XXI. No ambiente estiloso, mas frenético, do edifício Canary Wharf, em Londres, encontrei Zack, colega meu do Ensino Médio alguns anos antes. Ele estava descendo a escada rolante, impecavelmente vestido, os ombros caídos, os olhos caídos de exaustão, uma das mãos no bolso da calça e a outra segurando forte a mochila. Assim que o reconheci, do andar de baixo, decidi esperar ao pé da escada rolante com a intenção de surpreendê-lo. Tive tempo para um *flashback*.

Cada escola tem um ou dois "Zacks". O tipo que brilha em todas as disciplinas, produz obras de arte alucinantes, toca vários instrumentos musicais com facilidade, assume papéis principais nas peças da escola e comanda mais de uma das equipes esportivas. Zack era o típico garoto versátil da escola, para o qual todos tinham grandes expectativas. Menos de uma década depois, de volta à base da escada rolante na cidade, Zack me conta sobre sua vida desde o estrelato como estudante.

Ele havia estudado economia em uma boa universidade, seguido por um mestrado em contabilidade e finanças, após o qual completou uma qualificação financeira profissional e ingressou em um banco de investimentos na City para se tornar pesquisador de derivativos com foco no mercado de bens de luxo. Não ficou muito claro se ele estava envergonhado ou orgulhoso por ter de trabalhar 16 horas por dia. Tudo parecia bastante impressionante; mas uma coisa me surpreendeu em nossa conversa. Zack havia renunciado a todos os seus inúmeros outros talentos e interesses — esporte, arte, música, ciência, teatro, literatura, línguas, academia e assuntos atuais — para focar algo que estava claramente longe de sua paixão ou sonho para a vida toda. Essa concessão foi involuntária. Na verdade, a pesquisa de derivativos, com toda probabilidade, dava mais renda do que outro emprego médio; mas, de alguma forma, eu duvidava que fosse o único motivo. Depois de parabenizá-lo por seu aparente sucesso, voltei para casa pensando em por que as coisas tinham acontecido da maneira que aconteceram para Zack.

Logo ficou claro como cristal. A história dele não era incomum; era de fato a norma. Nosso sistema ocidental — junto com a maioria do mundo que parece inclinado a imitá-lo — obriga-nos imperceptivelmente a "nos especializarmos" à medida que envelhecemos. Vamos pegar o caso do sistema educacional na Grã-Bretanha, por exemplo: dez exames GCSEs, quatro A Levels, um bacharelado, um mestrado mais especializado, um trabalho ainda mais especializado, dentro do qual todos são incentivados a encontrar e cultivar sua própria *especialidade* — tanto que quaisquer atividades adicionais aumentam o risco de comprometer essa especialidade. Este é um dos possíveis caminhos; o outro é mais impiedoso. Você deixa a escola com pouca ou nenhuma qualificação, encontra um "ofício", busca um emprego relacionado a ele, alcança competência nele e, a partir daí, conta com ele para sua sobrevivência e estabilidade ao longo da vida. Por mais íngreme que seja, parece que nossas vidas assumem a forma de pirâmides. Sentados no topo dessa pirâmide, muitas vezes estamos seguros, mas raramente nos sentimos satisfeitos.

Infelizmente, vivemos sob uma ilusão perigosa. Fomos programados a presumir que a dedicação exclusiva e vitalícia a um aspecto fragmentado da vida é a única maneira de buscar a verdade, a identidade ou mesmo um meio de viver. Isso é mito, se é que algum dia existiu. Não conseguimos entender que esse único aspecto do mundo foi separado, ou arrancado, do restante e empacotado como um mundo próprio, com limites claros e rígidos. Se esse "campo" não for imposto sobre nós (como é para a maioria das pessoas ao redor do mundo), então a necessidade de escolher um, habitá-lo e nos fecharmos dentro de seus limites o mais rápido possível certamente é. Quem nos força? Pais, instituições educacionais, empregadores, governos ou mesmo a própria sociedade, que evoluiu para perpetuar a fragmentação e a hiperespecialização em todas as áreas da vida.

Como a "mão invisível", tornou-se uma força própria, promovida e sustentada por aqueles a quem mais serve. Nesse sentido, a hiperespecialização tornou-se uma ideologia, e igualmente propagada para as massas como a "maneira óbvia de como as coisas são feitas". Para nos emanciparmos desse modo desatualizado de ser e pensar, é importante primeiro estar ciente de como e por que nos tornamos uma sociedade hiperespecializada a princípio.

A Evolução da Especialização

Estamos programados para sermos especialistas? Muitos cientistas afirmam que o cérebro humano evoluiu de uma forma que se concentra em *sobreviver* em vez de *prosperar*. Nesse sentido, desenvolveu um mecanismo por meio do qual todas as coisas no mundo que não estão diretamente relacionadas à sobrevivência imediata são automaticamente excluídas do processo de pensar. "O cérebro é uma máquina montada não para entender a si mesma, mas para sobreviver", insiste E.O. Wilson, biólogo e "sucessor de Darwin". "Como esses dois fins são basicamente diferentes, a mente, sem o conhecimento real da ciência, vê o mundo apenas em pequenas partes. Ela lança um holofote sobre as partes do mundo que deve conhecer para poder viver até o dia seguinte e deixa o resto no escuro." Isso indica que especializar-se, é de fato, uma tendência cognitiva inata. Mas isso é apenas metade da história — literalmente.

Tal microfoco é obra principalmente do *hemisfério esquerdo do cérebro*, responsável pelo pensamento linear redutor (enquanto o direito é responsável pelo pensamento intuitivo, criativo e holístico). Sistemas sociais que encorajam o pensamento do lado esquerdo do cérebro, portanto, desenvolvem uma cultura de especialização redutiva e restrita. De acordo com o psiquiatra e filósofo Iain McGilchrist: "hábitos de pensamento do hemisfério esquerdo se perpetuarão na cultura que eles ajudam a criar, causando um ciclo de retroalimentação positivo. Acho que é onde estamos agora. Ele diz que a relação entre o hemisfério esquerdo do cérebro e a especialização como fenômeno é "complexa e se reforça mutuamente, de natureza circular". O grau em que se adotou o pensamento do lado esquerdo do cérebro e se permitiu que ele afetasse a abordagem das pessoas à educação, ao trabalho e à vida em geral é determinado por uma multiplicidade de fatores sociais, educacionais e ideológicos.

É claro que a especialização tem seu lugar na sociedade. Ibn Khaldun enfatizou a necessidade de alguma forma de organização social ordenada, e observou que um indivíduo, que precisa ser alimentado e protegido, não pode fazer tudo o que for necessário para adquirir, processar e defender sozinho aquele alimento. Várias tarefas — fabricação de ferramentas, processamento de alimentos e assim por diante — que se tornam mutuamente benéficas são, portanto, divididas entre uma população de uma forma que segmenta a sociedade de acordo com a função. Isso causa interdependência e, portanto, coesão social. É essa segmentação necessária da sociedade que criou uma tendência à especialização pelos primeiros seres humanos.

Desde então, no entanto, certos sistemas sociais e ideologias ao longo do tempo geraram circunstâncias e uma cultura que reforçam a especialização para garantir o interesse daqueles a quem serve. Entre estes estão o feudalismo europeu (tanto para o camponês como para o senhorio), o tribalismo na África e no Pacífico (clãs tribais especializados significavam que o comércio era predeterminado de acordo com o clã e a ascendência), o sistema de castas indiano (os indivíduos herdavam o seu "propósito de vida", o qual, por sua vez, determinava a profissão) e, mais recentemente, a industrialização ocidental, a burocracia e a especialização corporativa e acadêmica (a "divisão do trabalho", que depois se espalhou pelo mundo que o Ocidente colonizou).

As origens filosóficas da especialização moderna podem ser encontradas no paradigma intelectual ocidental pós-Iluminismo, que compreendeu que a vastidão de conhecimentos era impraticável como um todo. Portanto, uma abordagem altamente crítica, e reducionista da aprendizagem, iniciada pelo filósofo francês René Descartes, direcionou a tendência para a especialização intelectual, que mudou a natureza do polímata de períodos anteriores. Isso foi reconhecido no artigo *gens de lettres* na *Encyclopédie* de Diderot, que declarou: "*la science universaelle n'est pas plus a la portee de l'homme*" (o conhecimento universal não está mais ao alcance do homem). Isso marcou o que o historiador Peter Burke chama de "um recuo intelectual [do polímata] do conhecimento em todos os campos para o conhecimento em vários campos". Charles van Doren, em seu livro *Uma Breve História do Conhecimento,* sugere outra explicação para o aumento da especialização durante o Iluminismo, que ele disse estar ligada a uma desilusão com a polimatia após o Renascimento.

> O fracasso da Renascença em produzir "Homens da Renascença" de sucesso não passou despercebido. Se homens como Leonardo da Vinci, Pico, Bacon e muitos outros quase tão famosos não puderam ter sucesso em seu sonho presumido de saber tudo o que havia para se saber sobre tudo, então os homens inferiores não deveriam ousar tentar. A alternativa tornou-se evidente: adquirir especialização em um campo enquanto outros se especializavam em seu próprio campo. Muito mais fácil de realizar, essa alternativa levou a uma comunidade acadêmica mais tranquila. Agora, uma autoridade em um assunto precisa competir apenas com especialistas daquela área.

A aparente futilidade da situação levou muitos intelectuais a reivindicarem um nicho que consideravam ser a única maneira de desenvolver um senso de identidade, propósito e, em muitos casos, uma vocação! Essa realidade, junto com o resultante aumento exponencial no número de disciplinas e subdisciplinas, causou o que agora é referido como a "crise do conhecimento" ou "a ansiedade pela informação". Na verdade, um dos principais projetos intelectuais do Iluminismo era "ordenar, codificar e classificar a informação", o que levou ao surgimento das enciclopédias.

A especialização intelectual, por volta de 1800, tornou-se, assim, uma realidade, e diferentes disciplinas do conhecimento foram sendo institucionalizadas na forma de departamentos acadêmicos nas universidades. A palavra "disciplina" — importada da noção militar de controle ou restrição — passou a ser usada no contexto acadêmico para se referir aos domínios intelectuais, agora fortemente contidos. Esse modelo de gestão do conhecimento estava sendo exportado (assim como a cultura, o sistema educacional, os mecanismos de governança e a economia capitalista) para terras colonizadas, onde rapidamente passou a se tornar norma. Na Europa, o surgimento de sociedades amadoras e periódicos especializados, juntamente com a transformação de universidades em centros de pesquisa, bem como as instituições de ensino do século XIX, reforçaram ainda mais esse movimento. A compartimentação do conhecimento estava em pleno ritmo, com cada um sendo monopolizado por um sacerdote da torre de marfim.

Assim como o final do século XVIII marcou o início da especialização *intelectual* na Europa e na América do Norte, o final do século XIX marcou o início da especialização *profissional* ou *ocupacional em todo o mundo*. O crescimento desse fenômeno foi desencadeado pelo estabelecimento de duas instituições poderosas: a burocracia governamental e a empresa. Estas foram provocadas pelo imperialismo e pela industrialização, respectivamente; ambas implementaram uma estrutura baseada na divisão do trabalho, e ambas foram espalhadas globalmente por um sistema ocidental (europeu e depois norte-americano) que buscava, nas palavras de Marx, criar "um mundo com base em sua própria imagem".

Pensadores proeminentes, em especial Franz Kafka, Karl Marx e Max Weber, reconhecidamente expunham ideias sobre a especialização (e, portanto, "desumanização") dos burocratas do Estado e dos trabalhadores industriais. Marx viu a burocracia e a empresa como equivalentes e comparáveis — as versões estatal e privada do mesmo conceito institucional — e comentou lamentavelmente que elas "converteram o médico, o advogado, o padre, o poeta, o homem de ciência, em seus trabalhadores assalariados". Sua teoria da alienação explicou como a natureza especializada e repetitiva do processo de produção faz com que os trabalhadores "fiquem deprimidos espiritual e fisicamente à condição de uma máquina". A causa da especialização, afirmou ele, era uma política de divisão do trabalho, que se estendia para além da fábrica e passou a ser uma norma social.

A divisão do trabalho atende não apenas ao aspecto econômico, mas a todas as outras esferas da sociedade, e em toda parte estabelece a base do sistema envolvente da especialização e da classificação de homens; esse desenvolvimento em um homem de uma única faculdade às custas de todas as outras.

Weber, que teoricamente era a favor da burocracia como a forma mais eficiente de organização, no entanto, reconheceu seu impacto restritivo sobre o indivíduo. "A limitação ao trabalho especializado, com renúncia à universalidade faustiana do homem que ela utiliza, é a condição de qualquer trabalho valioso no mundo moderno." Com a propagação do colonialismo europeu (especialmente britânico) em todo o mundo, esse sistema de burocracia (e, portanto, a divisão de trabalho) foi exportado para a maioria das colônias, principalmente para a Índia, Quênia, Malásia, África do Sul, Austrália e, claro, as Américas. Embora essa forma de burocracia especializada fosse apenas um fenômeno europeu (e, portanto, colonial) nos séculos XIX e XX, sabemos que nem sempre foi assim com as burocracias estatais em outros lugares e em diferentes momentos da história. Os burocratas de tribos antigas e dinastias imperiais chinesas, por exemplo, eram reconhecidos como generalistas, e muitos deles, como Zhang Heng, Shen Kuo e Su Song, foram realmente polímatas notáveis.

A ascensão da empresa moderna, no final do século XIX, teve efeitos profundos sobre a natureza do trabalho, o estilo de vida humano e, portanto, sobre o destino do polímata. Criadas inicialmente como entidades privadas com estatutos da realeza, elas logo se tornaram organizações comerciais e de investimento que, após a 14.ª Emenda (criada originalmente para proteger os direitos dos africanos escravos libertos norte-americanos), assumiram os direitos do indivíduo e tornaram-se legalmente obrigadas a colocar os retornos dos acionistas acima de qualquer outra coisa. Elas comercializaram novas tecnologias inovadoras desenvolvidas no início do século XX, como telefone, fonógrafo, eletricidade e aviação, e criaram um sistema de produção em massa — personificado pela fábrica de produção de automóveis em massa da Ford, em 1913, e facilitado pela "Escola de Eficiência" de gestão de trabalho, iniciada por Frederick Taylor —, inaugurando uma nova era na mecanização do trabalho e o surgimento da especialização em massa.

Isso foi apoiado pelo sistema educacional, que abastecia essas forças econômicas com os recursos necessários e, portanto, tornou-se fundamental para facilitar e sustentar uma sociedade especializada. Não há melhor demonstração disso do que o modelo europeu de educação pós-industrialização. Antes do século XX, especialmente na Europa e nos Estados Unidos, mas também em outros lugares, a educação formal era privilégio de poucos selecionados. Após a Revolução Industrial, um sistema de educação em massa foi introduzido para atender às necessidades da produção industrial. Infelizmente, porém, essa educação ampliada veio às custas da unidade intelectual, da síntese e, portanto, do conhecimento.

O currículo foi projetado para produzir trabalhadores de fábrica que pudessem ler manuais de instrução no máximo e se especializar em uma área específica da linha de produção. As matérias foram, portanto, compartimentalizadas e ensinadas isoladas umas das outras, com os próprios alunos tratados como produtos em uma esteira de fábrica, recebendo informações incrementais em diferentes pontos ao longo do processo. As crianças não foram encorajadas a ver as conexões entre esses bolsões de conhecimento empacotados como "disciplinas curriculares". O filósofo britânico da educação Alfred North Whitehead, que viveu durante o auge da Grã-Bretanha industrializada, reconheceu que essa abordagem para a educação estava impedindo as crianças de compreender a relevância de cada assunto — tanto para suas próprias vidas, mas também para o mundo em geral. A preocupação dele foi melhor resumida na seguinte passagem:

Em vez de uma unidade, oferecemos às crianças Álgebra, e nada vem em seguida; Geometria, e nada vem em seguida; Ciência, e nada vem em seguida;

História, e, novamente, nada depois; algumas línguas, nunca dominadas; e por último, o mais triste de tudo, a Literatura, representada pelas peças de autores clássicos, com notas filológicas e curtas análises de enredo ou de personagem a serem gravadas na memória. Pode-se dizer que tal lista representa a Vida, como é conhecida, em meio à própria vivência? O mais próximo a que se parece seria com um breve sumário do que um deus poderia listar na mente ao pensar na criação de um mundo, sem definir ainda como juntar tudo.

Na virada do século XX, então, as três instituições mais influentes do mundo – a Academia, o governo e as empresas — haviam adotado, cada uma, uma rígida divisão de trabalho, estabelecendo uma nova cultura de hiperespecialização em todas as esferas da vida; uma tendência que se tornaria a norma até os dias atuais.

Graças a esse árduo processo de condicionamento sociopsicológico ao longo de milênios, juntamente com a multiplicação supostamente exponencial de informações e uma noção específica de "trabalho" na mente das pessoas, desenvolvemos uma sociedade excessivamente especializada que parece determinada a identificar as pessoas quase exclusivamente por seu "negócio", "ocupação" ou "campo". Em quase qualquer reunião social ou profissional hoje em dia, as pessoas estão ansiosas para formar julgamentos com base nesse esquema. Existe uma compulsão automática para chegar àquela pergunta decisiva: "então, o que você faz?". E todos esperam uma resposta direta.

Psicologicamente, achamos mais fácil referir-se a alguém como "eletricista" do que como "musicista-eletricista, mãe de seis filhos, que já foi atleta, médica, e ama poesia". Isso se reflete na forma como os sobrenomes passaram a se formar em sociedades diferentes. Na Grã-Bretanha, por exemplo, muitos sobrenomes modernos (como Carpenter [carpinteiro], Mason [pedreiro], Taylor [alfaiate], Harper [arpista], Smith [ferreiro], e assim por diante) são legados do feudalismo medieval em que as pessoas eram referidas por seu comércio ou ocupação, como também foi o caso na Índia (Bandukwala, "o cara das armas", ou Lightwalla, "o cara da eletricidade", e assim por diante) e em outros lugares. A estigmatização é uma tendência cognitiva, muitas vezes institucionalizada em uma convenção social pelo sistema socioeconômico predominante.

Então, uma vez atribuído um estigma a uma pessoa, torna-se extremamente difícil para ela convencer o mundo de que existem outras facetas, igualmente integrais, de sua vida. Na verdade, ela muitas vezes tem problemas para se convencer. As pessoas, hoje em dia, se sentem compelidas a colocar os outros em caixas, que então fecham firmemente e rotulam de forma clara. Para os que são rotulados (e todos nós, em essência, nos tornamos), passa a ser extremamente difícil sair da caixa designada e tentar entrar em outra. Mesmo que alguém consiga, as pessoas são muito mesquinhas com seus rótulos, raramente emitem mais de um. O polímata artístico Billy Chyldish, aclamado poeta, romancista, pintor e músico, falou sobre as contínuas tentativas da sociedade de tentar classificá-lo:

> Sou um "fio desencapado". Segundo a imprensa, eu era músico. Agora não estou autorizado a ser músico, tenho de ser um artista. Eu sou um "ex-músico", embora eu tenha produzido sete álbuns só no ano passado! O British Art Show não permitia que minhas pinturas entrassem, tinham de ser meus poemas. E exatamente ao mesmo tempo em que minha poesia foi apresentada como arte, a Poetry Society perguntou se poderia usar minhas pinturas como capa de sua revista! O mundo da arte me considera músico, o mundo da música me considera pintor — é como se dissessem: "vocês são o dono dele... e nós não queremos ele 'mijando' no nosso quintal".

Essa barreira é enfrentada por todas as pessoas multitalentosas ou que têm múltiplas aspirações, sejam modelos da moda que tentam passar a atuar, cantores que iniciam um empreendimento comercial, sejam os cientistas quando tentam se expressar na arte ou na literatura. Os editores buscam definir a "marca" de um escritor como pertencendo a certo estilo e encorajam isso; os negociantes de arte querem que os artistas continuem trabalhando em "seu" estilo a fim de se tornar reconhecível; os investidores preferem que os empreendedores "fiquem no seu setor". Ser apenas um romancista não é especializar-se o suficiente; é preciso ser romancista de um gênero específico que siga um estilo específico. Autores versáteis do calibre de Stephen King escreveram com vários pseudônimos na tentativa de não serem rotulados. Os próprios empregadores ficam nervosos demais ao contratar pessoas multitalentosas.

Essa tendência, que é tanto a causa quanto o produto do processo de organização esquemática do cérebro, é baseada no pressuposto de que um foco concentrado (ao menos aparente) pressupõe maior produtividade, eficiência e, portanto, maior retorno financeiro. Portanto, uma compartimentação perpétua da sociedade cria um círculo vicioso, em que cada um mantém a sua "bolha de atividade" — advogados, banqueiros de investimento, desportistas e músicos. Cada um inveja ou tolera o outro, e ninguém se identifica com o outro. Cada um vive, come, dorme, bebe em seu campo de atuação, o qual torna-se sua forma de conhecer e ser, passa a defini-los, assim como sua consciência. Cada pessoa desenvolve sua própria linguagem, jargão próprio, círculo social, até mesmo seu próprio senso de humor.

Essa criação de bolhas está sendo promovida ainda mais pela nova tecnologia de análise preditiva, empregada por quase todas as empresas *online*. Estamos enfrentando uma espécie de "colonialismo digital". Estamos felizes em distribuir grandes quantidades de informações sobre nosso comportamento por meio de plataformas de mídia digital e social, mas, em troca, nossos dados estão sendo coletados e, por fim, utilizados para formular algoritmos que nos dizem o que queremos ou precisamos, mais rápido do que os nossos próprios instintos. Pense no Youtube, por exemplo — se você estiver logado, apenas aqueles vídeos relacionados aos seus hábitos de visualização existentes são recomendados. De modo idêntico, a Amazon recomenda apenas os livros relacionados aos seus interesses atuais (demonstrados por seus hábitos de pesquisa e compra).

Esses algoritmos sofisticados baseados em aprendizado de máquina podem dar a ilusão de um sistema de recomendação eficiente, mas, na verdade, os anunciantes estão constantemente procurando por seu "mercado-alvo" e, portanto, solicitarão que os mercados digitais e as plataformas de mídia social tenham uma base de clientes claramente categorizada para permitir que elaborem uma campanha publicitária bem direcionada, ainda que discreta. Ao fazerem isso, até mesmo nossa presença digital está sendo rotulada. Portanto, embora argumentemos ter o mundo nas pontas dos dedos, o que na verdade acabamos fazendo é nos fechando para ele. Esta é a era de *Big Data* e dos dados psicográficos, os quais, como o projeto do Iluminismo, são uma tentativa de trazer ordem e codificação para uma vasta informação, desse modo, colocando conhecimento (e indivíduos) em caixas apropriadas.

A Crise da Educação Moderna

O sistema educacional atual claramente não está funcionando, pelo menos de acordo com o respeitado educador britânico Ken Robinson. Isso porque está gravemente desatualizado; ainda é baseado em um modelo que a Grã-Bretanha da era vitoriana instalou, o qual promovia uma cultura de "linearidade, conformidade e padronização", enquanto hoje nos deparamos com um mundo diferente, que é "orgânico, adaptável e diverso". Essa incongruência afeta a capacidade intelectual e as perspectivas profissionais. Portanto, tratar crianças como robôs nem sequer convém ao mercado de trabalho do século XXI — Anders Sandberg, do Future of Humanity Institute da Oxford University, diz: "As instituições educacionais não precisam treinar as pessoas para serem engrenagens em uma máquina, como durante o período industrial — as máquinas serão muito mais baratas... eles deveriam treinar as pessoas a lidar com empregos mais complexos e mal definidos".

Esse descompasso entre oferta e demanda no sistema educacional explica por que a sede de conhecimento e compreensão reais não é saciada na escola. Os alunos, portanto, sentem uma necessidade mais tarde na vida, como adultos, de revisitar os conhecimentos básicos, lendo livros de história de nível elementar, atualmente em voga, ou livros de ciência conhecidos no caminho para o trabalho (já insatisfatório). De fato, isso explica o recente aumento da popularidade de tais livros entre a chamada "classe instruída". Mas os adultos deveriam ter sido educados (ou até mesmo "entretidos") por esses livros famosos quando crianças, em vez de "sonambularem" durante a infância e, de repente, como adultos, acordarem desse estado de sonolência para o fato de que há aspectos fascinantes e importantes na vida além de seu trabalho prático e profissional. A maioria nem mesmo acorda. Uma pesquisa na Bristol University feita pelos psicólogos educacionais Shafi e Rose mostrou que muitos alunos maduros não achavam que a educação inicial instigava qualquer empolgação ou mesmo alguma compreensão do processo educativo. Eles tiveram de experienciar a "vida" para perceber o valor da educação e, consequentemente, retornar a ela mais tarde.

Essa clara desconexão entre o aluno e o sistema educacional moderno é resultado do que Whitehead chamou de "ideias inertes" — informações fragmentadas e compartimentadas lançadas aos alunos na escola sem qualquer estrutura que as una. Como resultado, os alunos são incapazes não apenas de entender como os fragmentos de conhecimento transmitidos a eles em várias classes são relevantes entre si, mas, o mais importante, se são relevantes para suas próprias vidas. Simplesmente não há contexto e, portanto, não há internalização. Essa situação perdura até hoje. As crianças se sentam nas salas de aula, ouvindo palestras e lendo livros, se perguntando qual a relevância da geometria, da história medieval ou das placas tectônicas para elas. Isso vai ajudá-las a conseguir um emprego "respeitável" como executivo corporativo ou funcionário do governo? Ou é simplesmente uma torturante cerimônia de iniciação pela qual elas devem passar antes de atingir a maioridade?

Essa educação desarticulada, baseada, assim, no modelo de uma fábrica, é, em seguida, agravada por um processo de especialização em pirâmide à medida que passam pelo sistema. Estudantes em todo o mundo estão sendo incentivados, muitas vezes forçados, a se especializarem muito cedo. Como resultado, crianças multitalentosas costumam ser confrontadas com o que os psicólogos chamam de "multipotencialidade" — uma condição de frustração, confusão e ansiedade sofrida por alunos multitalentosos como resultado da compulsão de se especializar (isto é, escolher entre múltiplas paixões) muito cedo. Muitas crianças prodígios com uma inteligência geral excepcional são rapidamente encorajadas (e quase forçadas) a canalizar suas capacidades intelectuais exclusivamente para um campo específico. Os pais e os professores se convencem de que isso é completamente natural. Consequentemente, os prodígios polímatas (ou as "multipotencialidades") muitas vezes enfrentam o mesmo destino que crianças prodígios em geral — raramente realizam seu potencial e muitas vezes ficam aquém das expectativas quando adultos. É também uma das principais causas de depressão infantil. O cientista cognitivo, educador e desenvolvedor da Teoria da Flexibilidade Cognitiva, Rand Spiro, confirma que as escolas são cúmplices em suprimir a natureza polimática da criança:

> As crianças são muito flexíveis do ponto de vista cognitivo; é a escola com suas tarefas de múltipla escolha, aprendizagem regimental e compartimentação de disciplinas que tem arruinado essa flexibilidade, essa criatividade,

> essa capacidade inerente de ver o mundo fora dos limites disciplinares individuais... vejamos do ponto de vista de polímatas.

Não é de se admirar que essas crianças, mal preparadas para fazer escolhas vocacionais, sejam varridas por um sistema que trata os seres humanos como meras engrenagens da máquina corporativa.

Desilusão dos Funcionários

A grande maioria da população mundial é compelida (ou involuntariamente levada) a uma ocupação que não a preenche pessoal ou financeiramente. A maioria torna-se escrava das circunstâncias em que se encontra. O livre arbítrio, ao que parece, é apenas uma ilusão. É uma das realidades mais infelizes de nossos tempos; um golpe trágico para a dignidade humana e uma privação disciplinar do potencial humano.

Uma das razões pelas quais os especialistas de toda uma vida se tornam desse modo é que eles fazem uma escolha profissional específica no início da vida — seja porque tinham interesse na época, mas, na maioria das vezes, por causa de várias circunstâncias sociais e financeiras — que eles são então obrigados a continuar porque isso passou a defini-los. É um ciclo indissolúvel; qualquer que seja sua habilidade original, você será rotulado (tanto pela sociedade como, ironicamente, por você mesmo) e, a partir de então, aprisionado. Por exemplo, um empregador identificará, na ficha de um funcionário, o que parece ser a coisa mais próxima de uma "habilidade central" ou campo, geralmente na forma de qualificação acadêmica ou experiência de trabalho. O próximo empregador faz o mesmo, e o seguinte também, assim por diante. As chances de conseguir um emprego são, portanto, maiores quando o candidato demonstra um foco exclusivo e inabalável em uma especialidade.

Esta é uma cultura profundamente enraizada, uma força invisível que puxa cada vez mais para um buraco estreito, que depois de um tempo torna-se quase impossível de sair. É uma espécie de escravidão, uma servidão implícita. Na melhor das hipóteses, isso inspira uma aceitação na mente do funcionário de que essa especialização constante e vitalícia é a única maneira de sobreviver e progredir, mas, em geral, cria uma sensação de total desilusão com o sistema.

Essa desilusão, talvez de forma irônica, é indiscutivelmente maior no mundo "desenvolvido" hoje em dia do que nas sociedades mais pobres com as quais está mais associada. A divisão do trabalho, a que Marx chamou de "amarra de indivíduos a uma determinada vocação", ainda é o *status quo*, prendendo as pessoas dentro do que Weber chamou de "gaiola de ferro". Embora o cenário ocupacional no Ocidente tenha mudado bastante desde que Studs Terkel publicou, nos anos

1970, conversas com trabalhadores desencantados de várias áreas, a sensação geral de desconforto, insatisfação e desilusão permanece entre a população comum. Devido à exportação relativamente recente de trabalhos manuais ou braçais para os países em desenvolvimento, grande parte da força de trabalho nos países desenvolvidos está agora desempregada ou em empregos administrativos (de escritórios).

Embora o surgimento dessa cultura de trabalho administrativo tenha, de certa forma, sido benéfico para os indivíduos e as economias (aparentemente refletindo o progresso da sociedade — a noção de que sentar atrás de uma mesa parece de alguma forma mais respeitável do que o trabalho físico), a verdade é que criou uma força de trabalho frustrada mental e fisicamente. "Viver sentado equivale agora ao hábito de fumar cigarro, em termos de saúde", de acordo com o professor Steve Bevan, diretor do Center for Workforce Effectiveness na Work Foundation. "Quanto mais sedentário você é, pior para a sua saúde". Isso não apenas restringe a necessidade natural do ser humano por movimento físico (como ressaltado pelas filosofias de treinamento físico de Ido Portal e Edwin le Corre), também tem consequências para a economia em geral.

No Reino Unido, por exemplo, quase 31 milhões de dias de trabalho foram perdidos no ano passado devido a problemas nas costas, no pescoço e nos músculos, de acordo com o UK Office for National Statistics (ONS) — e muito poucos foram resultados de lesões obtidas com atividade física. Ao que parece, ficar parado causa mais ausências e que são prolongadas do que qualquer outra doença. Não é surpresa o fato de que poucos polímatas (se é que algum) ao longo da história tenham vivido de forma sedentária — mesmo os intelectuais; a maioria era, na verdade, de acadêmicos aventureiros e dinâmicos.

Talvez mais importante, porém, a cultura do trabalho de escritório, que o grande espiritualista Jiddu Krishnamurti chamou de "monstruosa corrida de ratos" e "prisão intolerável", tem sérios efeitos psicológicos nos funcionários. A maioria das pessoas hoje em dia está claramente frustrada e infeliz com suas ocupações atuais. De acordo com uma pesquisa recente no Reino Unido, apenas 20% das pessoas estão felizes no trabalho (Roth e Harter, 2010), um número que caiu drasticamente comparado com os 60% em 1987. Essa insatisfação tem muito a ver com o nível de estímulo que as pessoas obtêm de seus empregos. Em uma pesquisa de 2008, mais da metade da força de trabalho do Reino Unido admitiu que não tem estímulo no trabalho, e apenas 10% das pessoas afirmaram que experimentam um alto nível de estimulação. Mais de 60% dos trabalhadores não estão realmente engajados no que fazem (Towers Perrin/Gallup).

Embora a maioria desses estudos seja realizada na Europa e nos Estados Unidos, há evidências que mostram que essa é uma tendência mundial. De acordo com um estudo recente da Accenture que pesquisou uma amostra de 36.000 profissionais de 18 países da Europa, África, Oriente Médio, América do Sul, América do Norte e Ásia, quase metade sentiu que não estava sendo significativamente desafiada em suas funções atuais, apesar de a maioria estar confiante quanto às suas habilidades e capacidades. "Envolvimento do funcionário" (ou falta dele) está se tornando um fenômeno mundial, e pesquisas frequentes estão sendo feitas para medir a questão.

Essa frustração tem a ver com a monotonia de uma carreira, tanto quanto acontece com o emprego ou o próprio empregador. De acordo com um estudo da School of Life, cerca de 60% dos funcionários escolheriam uma carreira diferente se pudessem começar de novo; 20% acreditam que nunca tivemos uma função adequada; e 30% dos funcionários sentem que seus pontos fortes seriam mais adequados para outra carreira.

Quando as empresas são reduzidas, muitas vezes utilizam os serviços de "consultores de recolocação" para fornecer aos funcionários excedentes conselho e orientação para as próximas etapas. Como parte de alguns programas de recolocação, experimentos psicológicos são feitos para revelar os sonhos de carreira internos da pessoa com o objetivo de determinar seus próximos passos na carreira. O que, em geral, se descobre, sem surpresa, é que há uma enorme disparidade entre a carreira *real* da pessoa e a carreira *desejada*. Contadores desejam ser mágicos, *web designers* desejam ser músicos, gerentes de escritório desejam ser atletas profissionais e assim por diante. Há uma sensação de amargo pesar; de que eles tenham sido arrastados involuntariamente, por uma corrente implacável, para a inutilidade do mar aberto, à qual devem se resignar em última instância.

No entanto, o desejo inato do ser humano de aprender e crescer nunca nos abandona totalmente. As pessoas anseiam pela oportunidade de contemplar outras questões além de seus empregos. O filósofo de Oxford Anders Sandberg, que, há pouco tempo, fez um projeto com uma seguradora, certamente descobriu o seguinte: "Minha experiência ao falar com as pessoas dos arranha-céus da cidade é que elas ficam muito encantadas por poderem falar de filosofia, pois não têm uma oportunidade para pensar em coisas que não sejam de seu trabalho diário... mesmo questões como o que estamos fazendo e por que estamos fazendo?". Na verdade, a maior enciclopédia de código aberto do mundo poderia ser a manifestação disso. Jimmy Wales, fundador da Wikipedia, sugere que o crescimento do *site* seja uma evidência do fato de que as pessoas que são consideradas "especialistas" em seus trabalhos muitas vezes têm vários outros interesses — elas apenas precisam de uma oportunidade para poder buscá-los:

> Uma das razões pelas quais a Wikipedia funciona é que um talento amplo e multidisciplinar não está extinto. Uma das coisas que vemos bastante é que as pessoas estão fazendo um trabalho incrível fora de seus domínios profissionais; o exemplo típico é do professor de matemática barbudo que está escrevendo sobre a poesia elizabetana ou a história da guerra mundial.

> Acontece que, apesar de na Academia haver muita pressão para se especializar, ainda temos intelectuais bem formados e, de fato, uma das razões pelas quais a Wikipedia floresceu é que ela fornece uma saída para isso.

Embora a Wikipedia certamente forneça uma saída intelectual para muitas pessoas conhecedoras e multitalentosas, a realidade é que a maioria se sente compelida a dedicar seu tempo exclusivamente ao trabalho, mesmo que no fundo saibam que têm muito mais a aprender, a contribuir, a expressar.

Desequilíbrio entre o Trabalho e a Vida

Uma pesquisa recente da LexisNexis dos 100 principais jornais e revistas em todo o mundo revelou um aumento incrível no número de artigos sobre "equilíbrio entre vida profissional e pessoal" — de 32 na década de 1986 a 1996 a um número impressionante de 1.674 artigos somente em 2007! Essa desilusão com o sistema laboral do século XXI e a consequente insatisfação forçaram as pessoas a buscar desesperadamente variedade e estímulo em outro lugar, fora do trabalho, muitas vezes querendo desafios diferentes, seja a prática de "boxe do escritório", correr uma maratona ou triatlo, ingressar em um clube de culinária ou de pintura, seja mesmo se inscrever na reserva do exército. "As pessoas anseiam pela oportunidade de recuperar algum equilíbrio em suas vidas", afirma Richard Donkin, autor de *Future of Work*, "mas os governos e as empresas parecem cegas para essa luta diária". A insatisfação geral com o estilo de vida no trabalho corporativo padrão das 9h às 17h também é evidente na popularidade fenomenal dos livros de autoajuda mais vendidos, que encorajam estilos de vida de trabalho alternativos, como *Trabalhe 4 Horas por Semana* e *Screw Work, Let's Play.*

No entanto, apesar do discurso falso sobre a necessidade de atividades extravocacionais, a maioria dos empregos, na realidade, incentiva a especialização dedicada e inibe o desejo humano natural por variedade. É provavelmente por isso que Aristóteles disse que "todos os empregos pagos absorvem e degradam a mente" e Ibn Khaldun observou que o emprego convencional é uma das maneiras mais humilhantes de se ganhar a vida". Será que o desenvolvimento da tecnologia não deveria reduzir as horas de trabalho do ser humano, liberando tempo para outras atividades a fim de produzir seres humanos melhores e mais completos? Em algum lugar isso foi esquecido, negligenciado ou simplesmente retirado de nossa consciência.

Enquanto a busca obsessiva por "progresso" (ou mais precisamente, por definição atual, ganho monetário e material) realmente levou a um avanço sem precedentes em tecnologia, ele veio de várias maneiras às custas da liberdade e da variedade humanas. As horas de trabalho humano têm aumentado bastante, provavelmente para níveis recordes em comparação com qualquer período na história do mundo. O estilo de vida "trabalhar de qualquer lugar", que se tornou muito famoso graças à internet e à tecnologia móvel, tinha potencial para aumentar o equilíbrio entre vida profissional e pessoal, mas, em vez disso, aumentou a invasão do trabalho na vida pessoal e no tempo de lazer. Apesar de suas necessidades materiais básicas serem atendidas, as pessoas estão, na verdade, trabalhando mais e vivendo menos. Como o redator de mídia e tecnologia Douglas Rushkoff disse: "Em vez de nos oferecer mais tempo, as tecnologias estão sempre ativas, drenando nosso tempo e energia para atender ao mercado".

A maneira como o "trabalho" é percebido hoje em dia tem muito a ver com uma filosofia específica que dominou a sociedade ocidental por mais de quatrocentos anos. A ética do trabalho protestante acredita que trabalho é labuta — algo que preferiríamos não estar fazendo, mas sabemos que precisamos, porque nele reside a salvação: há uma virtude em sua realização. É essa mentalidade que, de acordo com o autor de *History of Work,* Richard Donkin, "não deixa confusão a respeito do trabalho, porque ele é categorizado, rotulado e definido". Como resultado, a noção de trabalho consagrada nas mentes da maioria das pessoas hoje em dia é: a atividade na qual passamos a maior parte do tempo e que resulta na remuneração financeira necessária para sobreviver e acumular. É hora de finalmente desafiar essa suposição.

Sobrevivência

"Há um obstáculo sério no modo de vida especializado", afirmou Desmond Morris em seu livro *best-seller O Macaco Nu*, que compara o comportamento humano e o animal. "Tudo está bem, desde que o dispositivo especial de sobrevivência funcione, mas se o ambiente sofrer uma grande mudança, o especialista é isolado". Assim, por exemplo, o coala subsiste quase inteiramente de folhas de eucalipto e só sobrevive dentro de um determinado clima, e também especificamente nas florestas do leste da Austrália. É um especialista que dorme até 20 horas por dia. O guaxinim, por outro lado, é generalista. Sua inteligência operacional permite ter um alcance natural que inclui a maior parte da América do Norte e Central, e é um animal onívoro que pode comer frutas, insetos, ovos e pequenos animais. Os guaxinins são bem numerosos, enquanto o coala está em perigo de extinção. A questão é que, quando as condições mudam, as espécies com uma gama mais ampla de capacidades e melhor flexibilidade são capazes de se adaptar, enquanto os especialistas com foco estreito, diante de pouca ou nenhuma opção, tornam-se vulneráveis à extinção. O princípio se aplica igualmente aos seres humanos. Na verdade, como Morris insiste, o "macaco nu" (ou seja, o ser humano) é o animal mais não especializado, adaptativo, oportunista de todos.

Hoje em dia, o equívoco de que a especialização é uma necessidade para a sobrevivência prevalece como uma narrativa central. É baseada na premissa questionável de que nós, como seres humanos, somos inerentemente competitivos. Antes do paradigma ocidental moderno, outras visões de mundo (como a filosofia Ubuntu africana — "Eu sou porque somos") se concentravam no lado cooperativo e coeso do homem. Nesse sentido, o evolucionista russo do século XIX, Peter Kropotkin, e, mais recentemente, o especialista em genoma Matt Ridley confirmaram que é uma parte da natureza humana tão profundamente enraizada quanto poderia ser o egoísmo individualista. Os polímatas, em geral, eram menos motivados pela competição do que por um impulso interno para desenvolver o "Eu", e isso também não necessariamente em detrimento ou às custas do outro.

A ideia malthusiana de que a população está superando os recursos, juntamente com o Darwinismo Social de Hebert Spencer e a noção de "sobrevivência dos mais aptos" contribuíram muito para a criação de uma mentalidade ultracompetitiva que, por sua vez, se manifestou na cultura exploradora fomentada pelo colonialismo e foi posteriormente popularizada por muitas grandes empresas. Na verdade, é a cultura da competição excessiva que catalisou a divisão do trabalho e propagou o mito do "especialista", levando ao crescimento da especialização. Ela criou uma cultura de pessoas *protegendo* ideias em vez de *conectando-as*, o que, é claro, levou a uma maior especialização.

Portanto, a suposição predominante — não apenas hoje, mas em muitas sociedades ao longo da história — é de que uma renda sustentável ou segurança econômica só pode ser garantida com uma especialidade de cada vez. Profissionalmente, a busca de mais de um trabalho, área ou interesse tornou-se sinônimo de suicídio financeiro. Um estigma negativo foi atribuído ao não especialista, cuja "atividade que o faz perder tempo" é entendida como rivalizando com seu sustento. Rebaixar o polímata a uma criatura financeiramente condenada é uma prática arraigada presente na linguagem dos provérbios em muitas culturas do mundo.

Vamos considerar ditados comuns na Europa Oriental, por exemplo: os poloneses referem-se ao polímata em formação como alguém com "sete ofícios, o oitavo, a pobreza"; na Estônia, os "nove ofícios, o décimo, a fome"; enquanto em tcheco, eles dizem "nove ofícios, o décimo, vem a miséria"; *em* lituano dizem "*quando você tem nove ramos, então o décimo é a fome*". Isso também pode ser encontrado nas culturas do Leste Asiático: os coreanos dizem: "um homem de doze talentos não tem nada para comer no jantar"; e os japoneses se referem ao polímata como "habilidoso, mas pobre". Mesmo as sociedades que produziram alguns dos maiores polímatas pensam o mesmo: os gregos dizem: "aquele que sabe muito de artesanato vive em uma casa vazia"; e os italianos, os descendentes de Leonardo da Vinci, Michelangelo, Alberti e Bernini, passaram a ver esse grupo como "especialistas em tudo, mestre de ninguém". Embora as expressões idiomáticas anteriores sejam traduzidas com base nas línguas nativas, em que o significado é provavelmente mais matizado, a ideia subjacente é a mesma de "pau pra toda obra, mestre de ninguém". Ela indica o cinismo constante em torno da habilidade do polímata de sobreviver, acumular e prover.

Essa noção precisa de uma séria revisão. Diversificação ocupacional, que é uma marca comum do polímata, é, na verdade, muitas vezes o meio mais seguro de sobrevivência. Durante um clima econômico difícil, as pessoas se sentem extremamente vulneráveis se seu campo específico está necessitando de menos força de trabalho. Como Yuval Noah Harari conclui, em seu recente livro *21 Lessons for the 21st Century*, a capacidade de se adaptar às inevitáveis mudanças de carreira será uma estratégia de sobrevivência essencial para as próximas décadas. Uma gama mais diversificada de habilidades significa que a pessoa está confiante em sua capacidade de obter emprego em diversas áreas. Isso pode dar ao indivíduo um maior senso de empoderamento que, em última análise, leva a uma maior produtividade e eficiência. A educação deve, portanto, se basear no desenvolvimento de habilidades que podem ser aplicadas a mais de um domínio, ou pelo menos ser transferível, particularmente no sentido de que alguém que pode se especializar em algo hoje em dia pode estar desatualizado amanhã, considerando os tempos voláteis, no sentido econômico, político e tecnológico, em que nos encontramos na atualidade.

Assim como os países (e economias) estão percebendo que a especialização em um setor econômico não é algo sábio e a diversificação é a melhor política, as pessoas também deveriam entender isso. Além disso, a polimatia de um indivíduo pode ter um importante benefício econômico para a sociedade em geral. O economista de Princeton Ed Glaeser estudou a especialização e a diversidade nos mercados de trabalho das cidades urbanas e concluiu que é a maior diversidade (em vez da especialização) do trabalho que leva ao crescimento econômico, simplesmente porque pode haver mais habilidades e disseminação de conhecimento entre os setores. Isso é importante porque ter um conjunto diversificado de habilidades significa que o mercado de trabalho pode responder adequadamente às demandas de acordo com as necessidades de mudança da economia, especialmente se a educação continuar ligada a sucesso econômico.

Além disso, o modelo de "trabalho vitalício" está se extinguindo. A ameaça de demissão está aumentando, e as chances de promoção diminuindo. Trabalhar nos negócios ou nas artes, por exemplo, raramente garante um rendimento certo. As carreiras (e, portanto, a segurança financeira) nos esportes e nas forças armadas, em especial, têm vida curta. E aquelas profissões tradicionalmente consideradas estáveis não o são mais. Depois de 25 anos de experiência como consultora de carreiras, Katherine Brooks conclui que uma ocupação especializada apenas não é suficiente para a segurança econômica de ninguém. Ela sugere que carreiras múltiplas não são um luxo, mas uma necessidade, especialmente nos tempos atuais. "O caos do mercado de trabalho de hoje em dia significa que aqueles que estão procurando emprego devem ser flexíveis e expandir seus talentos em vários ambientes. Nessa economia, você realmente não pode se concentrar em apenas um plano de carreira. Precisa considerar os planos B, C e talvez até D, simultaneamente. Precisa considerar uma variedade de Vidas Possíveis". É sensato, ao que parece, "apostar suas fichas" em vários planos diferentes. A especialização fica por sua conta e risco.

Complexidade do Século XXI

Além da simples sobrevivência, a especialização também prejudica nossa capacidade de nos desenvolver intelectual e espiritualmente. Ou seja, restringe ou obscurece nossa compreensão da realidade, que não é apenas pura e simples, mas inconcebivelmente complexa. Dicotomias consideradas há tempos (igreja *versus* estado, religião *versus* razão, bem *versus* mal, comunismo *versus* capitalismo, civilizados *versus* bárbaros, unidade *versus* multiplicidade, micro *versus* macro, cérebro direito *versus* cérebro esquerdo, ciência *versus* arte e assim por diante) são, na verdade, construções que derivam de uma experiência e compreensão do mundo particularmente ocidentais. Outras culturas têm suas próprias dicotomias, assim como têm seus próprios campos profissionais e intelectuais. Eles agrupam aspectos de nossa realidade de forma diferente, de acordo com seus próprios entendimentos (mesmo que muitos, como o Yin-Yang, sejam mais holísticos na abordagem do conhecimento e da dualidade).

Como observou o astronauta Story Musgrave no espaço, "a natureza apenas faz curvas. O homem desenha linhas". A compartimentalização obsessiva do conhecimento em "campos" ou "áreas", como acontece com falsas dicotomias, é uma simplificação equivocada do mundo; restringe uma compreensão mais verdadeira dele. Como o filósofo francês e pai da Teoria da Complexidade, Edgar Morin, disse, realidades-chave muitas vezes escorregam através das rachaduras entre "disciplinas" criadas artificialmente, assim como o significado muitas vezes se "perde" na tradução de um idioma para outro. Um idioma, assim como um campo, é um prisma compartimentado através do qual percebemos a realidade — não representa toda a realidade em si.

No Ocidente, essa compartimentação é legado de uma determinada metodologia intelectual. Na busca desesperada por uma "ordem" perfeita, cientistas e filósofos (em especial, desde Descartes no Ocidente) reduziram a inerente *complexidade* de nossa realidade para *simplicidade*, usando matemática e pensamento redutivo para "desintegrar seres e coisas". Isso levou à hiperespecialização da sociedade como um todo. Como disse Morin, "hiperespecialização rasgou e fragmentou o complexo tecido da realidade, e levou à crença de que a fragmentação infligida a ela era a própria realidade". De acordo com o psiquiatra e autor de *The Divided Brain*, Iain McGilchrist, sociedades hiperespecializadas ao longo da história se correlacionam com paradigmas que tiveram um foco tremendo no pensamento do lado esquerdo do cérebro (o hemisfério responsável por formações lineares estruturais). Em sua tese, ele descreve o tipo de sociedade que essa mentalidade normalmente cria:

> ...uma maior especialização e tecnicalização do conhecimento... seria de se esperar uma espécie de atitude de desprezo para qualquer coisa fora de seu foco limitado... filosoficamente, o mundo seria marcado pela fragmentação, parecendo aos seus habitantes como uma junção de partes e pedaços aparentemente colocados juntos de forma aleatória... criando uma sociedade orientada para a tecnologia e administrada burocraticamente.

É claro que esta é uma descrição adequada de como a situação se encontra hoje em dia. A excessiva fragmentação do conhecimento causada por condicionamentos cognitivos, sociais e educacionais ao longo da história é hoje em dia levada a um novo nível pelo fenômeno do século XXI conhecido como "Explosão de Informação" — um dilema ou "ansiedade" causada pelo aumento sem precedentes na disponibilidade de informação e a dificuldade em gerenciá-la e compreendê-la. Hoje, a crescente complexidade do nosso mundo fez com que a humanidade isolasse seus vários aspectos, a fim de desenvolver um melhor entendimento de cada um deles pela técnica cartesiana de dedução. Essa cultura de "isolacionismo de áreas" atingiu seu ápice após o Iluminismo europeu (exemplificado pela *Enciclopédia* de Diderot, que codificou o conhecimento, embora, ironicamente, não pelo próprio Diderot, que era um polímata) e tem, desde então, sido projetada para todo o mundo pela influência colonial, manifestando-se na contínua especialização de estudantes, acadêmicos e trabalhadores industriais (todos praticamente treinados para operar como máquinas sem alma). Morin nos lembrou do fato de que "o cosmos não é uma máquina perfeita, mas um processo de organização e desorganização simultâneas". De fato, a vida no século XXI revelou-nos o nível dessa complexidade, e a mente moderna deve se treinar para compreendê-la melhor. Infelizmente, nossos sistemas educacionais atuais não nos preparam o suficiente para esse desafio, conforme já explicado. O cientista cognitivo e educador Rand Spiro nos lembra que "a maior parte da vida não se resume a aprender tabuada ou física básica... a maior parte da vida lida com domínios complexos ou mal estruturados que requerem flexibilidade adaptativa. Esta é mais a norma do que a exceção na vida cotidiana". Spiro é contra a Teoria do Esquema (o processo psicológico que agrupa as informações em categorias) e, em vez disso, propõe uma Teoria da Flexibilidade Cognitiva (TFC), que reconhece domínios como sendo complexos e "mal estruturados" (em oposição a mundos definidos de modo simples com parâmetros claros), portanto, exigindo certa flexibilidade (ou polimatia) para compreender. Infelizmente, tanto a simplicidade quanto a complexidade têm sido usadas pela elite política, comercial e intelectual de várias maneiras como ferramentas conceituais para manter os leigos em um estado de ignorância.

Filosoficamente, a mentalidade do polímata permite uma imagem maior, interconectada e completa do mundo, a qual serve como antídoto para o modo desconexo como a maioria das pessoas (tanto leigos quanto os chamados intelectuais) o veem atualmente. O polímata e filósofo Seyyed Hossein Nasr expressa uma necessidade urgente de tais pensadores:

A existência de polímatas (ou a falta deles) tem consequências sociais muito importantes. Nenhuma sociedade pode viver e sobreviver sem a visão do todo. O polímata presta um serviço absolutamente essencial para a sobrevivência de uma civilização em longo prazo. Em vez de "fabricar" polímatas "rasos" como a cultura moderna parece fazer, devemos ser sempre gratos a Deus porque existem algumas pessoas que são capazes de serem polímatas. Caso contrário, tudo ficaria separado entre si, como órgãos de um corpo sem qualquer integração entre eles, sem a qual o corpo desmoronaria.

A Inteligência da Máquina e a Relevância do Ser Humano

Como a mente humana — condicionada para pensar unidimensionalmente — pode compreender essa complexidade? Em vez de desenvolver métodos de se nutrir a fim de se tornar mais bem preparada para esse desafio, a mente humana parece estar preocupada em construir máquinas para esse fim.

Sem dúvida, um grande progresso está sendo feito nessa área. A inteligência artificial (IA) já pode vencer os seres humanos na maioria dos jogos que desafiam a mente, como xadrez, gamão, concursos de perguntas e respostas e *scrabble*. Watson, da IBM, tem sido desenvolvido usando algoritmos evolutivos complexos, permitindo-lhe aprender organicamente e tornando seu processo de aprendizagem mais semelhante ao do ser humano. Além disso, "emulação do cérebro inteiro" ou "carregamento mental" é um programa focado em construir software inteligente digitalizando e modelando a estrutura computacional do cérebro biológico. É um projeto em andamento que promete ter consequências profundas para a inteligência da máquina.

A maioria dos pesquisadores prevê que a inteligência de máquina em nível humano — quando as máquinas passam pelo chamado Teste de Turing — seja alcançada no século XXI. Alguns preveem a chegada nos próximos 20 anos. E, então, haverá o ponto em que as máquinas excederão em muito o desempenho cognitivo dos seres humanos em praticamente todos os domínios de interesse. No momento, a inteligência de máquina é apenas específica de um dado domínio, mas, em última análise, de acordo com Neil Bostrom, do Future of Humanity

Institute, em Oxford, esses sistemas "superinteligentes" terão um nível sobre-humano de inteligência geral. Ray Kurzweil se refere a esse ponto como a "singularidade" tecnológica.

Então, quais serão as implicações disso para os seres humanos? Algo que já está acontecendo é a automação de empregos. De acordo com a pesquisa de Frey e Osborne em Oxford, que avalia 702 ocupações e suas probabilidades de serem informatizadas nas próximas décadas, 47% de todos os empregos norte-americanos estão em risco. O historiador e futurista Harari avalia bem: "o século XIX criou a classe trabalhadora, o próximo século criará a "classe inútil " — bilhões de pessoas sem função militar ou econômica. Dar significado às suas vidas será o grande desafio do futuro". Então, em vez de serem substitutos de máquina inadequados, caros e dispensáveis, os seres humanos encontrarão sentido em suas próprias vidas (e a sociedade encontrará sentido neles), se eles se concentrarem em estabelecer sua própria singularidade humana insubstituível. Tal singularidade é a marca do polímata.

Se os seres humanos fossem máquinas de escrever, teríamos nos tornado obsoletos muito tempo atrás. Mesmo se fôssemos o iPhone mais recente, seríamos dispensáveis em alguns anos. Se, no entanto, fôssemos uma sinfonia de Bach, uma pintura de Van Gogh ou uma peça de Shakespeare, resistiríamos ao teste do tempo. Mas e se os seres humanos — os criadores da tecnologia e da arte — fossem criações ainda mais elevadas do que ambas? E se fôssemos inimitáveis, indispensáveis? Em vez de tentar nos tornarmos máquinas supereficazes como as que temos criado, e se reconhecêssemos nossa natureza como sendo um sistema emergente, uma obra de arte sublime e, talvez, um ser espiritual, tudo junto?

A IA acabará nos libertando do fardo de acumular e classificar informações. Conquistará o domínio da especialização técnica. A importância da mente biológica para o futuro do conhecimento deve então ser para utilizar os vários conhecimentos — combiná-los, curá-los, fundi-los e conectá-los — de modo a formular uma sabedoria e compreensão exclusivamente humanas. Como insiste o proeminente neurocientista Miguel Nicolileis, o cérebro humano é simplesmente muito imprevisível para ser imitável. "Nenhuma máquina de Turing pode prever o que uma ação do cérebro vai fazer... vamos absorver a tecnologia como parte de nós, mas a tecnologia nunca vai nos absorver; é simplesmente impossível". Sabendo disso, devemos perceber que, independentemente das perspectivas de superinteligência, a mente humana é indiscutivelmente significativa para a vida — se ao menos pudéssemos redescobrir sua singularidade.

Poderia uma máquina no futuro produzir uma obra como *As Anotações* de Leonardo da Vinci, *Kitab al Shifa,* de Ibn Sina ou o *O Capital,* de Marx? Será que uma máquina poderia construir uma empresa como a Apple ou inspirar um movimento como o da Consciência Negra? Essas iniciativas foram inspiradas pela arte, pela espiritualidade e pela justiça social — e a menos que os seres humanos aprendam a ser capazes de codificar tais elementos inimitáveis e enigmáticos da mente humana em programas de máquina, nós sempre teremos nosso valor único.

Mesmo se tomarmos como certa a inevitabilidade das máquinas superinteligentes, ainda há um período de liderança durante o qual os seres humanos devem dar sua contribuição mais importante e mais fatídica. Anders Sandberg, do Future of Humanity Institute da Universidade de Oxford, faz um alerta promissor: "pelo menos nas próximas décadas, até que as máquinas se tornem mais inteligentes que os seres humanos, o polímata humano será muito importante para a sociedade". Sandberg ressalta a importância dos polímatas durante esse período, "Trabalhos que podem ser claramente definidos são ameaçados pela automação. Trabalhos que são difíceis de se definir estão, na verdade, bastante seguros. Os polímatas estão obviamente nestes". Eles são importantes para o futuro porque "não apenas são bons em fazer o trabalho que não têm uma descrição adequada, mas, além disso, são bons em inventar tais empregos".

A especialização não só está se tornando um método redundante de compreensão da verdade, mas também uma má estratégia de sobrevivência — seja para o indivíduo, uma organização, uma sociedade, seja mesmo uma espécie inteira. Simplificando, então, o *Homo Sapiens* corre o sério risco de morrer nos próximos dois séculos a menos que a mente seja recondicionada para permitir uma vanguarda de polímatas — se não uma geração inteira — de modo a dar aos seres humanos um senso de propósito. A Inteligência artificial, e talvez até mesmo a singularidade Kurzweiliana, pode estar iminente, mas ainda temos algumas décadas em que a raça humana poderá cavar profundo para redescobrir e, em seguida, restabelecer sua singularidade atemporal. A especialização certamente não é uma estratégia inteligente para esse fim — pelo contrário, está desumanizando os seres humanos, mecanizando-nos em uma era em que é simplesmente inútil competir com as máquinas. Em outras palavras, está nos livrando de qualquer propósito real.

A especialização, então, não é "dádiva". Apenas nos foi dada como um sistema por aqueles a que serve — a extrema minoria. O restante de nós simplesmente já a considera como algo certo, que deve ser o caminho a seguir. Acreditamos inquestionavelmente no discurso dominante fornecido a nós pelo sacerdócio do governo, dos negócios e dos meios de comunicação. A verdade real, como agora aprendemos, é que a especialização é nada menos que uma maldição, pois está atrapalhando a realização humana, sufocando a criatividade, limitando as oportunidades de sobrevivência, estimulando a ignorância intelectual e a intolerância e, de modo mais geral, dando às pessoas uma experiência de vida muito unidimensional e sem graça. Está, francamente, matando o espírito humano e restringindo a experiência humana. Para nos emanciparmos dessa infeliz realidade, devemos recondicionar nossas mentes. Devemos retornar para o nosso eu primordial — o polímata inato em cada um — e tomar um caminho alternativo para o crescimento e o desenvolvimento.

CAPÍTULO 5

Recondicionando a Mente

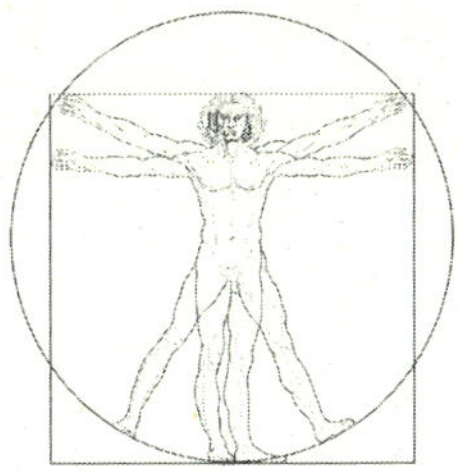

O primeiro passo para derrubar um sistema infectado pela especialização é desintoxicar nossas próprias mentes.

Todos nós nascemos com uma disposição inata que é curiosa, criativa e versátil. Obcecada por homogenia, ordem e conformidade, a sociedade então condiciona cada mente a esquecer seu eu original. Essa amnésia infligida vem nos ameaçando — como indivíduos e como espécie. Afinal, que valor nós, como especialistas mecanicistas inadequadamente treinados, teremos em um mundo de máquinas superinteligentes que podem facilmente nos superar como especializados? Como nossa mente condicionada e unidimensional será capaz de compreender a complexidade dos desafios do século XXI? Como podemos nos libertar da multidão de preconceitos desnecessários que moldam nossas decisões, moral e opiniões? Talvez mais importante, como seres complexos que buscam a autorrealização em sua totalidade, de que forma podemos exercer nosso próprio potencial multifacetado? Para isso, devemos redescobrir o polímata dentro de cada um de nós.

Com uma síntese da sabedoria tradicional, da ciência cognitiva moderna e das lições de vidas e pensamentos dos polímatas ao longo da história, podemos mapear a jornada mental do polímata, que pode então ser internalizada para recondicionar nossas próprias mentes. Existem seis elementos principais para esta jornada:

1. *Individualidade* – Compreendendo a si mesmo
2. *Curiosidade* – Dúvida contínua e sem limites
3. *Inteligência* – Nutrir, exercitar e otimizar várias habilidades

4. *Versatilidade* – Mover-se perfeitamente entre diferentes esferas de conhecimento e experiência
5. *Criatividade* – Conectar e sintetizar campos aparentemente díspares para um resultado criativo
6. *Unidade* – Unificar várias vertentes do conhecimento para maior clareza e visão do todo

Cada ser humano — em uma ou outra medida — tem senso de unidade, a habilidade para versatilidade, a capacidade de fazer conexões, um grau de inteligência, momentos de criatividade, uma curiosidade inerente e uma consciência de sua individualidade. Quando esses recursos são desbloqueados com notável sincronicidade, a mente do polímata é despertada. Portanto, se pudermos assimilar cada uma dessas características (integralmente interconectadas) em nossas consciências, mentalidades, perspectivas de vida, isso permitirá uma base sólida com base na qual podemos iniciar uma vida polimática.

Individualidade

O homem pode fazer qualquer coisa se quiser.
– Leone Battista Alberti

Você provavelmente nunca ouviu falar de Arthur Alfred Lynch, embora ele tenha levado uma das vidas mais aventureiras da história moderna. Ele nasceu na Austrália, onde se formou e exerceu a profissão de engenheiro civil, mas depois mudou-se para Londres a fim de se tornar jornalista, primeiro para o *National Reformer* e depois como correspondente de Paris para o *Daily Mail.* Ansiando por uma aventura maior, ele partiu para a África do Sul como correspondente de guerra a fim de cobrir a Segunda Guerra dos Bôeres para o *Reformer*. Lá, ele passou a ter simpatia pelos bôeres e, após um encontro com o general Louis Botha, em Pretória, juntou-se ao lado bôer como soldado. Com o posto de Coronel, ele reuniu a Segunda Brigada Irlandesa, que consistia em irlandeses, colonos do Cabo e outros que resistiram à ocupação britânica.

Mas, em pouco tempo, ele foi capturado e preso pelos britânicos, que o sentenciaram à morte. Em uma reviravolta do destino, Lynch foi perdoado e, mais tarde, durante a Primeira Guerra Mundial, alistou-se como voluntário para o Novo Exército Britânico, levantando o 10.º Batalhão dos Royal Munster Fusiliers. Enquanto estava em Londres, conseguiu se qualificar e exercer a profissão de médico, e até foi eleito para o parlamento por eleitorados na Inglaterra e na Irlanda. Pelo fato de ter viajado muito, Lynch também tornou-se fluente em várias línguas e escreveu extensivamente, incluindo romances e autobiografia, bem como críticas sobre vários assuntos científicos, como fisiologia, filosofia e física, incluindo uma crítica ousada da Teoria Geral da Relatividade de Einstein.

Como a maioria dos polímatas, Lynch demonstrou uma profunda consciência de sua individualidade e um compromisso em alcançar seu verdadeiro potencial. Devemos todos começar com uma jornada introspectiva para estabelecer nossa *individualidade*. Ao explorar a sua singularidade essencial (*Einzigkeit*), você tem então de estar disposto a ir contra a corrente — rejeitar métodos formais, tradicionais e oficiais quando necessário e estar pronto para sofrer as consequências. A exclusão resultante deve conduzi-lo de modo a se tornar o mais autossuficiente possível em tudo o que você faz. Então, e somente então, você estará preparado para buscar seu eu ideal — um ideal definido por ninguém menos que você. Essa jornada interior deve então se transformar em uma jornada exterior.

Autorrealização

> *Nem todo mundo foi feito para ser polímata.*
> *Mas para aqueles que têm interesse e inclinação*
> *para muitos campos, a polimatia, em certo*
> *sentido, é ser verdadeiro consigo mesmo.*
> – Seyyed Hossein Nasr

Platão uma vez afirmou que o conhecimento é inato e nos tornamos cientes dele por meio da lembrança e da redescoberta. De fato, a palavra grega para verdade era *aletheia* ("coisas não esquecidas"), e a palavra "educar" originalmente significava "extrair o que está dentro". Descobrir e desenvolver o *Self* é o objetivo principal do polímata.

A individualidade alude a um foco no *Self* — uma espécie de egoísmo: mas que não busca o interesse individualista às custas dos outros, mas sim se concentra na jornada introspectiva em direção à liberdade social, intelectual e espiritual. O "*Self*", aqui, deve, portanto, ser diferenciado do "ego" — de fato, emancipar o *Self* do ego tem sido a preocupação da filosofia oriental por milênios. Os polímatas verdadeiros geralmente têm a habilidade de fazer essa distinção.

A individualidade é essencialmente uma questão de restaurar, reconhecer e realizar a dignidade humana, bem como a afirmação do livre arbítrio. Para o poeta e polímata paquistanês Muhammad Iqbal, a individualidade (*khudi*) tinha conotações físicas e metafísicas: "Eleve o *Self* a tais alturas, que ao escrever cada destino, o próprio Deus pergunte ao homem: com o que você concorda?".

O *Self*, é claro, não é apenas um conceito metafísico romantizado por poetas, mas um fato neurobiológico — ele alude a uma singularidade genética com a qual cada um de nós nasceu. Como nos lembra o neurocientista David Eagleman:

> Cada um de nós segue sua própria trajetória — guiada por nossos genes e nossas experiências — e, como resultado, cada cérebro tem uma vida interna diferente. Os cérebros são tão únicos quanto flocos de neve... à medida que os trilhões de novas conexões se formam e se reformam continuamente, o padrão distinto significa que ninguém como você jamais existiu ou existirá novamente. A experiência de sua percepção consciente é exclusiva para você.

Nossa composição genética (genoma) e estrutura neural (conectoma) são exclusivas de nossa existência. É importante redescobrir, cultivar e direcionar isso. O surgimento da leitura silenciosa (em oposição ao ritual tradicional de cantar as escrituras em voz alta em conjunto) na Europa medieval, por exemplo, permitiu que tal individualidade se desenvolvesse no mundo ocidental, embora tenha sido uma dimensão integrante das tradições meditativas orientais por milênios. No entanto, o primeiro passo é, de fato, tornar-se consciente e convencido de sua singularidade. Depois de entender *quem* você é, estará em posição de entender *o que* você pode ser.

A afirmação, do século XVI, de Alberti de que "o homem pode fazer qualquer coisa se quiser" estabeleceu as bases para o tipo de individualidade que inspiraria toda uma época de polimatia durante o Renascimento europeu, e tornou-se o mantra do pretenso "Uomo Universale". A realidade, porém, é que cada um de nós é dotado de certas forças e fraquezas, talentos e incapacidades, desafios e oportunidades. Podemos controlá-los até certo ponto — na verdade, sempre há histórias notáveis de pessoas criando oportunidades com base no nada e transformando fraquezas em forças (considere o caso notável do irlandês Christy Brown que tinha paralisia cerebral e podia usar apenas o pé esquerdo, mas se tornou um famoso poeta, romancista e dramaturgo, bem como pintor). No entanto, somos meros mortais com capacidades físicas e intelectuais brilhantes, mas limitadas. Portanto, temos de lidar com o que recebemos da melhor maneira possível. Para o verdadeiro polímata, é fundamental encontrar o equilíbrio certo entre uma autoconfiança ambiciosa e um senso de realidade. Como disse Teddy Roosevelt: "mantenha os olhos nas estrelas e os pés no chão".

O educador britânico Ken Robinson insiste que o foco de um indivíduo deve estar nas áreas em que o talento ou a capacidade encontra a paixão ou o desejo; é nessa intersecção, conforme pode-se provar repetidas vezes, que o sucesso se desenvolve. Aqueles que descobrem essa conexão entre talento e paixão em *vários campos* devem perseguir todos eles. Enquanto Nathan Myhrvold era Diretor de Tecnologia da Microsoft, ele também buscava fotografia de vida selvagem, trabalhava à noite como *chef* e tirava folga para se formar em culinária. Depois de deixar a Microsoft, voltou à pesquisa científica, fundou sua segunda empresa *startup* e começou a inventar de forma prolífica. Apelidado pelo TED como "pau para toda obra profissional", ele falou na Conferência TED em 2007 sobre a importância de ser verdadeiro consigo mesmo e abraçar as várias facetas de cada um:

> Há uma enorme sabedoria em encontrar sua paixão na vida e concentrar toda a sua energia nela, mas nunca fui capaz de fazer isso. Sim, tenho a paixão, mas então haverá outra coisa, e então outra coisa. Por muito tempo lutei contra isso; pensei, caramba, seria melhor eu me equilibrar. Mas, no final das contas, pensei que não deveria lutar contra quem eu sou, mas abraçar isso.

Myhrvold voltou à sua tendência inata e redescobriu sua individualidade. Ao fazer isso, ele foi capaz de buscar seu eu ideal.

O *Self*, é claro, é um conceito fluido que é descoberto tanto pela reação às experiências quanto pela introspecção. Juli Crockett, boxeadora, filósofa, cantora, dramaturga, explicou como foi o reconhecimento disso que a levou a se destacar em vários campos: "Tento manter meu relacionamento comigo mesma aberto, e não me considero já definida. Para não fingir que me "conheço" e, portanto, não conheço as minhas limitações". Na verdade, Herminia Ibarra, autora de *Working Identity* deu a entender que a identidade e o potencial de uma pessoa são mais bem descobertos por tentativa e erro, investindo em várias carreiras e avaliando sua reação a cada experiência.

Contra a Corrente

> *Se você está sempre tentando ser normal, nunca saberá o quão incrível pode ser.*
>
> Maya Angelou

Edward Heron-Allen pensava e agia de maneira diferente do inglês normal do século XIX. Ele começou como soldado na unidade de inteligência durante a Primeira Guerra Mundial, e seus diários de guerra foram publicados posteriormente. Mas, curiosamente, durante uma época em que o não especialista era pejorativamente rotulado como "amador", ele decidiu seguir uma série de projetos aparentemente não relacionados. Em primeiro lugar, fez violinos artesanais e publicou um livro sobre fabricação de violinos que continuou em voga por mais de cem anos. Ele também se tornou quiromante especialista, escreveu vários livros e fez várias palestras sobre o assunto nos Estados Unidos. Depois, decidiu se qualificar e praticar o Direito. Como cientista, seus avanços em microscopia, biologia e estudos sobre "foraminíferos" (protistas unicelulares com conchas) tiveram tanto significado que a comunidade científica não teve escolha a não ser reconhecê-lo. Ele acabou sendo eleito para a Royal Society.

Como Lynch, Heron-Allen também encontrou tempo fora de sua carreira para escrever sobre uma variedade de assuntos, incluindo livros sobre história, filosofia budista e até mesmo um tratado sobre aspargos. Como linguista oriental, ele estudou turco e persa, e passou a traduzir os poemas do poeta persa Omar Khayyam. Além do mais, também era romancista talentoso, e publicou uma série de romances e contos nos gêneros de terror e ficção científica sob o pseudônimo de "Christopher Blayre".

Heron-Allen era um espírito livre e seguia suas paixões e inclinações, mesmo que isso o isolasse dos círculos convencionais. Desse modo, ele foi rotulado de "excêntrico", assim como muitos dos maiores polímatas; o rótulo muitas vezes pejorativo geralmente era dado àqueles que desafiam ou fogem da "normalidade". Ir contra a natureza da especialização — esta era, é claro, o *status quo* — era para muitos um comportamento considerado não convencional e "estranho" pelos padrões da sociedade. Portanto, com a especialização de campo único sendo a norma, esses polímatas ganharam automaticamente esse rótulo.

De acordo com o estudo mais extenso sobre excentricidade conduzido por psicólogos, os excêntricos são considerados pessoas perfeitamente felizes e racionais, que são apenas diferentes em pensamento e ação da maioria. Eles estão em uma onda diferente da maioria de sua sociedade; e muitas vezes por um bom motivo. Claro, existem estudos que mostram uma forte correlação entre o verdadeiro gênio e a "loucura". Mas agora sabemos que as condições de saúde mental, como autismo e sinestesia, muitas vezes revelam inteligência e criatividade excepcionais. Em qualquer caso, o pensador francês Foucault nos lembrou que a "loucura" é muitas vezes usada pelas elites para difamar e desacreditar aqueles que consideram ter uma visão ou comportamento que é "inaceitável". Ao contrário da suposição comum, entretanto, excentricidade não é loucura.

Curiosamente, porém, a excentricidade é um traço de personalidade comum (embora não essencial) do polímata. Das 18 características especificadas sobre o "excêntrico" delineadas por psicólogos clínicos, as mais importantes correspondem às do polímata — incluindo atitude não conformista; idealista; criativo; curiosidade intensa; feliz obsessão por *hobbies*; altamente inteligente; conhecimento precoce de sua singularidade. Portanto, não é surpreendente que muitos (senão a maioria dos) polímatas ao longo da história — incluindo Benjamin Franklin, Leonardo da Vinci, Isaac Asimov e Ludwig Wittgenstein — tenham sido, por seus contemporâneos ou postumamente, conhecidos como excêntricos.

Um aspecto fundamental do individualismo é o desafio das ortodoxias estabelecidas. Essa mentalidade leva inevitavelmente ao questionamento contínuo de tudo e qualquer coisa, desde a legitimidade da autoridade e doutrinas econômicas prevalecentes até a interpretação das escrituras e a validade das verdades científicas. Mas qualquer um que não siga a tendência social e intelectual padrão provavelmente será marginalizado pela maioria.

No entanto, esses polímatas deram pouca atenção às atitudes cínicas e depreciativas em relação à sua perspectiva. Eles permaneceram fiéis à sua tendência inata e se recusaram a sucumbir à pressão social. Para citar Theroux, eles nunca tiveram medo de "nadar contra a correnteza". Viviam em seu próprio mundo, com sua própria visão e métodos, e confiavam em sua abordagem para a busca do conhecimento e do autodesenvolvimento em geral.

Havia paradigmas culturais em que essa individualidade era frequentemente expressa. Durante o Renascimento italiano, de acordo com Burckhardt, "ninguém tinha medo de ser distinto, de parecer diferente dos outros; os homens obstinadamente seguiam seu próprio curso de vida e as leis de suas próprias personalidades". Tudo era possível para qualquer um. Aprender novas habilidades, escrever um tratado sobre um assunto aleatório não relacionado à sua ocupação principal não era um problema para o polímata, mesmo que não fosse a cultura predominante.

Autossuficiência

Em 1830, o transcendentalista americano Ralph Waldo Emerson publicou seu influente ensaio *Self Reliance,* no qual exortava as pessoas a evitar a conformidade e a seguir seus próprios instintos e ideias. Ele encorajava as pessoas a descobrir o gênio interior e a perceber seu valor próprio. Milênios antes, o contemporâneo de Platão, Hípias de Elis, ensinou e demonstrou a virtude de *auterkeia* (ou autarquia) — uma ética de autossuficiência e independência de outras pessoas por meio da capacidade de atender às próprias necessidades — que ele também ensinou e incentivou. Isso teve implicações práticas e intelectuais.

A vida humana é facilitada (e indiscutivelmente controlada) por certo grupo de entidades: máquinas, organizações, acessórios, pessoas, leis naturais e metafísicas, edifícios, alimentos e drogas. Para ser mais preciso, contamos diariamente com vários "facilitadores" — computadores, engenhocas, corporações, órgãos governamentais, bolsas, roupas, médicos, veículos e outros objetos de utilidade. Vivemos em um mundo de confiança inadvertida. Esse "contrato de confiança" alegórico contribuiu muito para a criação de uma sociedade geralmente complacente e apática em todo o mundo.

Confiamos em agências de segurança para nos proteger de danos; confiamos que os veículos não quebrem em áreas remotas; em empresas para nos cobrar os preços certos por nossos produtos; que os *laptops* e computadores continuem funcionando sem problemas; em medicamentos prescritos para aliviar nossa dor; que as pessoas se comportem de maneira civilizada nas ruas; que os telefones celulares funcionem em situações de emergência; em arquitetos para projetar e construir estruturas que não desabarão sobre nós; em cirurgiões para salvar nossas vidas; e assim por diante. Ao "confiar demais", tornamo-nos complacentes e, sem saber, desabilitamos nossas mentes da investigação diária essencial. Ao fazer isso, não apenas restringimos nossa tendência inata de aprender mais sobre mais (um instinto mais visível nas crianças, mas infeliz e desnecessariamente se dissipando entre os adultos), mas também entregamos nossa autonomia às pessoas, máquinas e organizações, que assim acabam controlando nossas vidas. Ser polímata, portanto, é emancipar-se dessa dependência avassaladora e, em certo sentido, buscar a verdadeira liberdade. Em vez de confiar nesses elementos imprevisíveis, devemos (para citar Emerson) "confiar em nós mesmos".

Os polímatas sempre minimizaram a dependência em sistemas de educação padrão para privilegiar o conhecimento prático e intelectual. Eles vieram na forma de livres-pensadores ou "livres-fazedores". Na verdade, o polímata e educador Hamlet Isakhanli destacou a "autoeducação, o desejo vitalício de aprender, uma forte vontade e resistência" como os passos mais importantes para se tornar um polímata. Não é surpreendente, então, que a maioria dos polímatas ao longo da história tenha sido autodidata. Polímatas como Le Corbusier, Coward, Edison, Leibnitz, Goethe, Franklin, Leonardo da Vinci e Tagore eram autodidatas em quase tudo o que faziam.

Autodidatas, "pessoas que preferem ensinar a si mesmas ou adquirir conhecimento de situações não didáticas, de uma forma ou de outra" reconhecem os limites dos sistemas educacionais padrão e buscam autonomamente o que consideram ser de interesse e valor para eles. Seja uma mulher indiana aprendendo e implementando aritmética sofisticada para uso prático ou um livre-pensador francês buscando conhecimento sobre uma revolução contra o Estado, os autodidatas percebem e exercitam sua individualidade como parte da luta pela liberdade intelectual e social. Ao fazer isso, eles abrem possibilidades ilimitadas para si mesmos, mesmo que a princípio pareça que estão nadando contra a corrente.

Muitas das pessoas com as mentes mais eruditas hoje em dia não vêm de círculos tradicionalmente "intelectuais" — a maioria nem tem educação básica, muito menos diplomas universitários. Ironicamente, hoje é mais provável encontrar o conhecimento enciclopédico no motorista de tuk-tuk em Colombo, no pequeno empresário na Libéria e no sapateiro em Ulaanbaatar do que em um "profissional altamente qualificado" no Ocidente moderno. Basta reunir em uma sala um corretor de derivativos de Wall Street ou um professor de botânica com um motorista de táxi de Erbil ou um barbeiro de Cartum para debater uma série de temas e ver o resultado. Como é possível tal coisa? É a mesma razão pela qual um jovem como Mike Tyson, o "arruaceiro" de brigas de rua, é um boxeador melhor do que um garoto rico de escola pública que comprou o melhor kit, contratou o melhor treinador e aprendeu todas as técnicas convencionais. Tyson teve de lutar por sua chance, ele é mais faminto, ilimitado e intuitivo, enquanto o boxeador "manufaturado" é mecanicista, ortodoxo, mimado e excessivamente calculista.

Aqueles sem privilégios educacionais e sociais tendem a desenvolver uma curiosidade mais forte e uma espécie de dedicação crua, assim como um atleta negro no início do século XX nos Estados Unidos tinha de ser dez vezes melhor do que um atleta branco a fim de ser selecionado para a equipe. A inferioridade e a opressão podem, na verdade, muitas vezes servir como forte incentivo, como vimos em polímatas revolucionários como Paul Robeson, Jose Rizal e Che Guevara.

Otimização Humana

Ao longo de sua vida, Leon Battista Alberti preocupou-se em se tornar seu eu ideal. Conhecido por nós principalmente como filósofo humanista Battista, do século XV, *De Iciarchia* ("Sobre o homem de excelência e governante de sua família") tornou-se um texto fundamental em definir a visão de mundo sobre o polímata cortesão. Sua famosa declaração "um homem pode fazer todas as coisas se ele as quiser" tornou-se o mantra do movimento humanista. E ele certamente praticou o que pregou.

Alberti estudou Direito na prestigiosa Universidade de Bolonha e, ao se formar como doutor em direito canônico, foi nomeado secretário da Chancelaria papal em Roma, e foi incumbido de reescrever a vida tradicional dos santos e mártires.

Seguindo seu interesse pelas artes visuais, consultou artistas importantes, como Donatello e Brunelleschi, e concluiu o tratado seminal, *Da Pintura*, que apresentaria, pela primeira vez, a teoria da perspectiva na arte. Ele foi então nomeado conselheiro arquitetônico do Papa, e seus *Dez Livros sobre Arquitetura* tornaram-se a bíblia da arquitetura renascentista, dando-lhe o título de "Vitrúvio Florentino". Também escreveu um tratado sobre geografia que estabelecia as regras para o levantamento e mapeamento de uma área de terra, e um livro sobre gramática que buscava demonstrar que o vernáculo toscano era tão adequado para o uso literário quanto o latim. Seu trabalho sobre criptografia continha a primeira tabela de frequência conhecida e o primeiro sistema polialfabético de codificação usando a roda de cifra (também considerada uma invenção de Alberti).

Polímatas como Alberti constantemente se esforçavam para atingir seu estado ideal de ser. A otimização é a realização mais completa do *potencial*; é diferente de buscar uma "perfeição" ilusória. Maslow dizia que "o que um homem *pode* ser, ele *deve* ser" e que só atinge um estado de autorrealização quando "se torna *tudo* o que alguém é capaz de se tornar". É uma disposição psicológica inata e que pode ser ativada nas circunstâncias certas. Então, mesmo que nos tornemos altamente talentosos em um campo, não ficaremos satisfeitos até que possamos realizar *tudo* o que é possível para nós. Com o conhecimento de que somos inerentemente multifacetados, o esforço para realizar tudo o que é possível envolve, naturalmente, a exploração e a fruição de múltiplos talentos e interesses. Isso parece ser o que inspirou

Paul Robeson, que aprendeu com seu pai a ideia de "máxima realização humana" — de que o sucesso na vida não deve ser medido em termos de dinheiro e avanço pessoal; o objetivo deve ser o desenvolvimento máximo de seu próprio potencial.

Houve lugares e períodos na história em que essa mentalidade era comum, como a Itália renascentista de Alberti. O principal historiador do período, Jacob Burckhardt, disse que "primeiro possibilitou maior desenvolvimento à individualidade e depois levou o indivíduo ao estudo mais zeloso e completo de si mesmo em todas as formas e condições". Aqui parece ter havido uma mudança repentina de foco de Deus para o próprio homem, apropriadamente representada pelo súbito aumento do autorretrato pelos artistas e da autobiografia pelos escritores. Isso, por sua vez, gerou uma época de desenvolvimento pessoal rigoroso: havia uma obsessão com a leitura de biografias de "grandes homens", uma perfeição meticulosa das maneiras cavalheirescas, uma busca sem fim pelo conhecimento mundano e um cultivo contínuo de interesses artísticos e literários. A crença no potencial humano atingiu um nível idealista, e a otimização tornou-se o objetivo final.

Giovanni Pico della Mirandola, ele mesmo um polímata e um dos principais pesquisadores do Humanismo da Renascença, disse em seu influente ensaio *Oração sobre a Dignidade do Homem* que "Nele [o homem] estão todas as coisas... então que ele se torne todas as coisas, compreenda todas as coisas e, dessa forma, torne-se um deus". Embora alguns possam considerar isso um exagero, a essência de sua mensagem é que todos nós temos um potencial inexplorado que está ansioso para ser realizado, e que buscar essa otimização é fazer justiça a nós mesmos. E para isso, ele sugere, não devemos confiar em ninguém nem em nada.

Curiosidade

> *Seguimos em frente, abrindo novas portas e fazendo coisas novas, porque somos curiosos, e a curiosidade segue nos conduzindo por novos caminhos.*
>
> WALT DISNEY

Um Traço Natural

> *Não há desejo mais natural do que o desejo de conhecimento. Tentamos todos os meios que podem nos levar a isso.*
>
> – MICHEL DE MONTAGNE

O prodígio persa do século XI, Al-Biruni, foi um incansável explorador intelectual. Ele teve uma formação ampla e destacou-se particularmente em astronomia e matemática, das quais dominou todo o conhecimento conhecido ainda na adolescência. Como era de costume, passou a dominar o discurso teológico desde muito cedo. Ele tornou-se conselheiro e embaixador na corte de Mahmud de Ghazni, onde seu primeiro livro sobre a cronografia de festivais religiosos consolidaria sua reputação como ávido matemático e astrônomo, bem como hábil historiador, antropólogo e teólogo.

Mas sua contribuição mais importante para a antropologia e a filosofia veio quando ele foi levado à corte de Mahmud de Ghazni e colocado em contato com os indianos capturados durante as conquistas de Mahmud do território que é o atual Paquistão. Além de escrever sobre os costumes, a linguagem e a prática indianos, Al Biruni foi o primeiro dos filósofos muçulmanos a genuinamente levar em conta a religião dos hindus, geralmente vistos como infiéis politeístas, e a dar valor ao hinduísmo como uma cosmovisão filosófica complexa digna de uma pesquisa séria. Isso culminou em sua obra-prima, de 600 páginas, sobre história, ciência, cultura, filosofia, linguagem e teologia da Índia, simplesmente intitulada *The India*. Seu próximo trabalho importante, o *Qanun*, foi um desenvolvimento significativo do *Almagesto*, de Ptolomeu, e Biruni produziria cerca de 140 tratados sobre assuntos científicos tão variados quanto mineralogia, farmacologia, botânica e medicina (tanto traduções como contribuições originais). O que o moveu ao longo da vida foi uma curiosidade insaciável, de natureza ampla, a qual o conduziu por vários caminhos de investigação.

A curiosidade, que é um motor essencial do polímata, está incorporada em nossa biologia, bem como em nossa consciência. Há um consenso esmagador entre os sociólogos de que a curiosidade é um dos traços fundamentais da condição humana — uma disposição natural que existe em todas pessoas, independentemente de classe, raça ou gênero. Isso é apoiado pela biologia evolutiva, que provou várias vezes que os seres humanos são geneticamente programados para serem curiosos. Os primatas, por exemplo, se esforçariam mais arduamente para descobrir o que há do outro lado de um alçapão do que por comida ou sexo. Na verdade, o zoólogo Desmond Morris, um renomado estudioso do comportamento humano e animal (aliás também pintor surrealista de sucesso), concluiu, em seu *best-seller* de 1967, *O Macaco Nu*, que "todos os mamíferos têm um forte impulso exploratório", e que os humanos são os mais curiosos de todos eles:

> Todos os jovens macacos são curiosos, mas a intensidade de sua curiosidade tende a diminuir à medida que se tornam adultos. Com nós [seres humanos], a curiosidade infantil é fortalecida e esticada em nossa maturidade. Nunca paramos de investigar. Nunca estamos convencidos de que sabemos o suficiente para sobreviver. Cada pergunta que respondemos leva a outra pergunta. Este tornou-se o maior truque de sobrevivência de nossa espécie.

De acordo com o cientista comportamental e professor de neuroeconomia, George Lowenstein, a curiosidade é simplesmente um desejo que surge quando nós sentimos uma lacuna "entre o que sabemos e o que queremos saber". Essa lacuna tem consequências emocionais: parece uma coceira mental, uma picada de mosquito no cérebro. Buscamos novos conhecimentos porque é assim que coçamos a coceira. Primeiro, porque o cérebro tem uma antipatia natural pela ambiguidade ou incerteza; e a curiosidade é ativada para dissipar isso. Em segundo lugar, a estimulação óptica inadequada (ou qualquer outra) faz com que o cérebro busque automaticamente uma saída do tédio para atingir o "equilíbrio ideal dos estados de excitação".

Nosso interesse por informações abstratas, que é essencialmente a causa da curiosidade, começa como um desejo dopaminérgico, enraizado na mesma via primordial "que também responde ao sexo, às drogas e ao *rock and roll*". Não é de se admirar que Aristóteles tenha declarado que "todos os homens por natureza desejam o conhecimento", e Leonardo da Vinci concluiu que "aprender nunca esgota a mente". Charles van Doren, em seu livro *História do Conhecimento,* destacou o poder e a atemporalidade desse atributo humano:

> O desejo de saber, quando você percebe que não sabe, é universal e provavelmente irresistível. Essa foi a tentação original da humanidade, e nenhum homem ou mulher, especialmente nenhuma criança, pode vencê-la por muito tempo. Mas é um desejo, como disse Shakespeare, que cresce com o que é alimentado. É impossível saciar a sede de conhecimento. E quanto mais inteligente você é, mais é assim que acontece.

Martin Kemp, principal especialista em Leonardo Da Vinci, confirma que a curiosidade é a marca registrada de um polímata:

> A mente de Da Vinci é uma inteiramente curiosa como uma criança — por que isso acontece, o que estou olhando, como posso entender; e se você combinar esse tipo de curiosidade infantil com um enorme poder intelectual, terá algo muito potente.

A abordagem islâmica ao conhecimento é exemplar. Maomé era conhecido por ter encorajado as pessoas a "buscar conhecimento, do berço ao túmulo" e a "buscar conhecimento onde quer que você possa encontrá-lo", afirmando que "a busca de conhecimento é um dever de todo muçulmano" e, de fato, "quem embarca no caminho da busca de conhecimento, Alá facilitará para ele o caminho até o paraíso". Ele também teria declarado que "a tinta de um erudito é mais sagrada do que o sangue de um mártir" e "uma hora de pensamento é equivalente a setenta anos de adoração" e que "um homem erudito dá mais problemas ao diabo do que mil adoradores ignorantes". Maomé estava se referindo ao conhecimento mundano (*ulm akliya*) e religioso (*ulm nakliya*); um não bastava sem o outro.

A ligação entre inteligência e curiosidade é importante, mas pode-se argumentar que a curiosidade é provavelmente o principal motivador da realização. Na verdade, foi Einstein quem proclamou a famosa: "Eu não tenho talentos especiais. Sou apenas apaixonadamente curioso. Além de ser uma tendência humana natural, a curiosidade ou, em outras palavras, "a sede de conhecimento" tem sido incentivada por várias culturas, religiões e filosofias há milênios.

Mas, como a inteligência e a criatividade, a curiosidade pode seguir um entre dois caminhos na mente. O primeiro é de profundidade, por meio do qual o indivíduo investiga cada vez mais profundamente determinado assunto, típico do especialista que está ansioso para seguir uma rota linear até o topo da pirâmide. O segundo, de largura ilimitada — e onde a pirâmide nem existe — é a rota de um polímata. O polímata é bastante curioso; os limites disciplinares criados pelo homem não podem prender sua mente a um campo específico. Ele segue uma linha de investigação, como um jornalista investigativo ou um detetive, e mantém a mente aberta se essa questão exigir que ele aprenda biomimética ou encanamento, astrofísica ou alvenaria. Como disse Montaigne, "que o homem que está em busca de conhecimento pesque onde este houver".

A marca registrada de uma mente curiosa é fazer perguntas sobre fenômenos múltiplos (relacionados ou, aparentemente, não). Paul Robeson, desde muito jovem, desenvolveu "um amor pelo aprendizado, uma busca incessante pela verdade em toda a sua plenitude". De fato, a criança é o maior investigador, o pré-polímata, e embora os adultos não percam a curiosidade que parece ser um traço humano primordial, ela se deteriora em qualidade e tipo. Eles ficam mais preocupados com *como* do que com *por que*; mais preocupados com *as informações de* do que com o *entendimento* delas.

Pensadores críticos, como filósofos polímatas, continuam o legado da criança de uma maneira mais sofisticada e sistematizada — assim como artistas "excêntricos", amadores e "fãs de curiosidades" de uma maneira igualmente lúdica — enquanto a maioria dos outros adultos está preocupada com aspectos práticos específicos da vida cotidiana. Os adultos pensam que sabem o que precisam saber e, como tal, têm a mente cada vez mais fechada. Perdem o senso de admiração.

Essa tendência foi consolidada na psique ao longo dos anos por meio do desenvolvimento de mitos, parábolas e provérbios que alertam sobre os perigos da curiosidade. A parábola da caixa de Pandora e a ideia de que "a curiosidade matou o gato" ilustram a forma pejorativa como a curiosidade tem sido vista na sociedade. Essa cultura tem suas raízes no elitismo institucional e na ocultação do conhecimento das massas, e seu legado é a mente condicionada a "cuidar de seus próprios negócios".

Fontes de Conhecimento

O conhecimento está de acordo com o modo do conhecedor.

ARISTÓTELES

O polímata verdadeiramente curioso está ciente do fato de que o "conhecimento" da maneira como os humanos o entendem pode vir de uma infinidade de *fontes fundamentais*, muitas das quais se sobrepõem. São fontes e faculdades primárias das quais extraímos *insights* e compreensão — não devem ser confundidas com fontes de *informações*.

Uma fonte importante que foi amplamente reconhecida e respeitada ao longo da história é o *testemunho humano*. Quer venha oralmente, na forma de contos folclóricos africanos, poesia árabe, diálogo social, televisão, palestras em universidades modernas e TED Talks, quer seja transmitida pela tradição escrita de tabuletas antigas, tratados impressos e telas de computador modernas, a transmissão de conhecimento daquele que o possui para outro que não o possui talvez seja um dos maiores processos de transferência, aquisição e acumulação de conhecimento que o homem já conheceu.

O conhecimento (ou informação) testemunhal é amplamente baseado na confiança, mas até certo ponto também na intuição e na racionalidade para compreendê-lo, discerni-lo e contextualizá-lo. Dessa forma, a *racionalidade humana* em si — com ou sem muito pouco conhecimento testemunhal — pode se tornar uma importante fonte de conhecimento. Essa forma de aquisição de conhecimento talvez seja mais bem demonstrada por filósofos, que usam seus poderes de raciocínio para colocar várias questões a respeito da existência, da natureza e da moralidade e, ao fazerem isso, libertam suas mentes para uma série de novas possibilidades e conclusões. Pensadores genuinamente originais, como Buda, Sócrates e Confúcio, foram excelentes exemplos de filósofos que confiaram menos no conhecimento testemunhal do que no conhecimento racional ou intuitivo.

Mas a racionalidade humana também é impulsionada por outra fonte de conhecimento, que vem da experiência perceptiva, adquirida diretamente pelos sentidos humanos (visão, audição, tato, olfato e paladar). Como disse Leonardo da Vinci, "todo nosso conhecimento tem origem em nossas percepções". Esse conhecimento "empírico", no entanto, é apenas momentâneo, a menos que seja continuamente armazenado na *memória* e fundido com outro conhecimento a fim de aumentar a compreensão geral. Dessa forma, nossas próprias memórias individuais — e os *insights* resultantes de sua fusão — podem servir como uma importante fonte de conhecimento por si só.

Embora o testemunho, a razão, a experiência e a memória sejam consideradas as principais fontes de conhecimento pela maioria dos epistemólogos ocidentais modernos, outras tradições têm suas próprias estruturas epistêmicas (por exemplo, a tradição iogue hindu sozinha tem 16 fontes de conhecimento altamente variadas). De maneira mais geral, fontes importantes reconhecidas em diferentes tradições em todo o mundo incluem *as esotéricas* (como a descrita por Steiner, em seu livro *O Conhecimento de Mundos Superiores)*; *as reveladoras* (sabedoria divina comunicada por meio das escrituras, como o Alcorão, a Bíblia, Zendavestá e os Vedas); *linguísticas* (cada idioma representa um certo modo de pensamento); *culturais* (diferentes valores, morais e práticas podem influenciar uma forma de saber); *artísticas* (a "linguagem" da música ou da pintura). Outras podem incluir *intuitivas* (sistema 1 do modelo de processo dual de Kahneman); genéticas (teoria da memória genética de Carl Jung); *sinestésicas* (experimentando o resultado de um sentido por meio de outro); *emocionais* (nossos sentimentos "irracionais" podem nos ensinar muito sobre nós mesmos e o mundo); *intoxicantes* (criatividade induzida por drogas, demonstrada por incontáveis gênios em todos os campos ao longo dos tempos); *naturais* (a epistemologia de plantas, animais e do cosmos); *tecnológicas* (a fusão prospectiva da inteligência humana e da máquina está configurada para mudar nosso modo de consciência além da biologia simples); *sexuais* (algumas tradições hindus acreditam no poder do sexo para instigar uma mudança epistemológica); e *interativas* (dialética).

Como diz o provérbio havaiano: "Nem todo conhecimento é aprendido em uma escola". Fontes diferentes têm valor para várias finalidades, mas é importante simplesmente compreender que elas são diversas e potencialmente de igual validade e potência, dependendo do contexto. O aspirante a polímata deve buscar extrair seu conhecimento de fontes múltiplas e, ao fazer isso, se encontrará automaticamente em meio a vários "campos" de conhecimento.

As Limitações da Mente

> *O que antes era chamado de mundo objetivo é uma espécie de mancha de tinta de Rorschach, em que cada cultura, cada sistema de ciência e religião, cada tipo de personalidade, lê um significado remotamente derivado da forma e cor da própria mancha.*
>
> – Lewis Mumford

A.J. Jacobs, editor da revista *Esquire*, é uma cobaia humana confessa. Com a missão de melhorar aspectos de sua vida, ele se submeteu a uma série de experimentos extremos de estilos de vida que incluem períodos em que terceirizou sua vida para uma equipe na Índia; viveu um ano estritamente de acordo com a Bíblia; perseguiu a perfeição corporal extrema; organizou um evento global de reunião familiar; e seguiu todas as 110 regras sociais dos Fundadores dos Estados

Unidos. Ele escreveu um livro sobre cada experiência. Um dia, sentindo-se intelectualmente inerte, decidiu tentar se tornar um "sabe-tudo", passando um ano lendo toda a *Enciclopédia Britânica*, de A a Z (cerca de 44 milhões de palavras!). Ao completar a tarefa, chegou a uma conclusão inesperada: "Eu" *me tornei muito menos conclusivo sobre tudo"*, disse ele. "Só tenho certeza de uma coisa: a certeza é algo perigoso. Todos precisamos conversar sobre probabilidades com muito mais frequência. Precisamos reconhecer os limites do nosso conhecimento".

A conclusão de Jacobs nos lembra de uma sabedoria milenar.

As mentes mais sábias da história sempre se esforçaram para enfatizar a importância de compreender os limites do que uma mente humana pode compreender em uma única vida. Ko Hung, sábio chinês do século III, declarou que "o que uma pessoa sabe é pouco em comparação com o que ela não sabe. Há uma grande variedade de coisas". O que disse Ali ibn Abi Talibe, primo do Profeta Maomé e quarto califa do Império Islâmico, foi quase idêntico: "o homem verdadeiramente culto é aquele que entende que o que sabe é pouco em comparação com o que ele não sabe".

E o que dizer da grande semelhança entre as conclusões do filósofo chinês Confúcio, que disse que "o verdadeiro conhecimento é saber a extensão da própria ignorância"; o filósofo alemão do século XV Nicolau de Cusa, que disse que "quanto melhor um homem conhecer sua própria ignorância, maior será seu aprendizado"; o filósofo indiano Swami Ramdas, que disse "quando você sabe que não sabe nada, então sabe tudo". Todos eles ecoam claramente a proclamação do taoísta Lao Tsu de que "o homem sábio é quem sabe que não sabe".

De fato, a marca essencial do polímata é reconhecer de modo genuíno esse fato humilhante. O professor David E. Cooper, autor de *As Filosofias do Mundo*, no qual ele pesquisou muitas das (senão todas) tradições filosóficas do mundo ao longo da história, fala da importante realização que surge com a análise de múltiplas perspectivas filosóficas.

> A vantagem em explorar muitas perspectivas ao longo da história é a lição de humildade que esse processo ensina. Ignorá-las faz com que as pessoas achem que foram as primeiras a pensar em algo, quando na verdade isso foi antecipado séculos antes.

A limitação de nossas mentes em compreender a realidade não é apenas uma alegação dos filósofos orientais e pré-modernos. A neurociência moderna revela que a mente humana só é capaz de apreender a realidade de acordo com nossas percepções sensoriais, que, na verdade, só têm acesso a um décimo de trilionésimo do espectro eletromagnético (vemos apenas raios de luz, e precisamos de máquinas para capturar outros raios como gama, raio-X, rádio, *wi-fi* e assim por diante). Como o neurocientista *best-seller* David Eagleman confirma: "Nossa experiência da realidade é limitada por nossa biologia, e nossos cérebros estão experimentando apenas um pouco do mundo." Outros animais podem ver partes da realidade que nós não podemos (as cobras veem o infravermelho e as abelhas veem o ultravioleta, por exemplo). A mente humana tem seu próprio *umwelt* (a palavra alemã para "entorno" que os cientistas usam nesse contexto), que é ao mesmo tempo extraordinariamente perspicaz e irremediavelmente limitado.

Embora, para alguns, esse fato torne a busca por conhecimento um exercício inútil e fútil, para o polímata, que tem a mente aberta, serve como prova da existência de múltiplos mundos, cada um deles a ser compreendido e integrado. Ele entende como o pensamento humano e o caminho para o conhecimento são muitas vezes tão unidimensionais e envoltos nas múltiplas tendências cognitivas e culturais que influenciam (ou limitam) nosso pensamento. Isso desperta uma curiosidade poderosa e infinita, tornando o polímata um verdadeiro buscador.

Multiperspectivismo

Desse modo, os polímatas procuram tornar-se *mais* objetivos — ou seja, expandir seu *umwelt*. Eles se envolvem em um método de investigação intelectual que consiste em descobrir, perseguir, experimentar e conhecer múltiplas perspectivas e, em seguida, sintetizá-las (unindo e contextualizando) de uma forma que permita uma imagem mais completa e justa do mundo. O filósofo da ciência E.O. Wilson sugere que esta é a melhor metodologia para descobrir a realidade:

Apenas a fluência através das fronteiras [disciplinares] fornecerá uma visão clara do mundo como ele realmente é, não como visto através das lentes de ideologias e dogmas religiosos ou comandado por uma resposta míope à necessidade imediata... Uma perspectiva equilibrada não pode ser adquirida estudando disciplinas em partes, mas por meio da busca por consiliência entre elas.

Quanto mais áreas de conhecimento e experiência podemos acumular e adicionar ao nosso repertório, mais perspectivas podemos desvendar e sintetizar para formar (ou pelo menos *informar*) nossa própria perspectiva mais completa e rica do mundo. É essa unidade epistemológica que permite que a posição de alguém seja elevada a um *status* superior de objetividade. Isso não apenas aumenta a propensão para empatia e compreensão genuínas (muito necessárias na sociedade global pluralista e interconectada de hoje), mas também para um tipo de liberdade social e intelectual. É um método de adquirir uma compreensão mais holística da condição humana, ou em resumo, obter uma educação *real*.

Isso parece óbvio, mas, é surpreendente que poucos o pratiquem — exceto aqueles com mentes genuinamente de polímatas. É nesse ponto em que até (ouso dizer, especialmente) os maiores intelectuais ficam aquém. Ainda assim, foi compreendido na Índia Antiga, onde os filósofos Jainistas desenvolveram um modo de pensamento conhecido como *Anekantaveda,* que ensinou a existência, a apreciação e a legitimidade potencial de diferentes perspectivas. A famosa analogia do "elefante e os cegos" costuma ser usada para demonstrar isso, mas podemos usar outra que pode ressoar em nossos tempos: a "cidade" e seus "habitantes".

Considere uma cidade dinâmica e multidimensional como a Londres do século XXI. Seus habitantes variam em termos de formação social, étnica, profissional, geográfica e educacional. Dependendo desses fatores, cada morador tem sua própria experiência da cidade. A própria Londres tem uma realidade definida, mas a percepção das pessoas a esse respeito varia dependendo de *suas* experiências únicas. Uma experiência mais diversificada da cidade, portanto, aproximaria o habitante de sua realidade, ao passo que uma experiência unidimensional não pode sustentar qualquer objetividade.

Como o conhecimento é infinitamente vasto, qualquer mente um pouco inteligente e experiente é capaz de construir um argumento convincente em favor de sua hipótese. Por mais "conhecedor" que seja, pode-se escolher, com habilidade, alguns "fatos" ou opiniões — sempre uma gota no imenso oceano que é o conhecimento humano — e, auxiliado pela racionalidade necessariamente parcial e limitada do cérebro humano (a própria racionalidade é baseada em um salto de intuição *pessoal*), apresentá-los de uma forma até bastante convincente.

Mas a vida é cheia de nuances — a maioria das opiniões e decisões seria quase impossível de alcançar se todos os fatores fossem verdadeiramente considerados. E como a vida é tão curta, o homem se sente compelido (pelo ego e pelo instinto de sobrevivência) a simplificar, estereotipar, categorizar, assumir e julgar as pessoas, as situações e os conhecimentos em geral. Temos limites de tempo estritos para tomar nossas decisões e formular nossas opiniões. É uma situação difícil. É por isso que Leonardo da Vinci disse que "o maior engano de que os homens sofrem são suas próprias opiniões". Muitos, senão a maioria dos polímatas, portanto, tomaram o que o filósofo David E. Cooper destaca como a atitude "sincrética": a crença de que "o caminho para a verdade é reunir muitas, muitas perspectivas, das quais surgirá um núcleo comum, que é onde se encontra a "verdade".

Nesse sentido, é importante estar bem coerente o máximo de tempo possível, antes do inevitável assentamento em zonas de conforto. Assim como acontece com as opiniões, é importante manter a mente aberta pelo maior tempo possível antes de fazer um julgamento firme sobre um assunto. Assim como suas decisões são mais bem embasadas (e, portanto, mais próximas da verdade) se tomadas com uma mente aberta e com conhecimento, além de consideração e uso eficaz de vários fatores, sua existência definitiva terá mais conteúdo, e suas opiniões serão mais perspicazes, se as suas experiências de vida (e, portanto, conhecimento) tiverem sido suficientemente diversificadas. Dessa forma, a busca por polimatia é possivelmente o método mais eficaz de reduzir nossos preconceitos cognitivos.

É por isso que um debate entre dois polímatas humildes provavelmente será mais frutífero do que entre dois especialistas movidos pelo ego. Por exemplo, os grandes debates da atualidade sobre ciência x religião, capitalismo x socialismo, liberalismo x conservadorismo e assim por diante fazem pouco progresso em direção a um entendimento mútuo porque cada participante confia em sua especialidade no próprio campo para acusar o oponente da falta de compreensão a esse respeito. É por isso que Marilyn vos Savant, considerada uma das mentes mais inteligentes do mundo, sugere: "*sem a polimatia, estamos condenados a aceitar as persuasões, os julgamentos e as crenças de outros sem meios adequados de avaliação*". Os debatedores estão, portanto, engajados em duas "ondas" completamente diferentes, pois têm interesse em sustentar sua posição em vez de desafiá-la (de fato, a convivência mais fácil no paradigma atual é defender, em vez de explorar perspectivas). Isso os obriga a pensar de forma diferente.

É por isso que o método de pensamento paralelo de Edward de Bono (popularizado por meio de seu livro *best-seller Os Seis Chapéus do Pensamento*) — o qual incentiva um grupo de pessoas a habitar coletivamente várias perspectivas — tem sido tão eficaz em questões de resolução criativa de problemas e resolução de disputas. Como o método dialético de Sócrates, ele extrai egos do processo de investigação coletiva.

Mente Aberta

Aprender expande grandes almas.
— PROVÉRBIO NAMIBIANO

Uma mente verdadeiramente curiosa está sempre aberta. A maioria das pessoas forma uma opinião específica ou toma certas decisões no início da vida, segundo as quais, por alguma razão (mais frequentemente emocional do que racional), desenvolvem uma forte convicção. Esse "ato" pode ter levado ao sucesso ou a certa posição ou reputação, e fazer uma meia-volta ou até mesmo uma virada de 90° pode muitas vezes significar suicídio profissional ou, na pior das hipóteses, um golpe no ego. Essa tendência explica, pelo menos parcialmente, por que a especialização profissional e intelectual continua sendo a norma.

Esse tipo de mente fechada, ou relutância em considerar novas ideias, origina a antipatia natural do cérebro por ambiguidade, que muitas vezes procura eliminar cegamente em vez de explorar. A ambiguidade pode, para alguns, despertar a curiosidade, mas outros que preferem a certeza imediata bloqueiam completamente o processo investigativo. A maioria das pessoas exige urgentemente uma resposta a fim de encerrar o processamento e o julgamento de informações adicionais, mesmo que essa resposta não seja a correta ou a melhor. Para os cientistas cognitivos, esse processo é conhecido como *Need for Cognitive Closure* (NFCC, necessidade por conclusão cognitiva).

Além disso, o cérebro evoluiu para garantir a compartimentação psicológica por meio de um procedimento cognitivo automático conhecido como organização esquemática. É uma maneira eficiente de passar rapidamente da análise para a ação, agrupando conceitos a fim de encontrar uma estrutura no ambiente ao seu redor. Embora esses esquemas tenham sido importantes em um ponto para a sobrevivência básica, eles inibem a capacidade de pensar ampla e criativamente no mundo moderno. Não questionamos suposições tão prontamente; tiramos conclusões precipitadas e criamos barreiras para formas alternativas de pensar sobre uma situação particular.

Desmond Morris, o observador do comportamento humano e animal, observou que os seres humanos podem ser separados em personalidades *neofílicas* e *neofóbicas*. As primeiras amam o novo e as segundas o temem. São os pensadores neofílicos de mente mais aberta que se transformam em polímatas, porque são eles que se sentem compelidos a explorar completamente uma questão inexplorada antes de fazer um julgamento precipitado e desinformado sobre ela. Os psicólogos que analisam a personalidade do polímata veem uma pontuação elevada na questão sobre "abertura" do Modelo dos Cinco Grandes Fatores.

A mente aberta é muitas vezes desvalorizada como indecisão. As pessoas costumam presumir que ela implica relutância ou isenção em tirar conclusões enfáticas. Mas, para a mente verdadeiramente curiosa, é apenas uma *disposição*, um método sistemático de investigação, uma abordagem intelectual da vida, em vez de um estado de confusão e inconclusão inevitáveis. Na verdade, a mente aberta muitas vezes pode permitir *mais* clareza se alguém estiver disposto a buscar pacientemente a verdade. Essa abordagem foi muito bem articulada pelo polímata persa do século XI Al Ghazali, quando ele traçou sua odisseia intelectual (e espiritual):

> Eu sabia, com certeza, que ninguém pode reconhecer o que é incorreto em qualquer uma das ciências a menos que tenha um domínio das maiores extensões nessa ciência, que seja igual aos mais eruditos versados em seus princípios; então ele deve até superá-lo e atingir uma eminência ainda maior, de modo que se torne ciente das complexidades que permaneceram além do alcance do reconhecido mestre da ciência. Então, e somente então, será possível que a inconsistência que ele alega seja realmente vista como tal.

Em uma linha semelhante, os fundamentos dos Diálogos Socráticos eram de que nem ele nem seu interlocutor presumiam que sabiam de alguma coisa — era necessariamente uma dialética intelectual de mente aberta e "livre de egos" que transcendia todos os assuntos de discussão e, ao fazê-lo, alcançava níveis de compreensão que as outras não conseguiam. "A única verdadeira sabedoria é saber que você não sabe nada", ele insistia.

Mas não é fácil manter a mente aberta. Como o ensaísta e polímata da Renascença francesa, Michel de Montaigne disse: "Na verdade, é muito mais fácil falar como Aristóteles e viver como César do que falar como Sócrates e viver como Sócrates". É muito mais fácil, isto é, ficar contente com a satisfação presunçosa de que se está de posse da verdade do que perseverar incessantemente na busca por ela, reconhecendo que se é e continuará indefinidamente um buscador.

Conhecimento para a Vida

> *Um ser humano deve ser capaz de trocar uma fralda, planejar uma invasão, abater um porco, projetar uma construção, comandar um navio, escrever um soneto, equilibrar as contas, construir uma parede, consertar um osso, confortar os moribundos, receber ordens, dar ordens, cooperar, agir sozinho, resolver uma equação, analisar um novo problema, cultivar adubo, programar um computador, preparar uma refeição saborosa, lutar com eficiência, morrer galantemente. A especialização é para insetos.*
>
> – Robert A. Heinlein

Diferentes sociedades, dependendo do que sentiam ser essencialmente o objetivo da vida, tiveram uma concepção diferente do que é o conhecimento "útil". Os confucionistas viam a aquisição de conhecimento como um meio de melhorar o caráter moral; hindus e muçulmanos tradicionalmente viam como um meio de conhecer o Divino; caçadores-coletores pré-históricos o viam como um meio de sobreviver em um clima hostil e adverso. Para o ser humano moderno, o conhecimento pode ser dividido em *estratégico* e *operacional.* O primeiro é o conhecimento necessário para avançar melhor em direção ao objetivo final, seja ele qual for. É compreender o quadro geral e contextualizar nossas vidas — nosso lugar no cosmos, o efeito das decisões e políticas de nível macro em nossas vidas, nossa existência espiritual e moral, nossos objetivos de carreira, planejamento familiar e assim por diante. Para polímatas, serão muitos deles juntos.

Já o conhecimento operacional refere-se àquele necessário para viver uma vida bem considerada no nível prático do dia a dia. É um conhecimento *funcional*, algo geralmente possuído ou buscado pelo "generalista prático", que identifica todos os fatores fundamentais que afetarão sua vida, por mais abrangentes que sejam, e se educa de acordo, para ser capaz de lidar com eles. É o tipo destacado em guias práticos de como fazer tarefas, por exemplo, *The Knowledge: How to Rebuild our World from Scratch* e *The New York Times Practical Guide to Practically Everything.*

O que é necessário para a aquisição eficaz de conhecimento estratégico e operacional é um estado de alerta consciente; despertar do transe de passividade, complacência e apatia para um estado de perspicácia cognitiva completa. É o uso da capacidade ideal do cérebro, ou seja, a sincronicidade efetiva dos hemisférios direito e esquerdo do cérebro, bem como dos sistemas consciente e inconsciente.

Para começar, o conhecimento não deve ser visto como meras trivialidades de lazer. O conhecimento geral *correto* — aquele que tem um valor prático (utilidade) para o indivíduo e é *pessoal* para ele — é indispensável para a melhoria da vida cotidiana e, de fato, muitas vezes uma necessidade para sobrevivência em um mundo cada vez mais complexo. É claro que há muitas coisas fora de nosso controle, não importa o quanto exercitemos uma mente questionadora e busquemos um estilo de vida autossuficiente. Nunca chegaremos realmente à verdade sobre tudo o que cerca nossas vidas, nem seremos capazes de produzir ou fabricar todas as ferramentas de que precisaremos ao longo da jornada, como Ibn Khaldun nos lembrou em sua obra-prima do século XIV, *Muqqudimah*.

O impacto da natureza, por exemplo, é algo quase completamente fora de nosso controle. Certo grau de interdependência é sempre inevitável e, em certos contextos, desejável. No entanto, cada um de nós, no mínimo, pode aprimorar o conhecimento dos aspectos fundamentais de nossas vidas; a forma como as organizações, a natureza, as máquinas, as economias, os edifícios e as pessoas em geral trabalham e nos afetam, por exemplo, são informações importantes. Melhor ainda, devemos entender como eles se encaixam e afetam nossas próprias vidas, de forma direta ou indireta. Isso significa que nosso conhecimento de campos tão diversos como economia, política, ciência, filosofia, psicologia, religião, história e matemática deve estar sempre aumentando. Quanto mais conhecimento tivermos e mais formos capazes de reunir e aplicá-lo para atender às necessidades pessoais, mais bem embasadas serão nossas escolhas e decisões (sejam feitas de forma racional ou instintiva).

Mas como Stephen Wolfram, polímata e fundador do programa Mathematica, diz, "você precisa de um motivo para aprender sobre algo". Muitas vezes, o motivo é simplesmente a *vida,* ou mesmo a *existência*. Fatos simples como a diferença de substância entre dois analgésicos ou as origens do *curry*, a política governamental de habitação ou a filosofia sexual da África Oriental podem, por exemplo, melhorar o humor, a renda, a saúde, os relacionamentos e o desempenho geral. A complacência e a ignorância, por outro lado, reduzem nossa qualidade de vida e impedem nossa capacidade de manter o controle. A ignorância é uma felicidade mítica.

Michel de Montagne disse, "a única aprendizagem que procuro é aquela que me diga como me conhecer e me ensine a morrer bem e a viver bem". E essa mentalidade é o que o tornou um polímata. As partes do mundo que podem afetar e de fato afetam nossas vidas são evidentemente múltiplas e multifacetadas. Portanto, assim deve ser o conhecimento. Dirigir um carro, preparar uma refeição, operar um computador, amar nossos entes queridos — todos esses esforços do dia a dia são muito diferentes, e exigem diferentes tipos de conhecimento, habilidades cognitivas e domínios de inteligência — todos se unem para formar um dia em nossas vidas. No entanto, não temos hesitação em aprendê-los, porque aceitamos que facilitam nossa sobrevivência e nos permitem viver uma época melhor. Por que, então, a mudança entre "campos" acadêmicos e profissionais é considerada controversa ou problemática?

Esse pequeno portfólio de conhecimentos essenciais e habilidades cognitivas deve ser expandido para incluir outros aspectos do mundo que, em geral, afetam (ou em algum ponto provavelmente afetarão) nossas vidas. Devemos aprender, por exemplo, as habilidades (pelo menos as básicas) do advogado, do contador, do médico, do faz-tudo, do engenheiro de computação, do artista, do soldado, porque os desafios legais, financeiros, médicos, domésticos, técnicos e de sobrevivência são típicos na vida moderna. Do contrário, ficamos acomodados e contamos com o luxo de ter "especialistas", vivendo desnecessariamente à nossa mercê até mesmo para os problemas mais básicos. Isso pode ser caro, tanto no sentido financeiro quanto em outros aspectos. As pessoas podem agora estar acordando para isso: a popularidade crescente de blogs como *Lifehacker*, que visa compartilhar conhecimento do dia a dia em uma ampla gama de assuntos práticos, demonstra um desejo das pessoas em aprimorar seus conhecimentos para vida.

Inteligência

> *Uma pessoa talentosa nunca é talentosa apenas em um campo.*
>
> HAMLET ISAKHANLI.

William Sidis foi uma das crianças prodígios mais conhecidas dos Estados Unidos. Diz-se que ele teve o QI mais alto já registrado — ele conseguia ler o *New York Times* aos 18 meses, e já havia aprendido oito línguas (latim, grego, francês, russo, alemão, hebraico, turco e armênio) quando tinha 8 anos. Por causa de sua inteligência excepcional quando criança, seu pai solicitou sua admissão à Universidade de Harvard. Embora inicialmente rejeitado devido à idade, ele foi aceito dois anos depois, aos 11 anos. Ele se formou *summa cum laude (com a maior das honras)* aos 16 anos, até deu aulas de matemática avançada, e depois foi para a Harvard Law School. Posteriormente, escreveu sobre assuntos diversos como cosmologia (sugerindo teorias alternativas para a termodinâmica em outras regiões do espaço), história e antropologia dos índios americanos (100.000 anos de história das Américas em seu *The Tribes and the States*), filologia (ele criou uma linguagem chamada "Vandergood") e sistemas de transporte (escreveu um tratado sobre transferências de bonde). Ele se tornou uma celebridade famosa, mas constantemente buscava reclusão e privacidade. Morreu aos 52 anos, mas tinha o potencial e a intenção de seguir muitos outros campos.

Inteligência excepcional é a marca registrada de um gênio; e, como demonstra o caso de Sidis, o verdadeiro gênio não tem limites. O psicólogo Geoffrey White, da Otago University, descobriu que "o gênio típico supera o graduado universitário comum na gama de interesses e... no alcance da habilidade". A sociedade tentou classificar Sidis; primeiro como matemático, depois como advogado, depois como linguista, depois como historiador — e toda vez ele tentava se libertar e perseguir outro campo. Como resultado, foi rotulado como excêntrico. Na verdade, Sidis era um polímata socialmente oprimido. Sua história mostra que mesmo a inteligência tradicional do tipo QI — o tipo que normalmente, mas às vezes erroneamente, associamos aos gênios — tem uma correlação com a tendência a ser polímata.

Isso é confirmado pelo psicólogo americano Keith Simonton, o qual insiste que uma inteligência excepcionalmente alta está bastante associada à polimatia: "O QI está associado não apenas ao aumento da fama, mas também a vantagens como versatilidade superior. Quanto maior o QI, mais domínios nos quais um indivíduo pode ter sucesso". A razão, diz ele, é que "com mais recursos intelectuais, a pessoa pode se envolver em mais empreendimentos sem arriscar a dispersão do diletante". Ou seja, uma pessoa de capacidade intelectual superior consegue distribuir seus recursos intelectuais para mais domínios de forma mais generosa do que alguém com menos inteligência, que é, portanto, menos provável de trazer qualquer contribuição significativa para vários campos devido a uma alocação limitada de inteligência para cada busca. Marilyn vos Savant, que já foi considerada a pessoa com QI mais alto do mundo, concorda: "Eu acho que uma inteligência geral está bastante relacionada à versatilidade".

Robert Plomin, professor de genética comportamental do King's College London, explica por que isso pode ser verdade: "Se você for mais inteligente, então pensa de forma mais estratégica, independentemente da função", diz ele. "A ideia é, se você é muito inteligente, então joga melhor suas cartas". De acordo com o livro *Buzan's Book of Genius*, no qual o "guru gênio" avalia os atributos do que ele considera serem os 100 maiores gênios de todos os tempos, a ligação entre polimatia e genialidade é surpreendente. Os vinte maiores gênios todos têm pontuações acima de 90% em polimatia; além disso, a maioria das pessoas com polimatia acima de 90% também tem QI acima de 90%. Não está claro como ele fez esse cálculo, mas a conclusão geral é que há uma forte correlação.

Mas, assim como a curiosidade, a inteligência pode facilitar ou dificultar a polimatia, dependendo se ela conduz o intelecto vertical ou horizontalmente. Uma inteligência superior pode, por exemplo, aprisionar alguém em um campo específico se a inteligência for usada para deduzir e desconstruir, em vez de explorar e conectar. Na sociedade atual, essa é a direção mais incentivada. A inteligência é eficaz tanto em buscar a verdade quanto em defender a falsidade. É eficaz tanto em ampliar a mente quanto em fortalecer uma mente fechada. Embora a tendência natural seja para que a inteligência seja usada em vários domínios — sabemos disso porque crianças prodígios como Sidis sempre demonstram brilho em vários campos, se tiverem permissão para tal —, isso não é incentivado nos sistemas educacionais e profissionais atuais.

Inteligências Múltiplas e Inteligência Geral

> *A inteligência humana é multifacetada e multidimensional – ela vem em muitas formas.*
> – Ken Robinson

Anna Maria van Schurman era excepcionalmente inteligente. Uma mulher intrusa no mundo dos homens, ela era conhecida na Holanda do século XVIII por seu trabalho monumental *Whether a Christian Woman Should Be Educated and Other Writings from her Intellectual Circle*, que a tornou uma das intelectuais feministas mais importantes de seu tempo.

Ela se formou em Direito pela Universidade de Utrecht (era a única aluna da universidade e assistia a palestras atrás de um véu). Como teóloga, produziu muitos trabalhos, incluindo *De Vitae Humanae Termino,* sobre os respectivos papéis de Deus e do médico no fim da vida humana, e tornou-se membro proeminente e escritora do recém-emergente movimento protestante Labadie.

Schurman também foi uma artista excepcionalmente multitalentosa — gravadora, vidreira, escultora (cera, madeira e marfim), pintora de retratos e calígrafa, com muitas de suas obras ainda existentes. Ela também tinha um dom para línguas e era conhecida por ser proficiente em 14 idiomas, incluindo latim, grego, hebraico, árabe, siríaco, aramaico e etíope. Além disso, escreveu poesia em várias línguas, e sua compilação *Opuscula Hebraea, Graeca, Latina, Gallica, Prosaica et Metrica* ("Pequenas obras em hebraico, grego, latim e francês, prosa e poesia") foi amplamente lida por estudiosos da época.

Schurman era claramente uma mulher de múltiplos talentos. Mas isso derivava de uma inteligência geral extraordinariamente alta ou ela apenas tinha certas inteligências relacionadas às áreas em que se destacava? Há décadas, psicólogos debatem sobre se a inteligência é comum a todos os campos (ou tarefas cognitivas) ou se existem vários tipos de inteligência, cada um representando habilidades cognitivas distintas.

A Teoria da Inteligência Geral surgiu pela primeira vez no início do século XX, desenvolvida pelo psicólogo inglês Charles Spearman, que observou, em sua pesquisa, que as avaliações de desempenho das crianças em matérias escolares a princípio não relacionadas estavam positivamente correlacionadas. Ele concluiu que essas correlações refletiam a influência de uma capacidade cognitiva geral subjacente a qual influenciava o desempenho em todos os tipos de testes mentais. Concluiu que todo desempenho cognitivo poderia ser conceituado em termos de um único fator de habilidade geral (central — que ele rotulou de *g*) e um grande número de fatores de habilidade específicos para tarefas específicas.

Essa teoria depois foi desenvolvida em um modelo que representa as habilidades cognitivas como uma hierarquia de três níveis, em que há um grande número de fatores estreitos na parte inferior da hierarquia, alguns fatores amplos e mais gerais no nível intermediário e no ápice um único fator, o fator *g*, que representa a variância comum a todas as tarefas cognitivas. Se essa teoria estiver certa, ela sugere que os polímatas são indivíduos com uma inteligência *geral* excepcional, a qual, por sua vez, lhes permite ser versáteis e se destacar em vários (teoricamente todos) domínios, mesmo que exijam diferentes habilidades cognitivas. Além disso, a própria diversidade pode aumentar a inteligência geral de uma pessoa. De acordo com um estudo recente da Universidade de Toronto, por exemplo, os resultados dos testes de QI de crianças de seis anos melhoraram significativamente depois de receber aulas de bateria.

A Teoria das Inteligências Múltiplas (MI), lançada por Howard Gardner na década de 1980, desafiou as narrativas anteriores sobre inteligência. Gardner defendeu que, em vez de haver uma inteligência geral abrangente, existem, na verdade, vários tipos de inteligência, e todas fazem parte de um único indivíduo, mas em graus variados. Ele reconheceu que a inteligência pode vir de várias formas, não apenas na forma tradicional de QI, e argumentou que as várias habilidades de uma pessoa devem ser reconhecidas e enaltecidas.

Suas múltiplas inteligências incluem musical-rítmica, visual-espacial, verbal-linguística, lógico-matemática e corporal-sinestésica. Então, por exemplo, se alguém tem inteligência visual, musical, matemática e sinestésica elevada, tem uma forte probabilidade de conseguir se destacar em música, arte, matemática e esportes — seja simultânea, seja sequencialmente. "[A Polimatia] é perfeitamente consistente com a teoria das IM", Gardner insiste. "Algumas pessoas serão talentosas em vários campos, outras não têm tanta sorte".

Quer existam ou não inteligências múltiplas, a questão é que a inteligência deve ser usada em suas várias formas ou aplicada a várias disciplinas. Seja qual for o caso, como diz Ken Robinson, "a inteligência é muito mais rica, mais diversa, mais matizada e intrigante do que muitas de nossas concepções culturais nos levam a acreditar".

Pensamento Crítico e Bom Senso

Muhammad al-Husaini Al Shirazi, um grande Aiatolá da tradição islâmica xiita no Irã, tornou-se um dos autores mais prolíficos do século XX (publicou mais de 1200 obras) e trouxe importantes contribuições para o direito, economia, teologia, sociologia, história, filosofia e política. Pode-se imaginar tal façanha na era da informação, mas Shirazi operou em uma época pouco antes de a internet ser inventada. Como ele conseguiu ter algo sério a dizer sobre uma variedade tão grande de temas sem ter o conhecimento do mundo na ponta dos dedos?

A capacidade extraordinária de Al Shirazi de pensar criticamente superou a necessidade de ter um conhecimento profundo sobre cada assunto. O pensamento crítico é o uso sistemático da inteligência e da razão para questionar suposições e descobrir a verdade. É colocar fatos preexistentes à prova de lógica e evidências. Assim como a curiosidade e a criatividade, é um traço universalmente aplicável em todas as disciplinas. Immanuel Kant argumentava que a "razão" funcionava como um valor máximo que transcendia as divisões disciplinares e deveria ser "livre para avaliar tudo".

Dois milênios antes de Kant, Aristóteles aludia ao pensamento crítico como a característica mais potente do polímata. Ele enfatizava a diferença entre dois tipos de proficiência em um determinado campo de estudo; um deles seria o "conhecimento científico do assunto" e o outro seria "uma familiaridade educacional com ele". Enquanto o primeiro tipo é óbvio — e para o qual são necessárias a curiosidade e a aquisição de conhecimento —, o outro tipo de proficiência se refere à capacidade de "formar um julgamento justo e improvisado quanto à bondade ou maldade do método usado" ou uma espécie de *bom senso* que pode ser aplicável em todos os campos.

Esse bom senso é a essência do pensamento crítico. Mas se não for usado da maneira que Aristóteles imaginou, a abordagem do pensamento crítico também pode levar a métodos reducionistas e causar especialização perpétua. Portanto, ele concluiu que há a necessidade de um "homem de educação universal" — o tipo que é "crítico em todos ou quase todos os ramos do conhecimento". Ele se refere ao generalista que se baseia em um pensamento crítico universalmente aplicável mais do que um conhecimento profundo a fim de contribuir para a compreensão de múltiplos campos do conhecimento. É claro que o próprio Aristóteles incorporou essa ideia.

Quaisquer que sejam os métodos, uma mente verdadeiramente crítica — como a do "homem da educação universal" de Aristóteles — pode ser aplicada a quase todos os campos. Ziauddin Sardar, um campeão do pensamento crítico e ele próprio um escritor de diversos assuntos, diz que tal método pode permitir que qualquer indivíduo inteligente penetre nos chamados campos "especializados":

Uma vez excluído o jargão, criado para mistificar os intrusos, encontra-se uma metodologia e um processo de pensamento que pode ser dominado por qualquer um que esteja determinado a entendê-lo. Nesse aspecto, o verdadeiro intelectual é um polímata: sua ferramenta básica é a mente perspicaz e uma metodologia transdisciplinar que pode revelar qualquer disciplina, qualquer assunto, qualquer segmento do conhecimento humano.

Os polímatas não aceitam como certo o que os chamados "especialistas" dizem. Embora possam não ter conhecimento especializado em determinado campo, são capazes de fazer o melhor uso da experiência e do conhecimento limitados que possuem na área e empregar suas faculdades de inteligência e pensamento crítico para otimizar a compreensão a esse respeito. Além disso, reconhecem que a pesquisa em múltiplas perspectivas (ou campos) é o caminho mais lógico e inteligente para a objetividade empírica.

Inteligência Social e Emocional

> *"Não esconda seus talentos, eles foram feitos para serem utilizados. O que é um relógio de sol na sombra."*
>
> BENJAMIN FRANKLIN

A Inteligência Artificial (IA) em breve passará no Teste de Turing, após o qual poderá ser capaz de enganar os humanos ao estabelecer o "bom senso". Mas existem aspectos da inteligência humana que (pelo menos até agora) parecem inimitáveis.

A Inteligência Social é a capacidade de percorrer e negociar com eficácia entre relações sociais e ambientes complexos. Inteligência emocional é a capacidade de estar atento, controlar e expressar as próprias emoções e de lidar com as relações interpessoais de maneira sensata e empática. São "elementos essenciais únicos" não programáveis, se preferir, que dão à espécie humana uma séria vantagem competitiva em relação aos computadores. Como Frey e Osborne, pesquisadores de Oxford, especificaram em seu artigo *O Futuro do Emprego*, "a inteligência social e emocional não pode ser automatizada, mas as habilidades motoras podem ser mais facilmente". O mais importante para os polímatas é que essas inteligências podem (ou pelo menos deveriam) ser aplicadas em vários domínios.

Versatilidade

> *O que torna alguém versátil é a recusa em restringir os próprios interesses.*
>
> – RAYMOND TALLIS

Juli Crockett, a "bebê de um milhão de dólares" americana, foi lutadora de boxe profissional invicta, dramaturga e diretora de teatro, ministra ordenada da igreja, cantora/compositora de uma banda de sucesso, doutoranda em filosofia e executiva de negócios em uma corporação internacional. O escocês paquistanês Azeem Ibrahim foi soldado do exército britânico, empresário financeiro elencado na lista dos ricos escoceses, acadêmico de Harvard em ciências políticas, conselheiro educacional do governo do Paquistão, fundador de um *think-tank* teológico e patrono de várias iniciativas humanitárias. Crockett e Ibrahim conseguiram se destacar rapidamente em áreas tão distintas porque, mais do que qualquer outro talento, eles possuem uma característica central em um nível excepcional: *versatilidade.*

Curiosidade e inteligência são características importantes para o polímata, mas cada uma delas pode ser direcionada horizontalmente (ampla investigação) ou verticalmente (em direção à especialização). A atual sociedade hiperespecializada claramente incentiva o último tipo, portanto, para o aspirante a polímata, o que deve ser adicionado a essas ferramentas de autodesenvolvimento é a versatilidade.

Versatilidade é a característica fundamental ou "competência central" da mente polimática — é o que distingue o polímata de outros tipos de gênios. Versatilidade nem sempre é sinônimo de polimatia, mas — ao contrário de outros atributos polimáticos, como criatividade, inteligência geral e pensamento crítico — é um pré-requisito essencial e um componente necessário. Do latim *versātilis,* é traduzido literalmente como "girar facilmente", mas definido em português como "capacidade de fazer muitas coisas com competência" ou "ter vários usos ou muitas funções". Simplificando, é a capacidade de se mover perfeitamente entre vários domínios aparentemente não relacionados.

Hoje em dia, a versatilidade é a habilidade mais falada no reino da música, do cinema e do esporte, mas é evidentemente demonstrada em todas as esferas da vida humana. É uma característica inata em seres humanos e, na verdade, pode ser rastreada até nossos ancestrais comuns (amplamente considerados). Ao inventar métodos de limpeza de batata-doce e também de seleção de grãos, Imo, o macaco-prego da década de 1950, demonstrou aos primatologistas que os macacos têm habilidades cognitivas múltiplas e distintas entre as quais são capazes de alternar de forma eficaz.

Mudando de Vida

> *O homem é uma criatura viva de natureza variada, multiforme e em constante mudança.*
>
> – Ditado mesopotâmico (de *Oração sobre a Dignidade do Homem*)

Cheng Man-ch'ing teve uma enorme importância ao apresentar a cultura chinesa ao Ocidente, no século XX. Era conhecido como o "Mestre das Cinco Artes" por suas realizações em artes marciais, medicina, pintura, poesia e caligrafia. Ele tornou-se um médico reconhecido já no início da carreira, atendendo de forma independente no início, e depois tornando-se o médico pessoal do estadista chinês Chiang Kai-shek enquanto estava em Taiwan. Era bem versado na medicina tradicional chinesa à base de ervas, bem como na farmacologia ocidental.

Ao longo de sua carreira, o "Professor Cheng", como ficou conhecido, também se destacou em várias formas de arte, em especial nas "Três Perfeições" (pintura, poesia e caligrafia), seguindo a antiga tradição chinesa de *san chueh*. Seus primeiros poemas foram publicados aos 18 anos, e aos 19, ele tornou-se professor de poesia na Universidade Yu-Wen. Inicialmente, começou a pintar como uma fonte de renda e depois de muito estudo com os grandes mestres de seu tempo, foi nomeado chefe da Escola de Belas Artes de Xangai, onde ensinou pintura e caligrafia (mais tarde, entre seus alunos estava a esposa do premier chinês Chiang Kai-shek). Seu trabalho foi exibido em Paris e Nova York, bem como em toda a China, e ele tornou-se um dos fundadores do College for Chinese Arts and Culture.

Talvez ele seja mais conhecido no Ocidente por popularizar o *tai chi* — a tradicional arte marcial chinesa conhecida pelos benefícios físicos, psicológicos e espirituais. Estudou, praticou, ensinou e escreveu sobre o *tai chi*, e foi o pioneiro na popular forma de estilo *Yang*. Ele também era místico e filósofo, cujos comentários sobre textos clássicos chineses, como o *Tao Te Ching, I Ching* e os *Analectos* de Confúcio foram compilados em um tratado filosófico*: Essays on Man and Culture*.

Por fazer muitas das atividades citadas ao mesmo tempo, Cheng era claramente um mestre na arte da versatilidade. Essa habilidade, que hoje se tornou uma competência em voga, procurada por muitos empregadores em todo o mundo, necessita de certa mentalidade. Seja consciente ou naturalmente, um indivíduo deve ter uma abertura para — e às vezes um anseio por — mudanças contínuas. Mas talvez mais importante seja a aceitação da *inevitabilidade* da mudança em geral, não muito diferente da maneira como o budista reconhece a perspectiva de *anatta* (impermanência), que vê o mundo e seus objetos como parte de um sistema dinâmico em que tudo é temporário e perecível.

É claro que "mudança" não é um conceito metafísico, mas sim uma realidade física. A cada quatro meses, seus glóbulos vermelhos são totalmente substituídos, e as células da pele são substituídas a cada poucas semanas. Em cerca de sete anos, cada átomo do corpo será substituído por outros átomos. Fisicamente, você é constantemente um novo você. Se a mudança é aceita como uma realidade da vida e, além disso, abraçada como tal, é mais provável que a pessoa passe para, ou alterne entre, diferentes esferas e fases da vida com relativa facilidade.

Com a mudança, vem a *variedade*. "Se você não for especializado, dá muito mais liberdade à mente... você não está se restringindo, o que significa que pode se mover com muito mais rapidez e fluidez", diz o polímata artístico Billy Childish, que, como muitas pessoas, se entedia facilmente. O indivíduo às vezes simplesmente encontra valor e gratificação por ter vivido várias "vidas" que ele (consciente ou subconscientemente) trata como inteiramente separadas umas das outras. A realização é alcançada por ter vivido vidas alternativas e assumido múltiplas identidades (seja de forma simultânea, seja sequencial); tendo vivido suas fantasias em vez de apenas sonhá-las.

Não precisa haver uma agenda interdisciplinar — as conexões entre os campos não precisam ser vistas ou feitas —, cada "vida" ou "faceta" é suficientemente digna por si só, de modo isolado. "[A Polimatia] reconhece que você não pode colocar tudo sob o mesmo guarda-chuva", diz Gayathri Spivak, "você tem de fazer malabarismos; é como mágica, como dançar. Como uma aventura".

Crockett e Ibrahim compartimentam seus vários projetos; alternando efetivamente entre eles todos os dias e, às vezes, de hora em hora. Embora o ato de alternar constantemente entre mundos diferentes possa ser um estilo de vida muito gratificante, também pode ter o efeito de rejuvenescimento psicológico. Alguns, por exemplo, usam essa alternância entre vidas como um método alternativo de regeneração. Quando questionado se ou quando ele, na verdade, faz uma pausa em sua lista interminável de projetos, Tim Ferriss responde dizendo: "Eu me recupero melhor quando mudo meu foco; então, em vez de não fazer nada, vou me concentrar em algo completamente diferente do que eu estava focado antes". É o mesmo conceito por trás do exercício de treinamento em circuito — a sessão de exercícios completa, sem descanso e com duração de uma hora inteira, planejada de forma a permitir que diferentes partes do corpo descansem um pouco, enquanto outras partes estão trabalhando. "Uma mudança vale tanto quanto um descanso", diz o ditado.

Essa perspectiva de "escapar", ainda que temporária ou intermitentemente, de um aspecto de sua vida para entrar em outro pode, portanto, ter um efeito revigorante em uma pessoa, muitas vezes permitindo maior satisfação geral e produtividade. Vista dessa forma, a troca pode ser usada para superar talvez o maior problema da vida especializada em apenas uma área: ganhos cada vez menores. David Eastburn explicou isso em sua palestra para a American Philosophical Society: "à medida que você se dedica a certa atividade, a satisfação adicional acaba diminuindo. Em algum momento, você obtém mais satisfação se fizer algo diferente". Como economista, ele se referia ao conceito de utilidade marginal e ao efeito platô, que não se aplica apenas a economias e organizações, mas também a indivíduos.

"O truque", sugere Eastburn, "é maximizar a satisfação total por meio de uma combinação de atividades". É por isso que alguns indivíduos, de acordo com Tim Ferriss, "levam o estudo condensado até, mas não além de, o ponto em que os retornos diminuem rapidamente". Ele afirma que "talvez haja uma diferença de compreensão de 5% entre o generalista focado que estuda japonês sistematicamente por dois anos e o especialista que estuda japonês por dez anos, mas sem urgência comum àqueles que afirmam que "leva-se uma vida inteira para se aprender algo". Isso, em geral, é chamado de princípio 80–20.

O polímata azerbaijanês Hamlet Isakhanli sente que é saudável para a mente alternar entre ocupações mais ligadas à necessidade ou paixão pessoais: "É possível mudar de atividade de vez em quando, tirar algum desejo do fundo do coração e trazê-lo à vida". Portanto, alternar entre tarefas não relacionadas evita a perspectiva de retornos cada vez menores decorrentes de manter uma visão limitada. Possibilita uma injeção frequente de originalidade, a qual viria de percepções recebidas de outro campo/tarefa ou simplesmente do "frescor" de não ter trabalhado demais em uma área. Para usar outra analogia relativa a treinamento físico, depois de um programa progressivo de, digamos, corrida ou musculação, é importante "chocar" o corpo com um exercício totalmente diferente após certo ponto para superar o "bloqueio". Muitos escritores também usaram esse método para superar o bloqueio do escritor.

Essa "multitarefa" pelo indivíduo versátil o mantém de forma otimizada e continuamente alerta, melhorando, assim, o desempenho geral. Um estudo recente da Cass Business School publicado na *Harvard Business Review* defende a multitarefa e descobriu que "executivos policrônicos" (multitarefas) são agentes de informações superiores e tomadores de decisão mais rápidos e, na verdade, têm um desempenho financeiro superior ao de seus outros colegas. Quando perguntados por que eles realizam várias tarefas, um dos executivos explicou: "gostamos da variedade; aquela mudança constante, o desafio de precisar se concentrar mais".

Chris Anderson, o curador das Conferências TED, concorda que "mudar" é um método intelectual importante. Ao aconselhar sobre a maneira mais eficaz de explorar ideias, durante sua própria TED Talk, ele explicou a importância de refrescar e expandir o cérebro por meio da variedade e, de fato, atribui o sucesso do TED a este recurso:

> Continue variando entre os assuntos... não tenha muitas conversas que vão para a mesma parte do cérebro. Pense no cérebro como um músculo... se você trabalha apenas com o que é muito analítico ou muito inspirador etc., essa parte do cérebro se exaure... a razão pela qual o TED funciona é que você os mistura... Ter algo de musical, visual, inspirador ou analítico etc. Isso faz com que o cérebro se abra...

Bruce Lee morreu aos 32 anos, mas já havia ganhado fama mundial como gênio das artes marciais e ator. Mas havia muito mais naquele homem. Ele era um profundo pensador e poeta. Tinha uma filosofia de versatilidade, que era a essência do Kung Fu. "Você deve ser sem molde, sem forma, como a água", ele insistia. "Quando se despeja água em uma xícara, ela se torna a xícara. Quando se despeja água em uma garrafa, ela se torna a garrafa. Quando se despeja água em um bule, ela se torna o bule. A água pode pingar e pode quebrar... Torne-se como a água, meu amigo". Talvez tenha sido esse método que lhe permitiu disputar com um campeão chinês de pingue-pongue usando *nuchaku* como raquete!

Filosoficamente, a cada troca, o polímata passa por uma espécie de mudança epistemológica entre diferentes "formas de conhecer e ser". Cientificamente, isso pode ser explicado por meio de processos cognitivos e neurais.

Mudança Cognitiva e Neuroplasticidade

James Cook (o famoso "Capitão Cook") foi contratado pela Royal Society no século XVIII para fazer a primeira viagem ao sul do Pacífico. Sua equipe deveria observar o eclipse do Sol por Vênus, mas é claro, a agenda oculta era colonialista: encontrar e reivindicar o lendário continente do sul. Ciente de que os polinésios eram historicamente os melhores navegadores do Pacífico Sul, Cook recrutou um polímata local para ajudá-lo em questões de navegação, meteorologia, idiomas, culturas, cartografia e astronomia.

Tupaia era linguista, orador, sacerdote e político taitiano que não tinha nenhum conhecimento prévio de escrita ou cartografia, mas acabou desenhando uma carta do Pacífico que abrangia todos os grandes grupos da Polinésia e se estendia por mais de 4.000 km das Ilhas Marquesas até Rotuma e Fiji. Ele também era o tradutor do navio, capaz de se comunicar com os maoris, javaneses e taitianos, e também era um artista talentoso, que desenhava imagens vivas para ilustrar o que descrevia. Importante fonte de informações sobre os povos e as culturas do Pacífico Sul, ele também foi descrito por seu biógrafo como o "primeiro antropólogo do Pacífico".

Tupaia claramente tinha um talento extraordinário para "troca de códigos" — a troca efetiva entre diferentes tipos de conhecimento, habilidades e ambientes. É um tipo de habilidade cognitiva em geral associada a linguistas que devem alternar frequentemente entre vários idiomas, a atores que entram e saem de vários personagens, ou a indivíduos que possuem múltiplas identidades sociais e culturais e devem ajustar seu modo de pensar e ser de acordo com onde estão e com quem se comunicam. O ato de alternar entre várias janelas de programas, guias do navegador e documentos em um computador talvez seja um microcosmo desse conceito. Ou talvez uma analogia melhor para o século XXI seja a realidade aumentada.

A mudança cognitiva é um processo encorajado e experimentado em muitas tradições meditativas, e cada vez mais estudada por psicólogos e neurocientistas a fim de compreender melhor a capacidade da mente de alternar entre tarefas aparentemente não relacionadas. É um componente da função executiva do cérebro: regiões cerebrais específicas são ativadas quando uma pessoa alterna entre várias tarefas não relacionadas, incluindo o córtex pré-frontal, gânglios basais, córtex cingulado anterior e córtex parietal posterior. Essas áreas são coletivamente responsáveis pela capacidade do polímata de se mover livremente de uma situação ou habilidade cognitiva para outra e de pensar com flexibilidade e responder de forma apropriada a uma situação alterada, redirecionando efetivamente seu foco.

Nossos cérebros são biologicamente programados para serem capazes de lidar com mudanças constantes. Os neurônios e suas sinapses estão em um estado constante de fluxo — as conexões são dinâmicas, mudam de tamanho, força e localização; são formadas e não formadas. Esse processo, conhecido como neuroplasticidade, é quando os neurônios e as redes neurais mudam conexões e comportamentos em resposta a novas informações, estímulos sensoriais, desenvolvimentos, danos ou disfunções. A rápida mudança ou reorganização das redes celulares ou neurais do cérebro pode ocorrer durante os períodos de mudança significativa.

À medida que ganhamos novas experiências, as sinapses usadas com frequência (uma estrutura que permite que um neurônio passe um sinal elétrico ou químico para outro) são fortalecidas, enquanto as sinapses não utilizadas enfraquecem. Por fim, as sinapses não utilizadas são eliminadas completamente em um processo conhecido como poda sináptica, que deixa para trás redes eficientes de conexões neurais. Esse processo é mais ativo durante o desenvolvimento infantil e durante as lesões físicas, mas permanece como um mecanismo de reação a novas informações ou para se ajustar a novas circunstâncias ao longo de toda a vida. Assim, o neurocientista David Eagleman nos lembra que a mudança não é algo que deveria ser difícil para nós, pois está acontecendo automática e constantemente, dentro de nossos cérebros:

> Seu cérebro é um metamorfo implacável, constantemente reconectando seus próprios circuitos e, como suas experiências são tão únicas, o mesmo acontece com os padrões decodificados em suas redes neurais. Como eles continuam mudando sua vida inteira, sua identidade é um alvo móvel; nunca chega a um ponto final... não somos fixos. Do berço ao túmulo, somos obras em andamento.

Como diz o neurocientista de Oxford Anders Sandberg, mesmo a pessoa mais rígida tem um lobo frontal que permite que ela mude de ideia: "...uma das coisas mais legais e assustadoras sobre os seres humanos é que você pode mudar suas vidas apenas dizendo-lhes uma frase... isso não funciona com gatos!".

Multifacetas

Todos os dias devemos ouvir pelo menos uma pequena canção, ler um bom poema, ver uma bela imagem e, se possível, falar algumas palavras sensatas.

– Johann Wolfgang van Goethe

Matrakci Nasuh ingressou na Marinha Otomana no século XVI e rapidamente ganhou reconhecimento por sua prodigiosa esgrima. Ele se tornaria um dos principais guerreiros do Império, além de instrutor de armas, mestre cuteleiro, escritor sobre treinamento de combate (*Tuhfet-ül Guzât*) e inventor de um esporte marcial chamado *Matrak* (portanto, seu nome).

Mas as artes marciais eram apenas uma de suas múltiplas facetas. Em primeiro lugar, Nasuh era estudioso da matemática cujo trabalho em geometria, incluindo *Cemâlü' lKüttâb* e *Kemalü'l-Hisâb,* foi altamente reconhecido pelo sultão Selim — ele até inventou métodos de multiplicação (mostrados em seu *Umdet-ul Hisab*) que haviam sido creditados anteriormente apenas a eruditos do Renascimento europeu. Além do mais, Nasuh também era um pintor e miniaturista renomado, e seu distinto "estilo Matrakci" de paisagens urbanas detalhadas e cenas de batalha épicas ainda está em exibição nas prestigiosas galerias e museus da Turquia hoje em dia.

Nasuh também provou ser um dos historiadores preeminentes de seu tempo, produzindo obras-primas como *Mecmaü't-Tevârih* e *Süleymannâme,* abrangendo o período de 1520 a 1543, bem como um tratado sobre a campanha de Solimão no Irã, intitulado *Fetihname-i Karabuğdan*. Como soldado, artista marcial, poliglota, pintor, matemático e historiador, exibiu suas múltiplas facetas: intelectual, física e criativa.

Como muitos polímatas ao longo da história, Nsuh foi capaz de usar sua posição como cortesão de confiança para empregar essas muitas facetas. Mas a demonstração de versatilidade não deve se aplicar apenas à vida profissional ou intelectual, mas à *vida como um todo*. Na verdade, fatores e considerações contribuem para o desenvolvimento de um indivíduo completo: a diversidade de viagens, exposição a línguas e culturas, momentos vividos, relacionamentos que teve, emoções sentidas, conversas feitas, pensamentos realizados, livros ou artigos lidos, qualificações obtidas, contribuições feitas e assim por diante. Isso torna *a verdadeira* polimatia uma noção curiosamente complexa e profunda, da qual a verdadeira aferição é quase impossível.

A maioria das pessoas, senão todas, é multifacetada. Até que ponto cada faceta é exercida e como todas elas se manifestam varia, e é isso que determina o nível e a natureza da polimatia. A filosofia hindu tradicional, por exemplo, sugere quatro maneiras de buscar a realização pessoal: conhecimento (*jnana ioga*), trabalho (*karma ioga*), amor (*bhakthi ioga*) e treinamento psicofísico (*raj yoga*). Na vida moderna, essa multiplicidade em um indivíduo pode se manifestar de várias maneiras: sua personalidade, conduta, ética, profissões, interesses profissionais, vida pessoal, experiências de vida, perspectiva cultural ou formação linguística. Ser um bom cônjuge, filho, pai, mãe, irmão ou amante, por exemplo, são todos atos ou funções que geralmente são tidos como certos — mas estes, na verdade, deveriam ser considerados na equação da polimatia, pois também são áreas distintas de busca e realizações em si próprias.

Sabendo disso, qualquer pessoa pode, à sua maneira, empregar e exercitar suas múltiplas facetas: a *física* — seja por meio de esportes ou exercícios, alimentação ou sexo; a *intelectual* — seja por meio da educação formal, da autoaprendizagem ou de um simples momento de reflexão séria; a *espiritual* — seja por meio de adoração, misticismo ou contemplação, inspirado pela natureza, pela arte ou pelo divino; a *criativa* — seja pintando uma obra-prima ou brincando com seus filhos, ouvindo música ou compondo-a; a *emocional* — expressando seus sentimentos de várias maneiras para aqueles que importam; e a *prática* — lidando com questões do dia a dia relativas à saúde, finanças, logística, trabalhos manuais, relações sociais e sobrevivência em geral. Ao fazer isso, a probabilidade de talentos ocultos serem revelados ou de novas paixões serem desenvolvidas aumenta exponencialmente.

Independentemente de como se agrupam ou categorizam essas facetas, é importante reconhecer que elas existem, são variadas e devem ser nutridas de forma que permita um caráter equilibrado e uma experiência de vida completa. Uma vida multifacetada, ao tornar o indivíduo todo mais do que a soma de suas partes, tem muito mais probabilidade de ser polimática. Isso é ainda mais verdadeiro se alguém busca diversificar suas experiências.

Diversificando Experiências

O locutor britânico Patrick Moore era conhecido como um "amador em série" — astrônomo, jogador de xadrez, jogador de críquete, jogador de golfe, soldado, ator e romancista. Ele não foi reconhecido como especialista mundial em nenhuma dessas atividades nem deu nenhuma contribuição séria a elas. Mas viveu uma vida excepcionalmente diversa e animada, entrando em diferentes esferas de conhecimento e da vida, seja por meio de esportes, artes, ciências, literatura, seja por meios militares, e, assim, adquiriu uma visão única e completa do mundo. Da mesma forma, o escritor americano George Plimpton foi um ávido observador de pássaros, entusiasta de fogos de artifício, ator, jornalista, crítico literário e poliesportista amador que registrou suas experiências de participação em competições profissionais de futebol americano, hóquei no gelo, beisebol, tênis, boxe e até mesmo *bridge* e *performances* arriscadas em circos!

Mais do que "pau pra toda obra", pessoas como Moore e Plimpton eram, em vez disso, "mestres da variedade". Tentar fazer um pouco de muitas coisas não torna ninguém menos polímata. Cada experiência, por mais breve que seja, e especialmente se for em um campo completamente novo para a pessoa, acrescenta à sua completude e ao desenvolvimento geral pessoal, profissional, intelectual, físico e espiritual.

Devemos desencorajar o paraquedismo apenas porque dura apenas alguns minutos e você provavelmente não o fará profissionalmente? Será que alguém deveria ser desencorajado a ler um livro sobre história cultural só porque não vai seguir em frente e escrever seu próprio livro com base naquele ou estudar para um doutorado sobre o assunto? A resposta que a maioria das pessoas daria é não; porque cada experiência de aprendizagem de uma pessoa conta em sua vida, e muitas vezes pode vir a ser benéfica para ela ou a sociedade, de alguma forma grande ou pequena. Em suma, diversificar suas experiências não apenas torna a vida excepcionalmente animada, mas também a enriquece de maneiras que só se pode saber olhando em retrospecto.

Ter a mente aberta, em especial em relação a si mesmo, é um importante estado de ser que incentiva naturalmente a diversificação da experiência. Juli Crockett, que já foi atleta, dramaturga, música e acadêmica, reconheceu isto:

> Eu tento não "rotular" a mim mesmo como qualquer coisa, para não limitar minha autopercepção. Você tem de estar disposta a ser péssima em alguma coisa para ficar boa naquilo. Se você se limita a coisas nas quais está "segura" e sabe que é boa com antecedência, a lista fica curta. Se você está disposta a tentar qualquer coisa uma vez, e até ser medíocre em algo, aí vai fazer muitas coisas.

O experimentador de estilos de vida A.J. Jacobs, que vive sua vida como uma série de vários experimentos, insiste que "você deve sempre dizer sim às aventuras, ou viverá uma vida muito monótona".

Além disso, a diversidade pode desempenhar um papel importante na realização individual. Quanto mais diversificados forem o conhecimento e as experiências de alguém, maiores serão as chances de você chegar a decisões criteriosas e soluções criativas. Dessa forma, um "pau para toda obra" torna-se um mestre de *insights*. É a diversidade de conhecimentos, habilidades e experiências de uma pessoa que permite uma visão única em vários campos e, particularmente, no campo central. Ideias e momentos de genialidade emergem da fusão subconsciente de uma variedade de pensamentos, memórias e habilidades cognitivas existentes.

Essas experiências podem vir na forma de momentos, empregos, *hobbies* ou apenas incidentes. *Hobbies*, por exemplo, não são meros passatempos, pois contribuem de maneira importante para moldar seu ser intelectual. Eles são parte integrante do quebra-cabeças que é *você*. Na maioria das vezes, eles contribuem para melhorar outro aspecto de sua vida, às vezes sem você mesmo perceber. Vimos isso na genialidade dos amadores ganhadores do prêmio Nobel de ciência, bem como em líderes empresariais com carreiras diversificadas, em estadistas e filósofos, muitos dos quais reconhecem a influência das atividades "periféricas" e carreiras anteriores em suas respectivas ideias inovadoras.

Apesar da cultura predominante de hiperespecialização, os polímatas iniciantes hoje se encontram em um campo de jogo empolgante. O mundo moderno oferece amplas oportunidades para diversificar suas experiências. Pode-se viajar com muito mais facilidade, comprar livros mais em conta, conversar com várias pessoas sobre diversos assuntos e aprender novas habilidades. Mais importante, porém, as pessoas podem entender como o mundo está interconectado: como as economias interagem, como determinadas culturas e filosofias atuam na política local, como a arte se desenvolveu em um continente em relação a outro, como a moral é originada em diferentes sociedades, como a natureza passou a assumir sua forma atual, como os esportes e os negócios estão alimentando nossos instintos tribais, como a tecnologia nos impulsiona e nos prende. Pode fornecer uma melhor compreensão de como diferentes formas de governo operam, como a disparidade entre ricos e pobres veio a crescer exponencialmente, como diferentes raças e línguas surgiram de um ancestral comum e por que o inglês passou de um pequeno dialeto tribal do noroeste europeu para se tornar o idioma falado por mais de um bilhão de pessoas. Em suma, encoraja-nos a viver uma vida mais consciente.

Em geral, experiências diversificadas simplesmente tornam a vida mais colorida, mais divertida. Além disso, a diversidade de experiências é tão importante para aprender sobre si mesmo quanto para aprender sobre o mundo. É uma parte significativa da jornada introspectiva.

Mesmo para aqueles que desejam se especializar, gastar bastante tempo diversificando experiências proporcionará uma ideia melhor do que se concentrar no futuro. "Não considere nada que você fez no passado como um desperdício", diz Robert Greene, autor de *Maestria*, livro de pesquisa mais vendido sobre os traços comuns dos grandes mestres da história. "Mesmo os trabalhos mais servis vão lhe ensinar lições e habilidades que você pode explorar e combinar mais tarde". Na verdade, algumas sociedades na história reconheceram o valor da diversidade para um papel de especialista: um *muezzin* (chamador para a oração) na Andaluzia do século XI precisava ser bem versado em astronomia, linguística, filosofia, musicologia e uma série de outras disciplinas antes de ser considerado para um trabalho como *muezim* (considerado uma posição ultraespecialista) em uma grande mesquita.

Orit Gadeish, presidente da consultoria de estratégia global Bain and Company, é um generalista que já trabalhou com clientes em quase todos os setores. "Você tem de estar disposto a 'perder tempo' com coisas que não estão diretamente relacionadas ao seu trabalho porque você é curioso", insiste. "Mas então você é capaz de, às vezes inconscientemente, integrá-los de volta ao que faz". Robert Twigger, jornalista, aventureiro e autor de *Micromastery*, que se viu tendo de improvisar em diversas situações desafiadoras ao redor do mundo, concorda: "quanto mais campos de conhecimento você cobrir, maiores serão seus recursos para improvisação". Isso ocorre porque várias experiências, sentimentos e dados são deixados "incubando" ou "fermentando" no inconsciente, uma espécie de síntese inadvertida, até que um *insight* exploda na existência em forma de uma ideia principal.

O surrealismo experimentado por todos por meio de sonhos ou outras experiências subconscientes demonstra o fato de que a imaginação e a criatividade são naturalmente partes da capacidade humana. Também demonstra o hibridismo natural de pensamentos, experiências e ideias — a fusão aleatória de diferentes elementos do pensamento humano que levam à construção de uma nova realidade. Isso, de fato, é arte. Alguns até consideram isso a fonte (ou produto) de espiritualidade.

Uma Mentalidade de Pensamento e Ação

> *Conhecimento sem ação é loucura, e ação sem conhecimento é vaidade.*
>
> AL-GHAZALI.

A experiência aprimora o intelecto e vice-versa. Sendo o mais jovem MLA (membro da assembleia legislativa) no país, com 25 anos de idade, Shrikanth Jichkar foi eleito para o parlamento indiano antes de ser Ministro de vários departamentos governamentais e em diversos comitês que lidam com questões tão variadas como finanças, irrigação, impostos, transporte, energia, patentes e planejamento. Como um homem de ação, ele também fundou a HAM Radio Association, trabalhou na gestão eficaz de desastres para vítimas de enchentes em toda a Índia e se tornou um dos sacerdotes mais importantes do país.

Foi durante sua carreira profissional que Jichkar seguiu simultaneamente o caminho de vasta erudição, passando todos os verões e invernos entre 1972 e 1990 escrevendo (um total de 42) exames para várias qualificações de grau avançado. Ele finalmente alcançou 20 graus de pós-graduação, incluindo MBBS (medicina), LLM (direito), MBA (negócios), bem como mestrados em administração pública, sociologia, história, filosofia, literatura inglesa, ciência política, arqueologia, psicologia e um DLitt em sânscrito — tornando-se a pessoa mais qualificada academicamente na história moderna. Não é de surpreender o fato de que ele possuía uma das maiores bibliotecas pessoais da Índia, com mais de 52.000 livros.

Jichkar era um realizador, que incorporava consistentemente o processo de reflexão em seus estudos. Ludwig Wittgenstein, por outro lado, adotou a abordagem oposta: ele foi um pensador que fez questão de incorporar a ação real em sua vida. Começou a carreira como engenheiro aeronáutico, mas logo desviou a atenção para a matemática e, em especial, para a filosofia da matemática. Estudou com Bertrand Russell em Cambridge, que ficou particularmente impressionado com a genialidade do jovem filósofo. Suas principais contribuições acadêmicas foram na filosofia da matemática, na filosofia da linguagem, bem como na lógica e na psicologia. Embora seus trabalhos publicados não tenham sido tão numerosos quanto os de outros colegas acadêmicos, ele ainda é considerado um dos filósofos mais influentes do século XX.

No entanto, ele insistia em afirmar que a filosofia "não é uma teoria, mas uma atividade", e muitas vezes se sentia compelido a se retirar da Academia para o "mundo real" por esse motivo. Durante a Primeira Guerra Mundial, serviu como oficial do exército austríaco e foi condecorado várias vezes por sua coragem. Durante a Segunda Guerra Mundial, trabalhou como assistente em um hospital em Londres para satisfazer seu desejo por trabalho social e manual. Também passou um tempo trabalhando como professor e jardineiro. Além disso, ficou conhecido por suas fotografias (recentemente exibidas na London School of Economics e na Universidade de Cambridge) e arquitetura (ele projetou e construiu a própria casa), enfatizando a importância da visualização e do esteticismo para a filosofia como disciplina acadêmica.

Hoje em dia, o "pensador" e o "realizador" estão separados — presume-se que os líderes não tenham tempo para meditar e os intelectuais não tenham o pragmatismo dos líderes. Mas, como Churchill, Smuts e Roosevelt, alguns dos líderes mais influentes da história foram estadistas acadêmicos que se engajaram em papéis de liderança, além de serem intelectuais polímatas.

No auge do Império Romano, os polímatas desempenharam papéis ativos na sociedade, além de trazer contribuições inestimáveis para a erudição. De acordo com o historiador de ideias Peter Watson, eles estavam interessados em *"utilitas", a utilidade das ideias, o poder que elas poderiam trazer aos negócios.* Eram, portanto, filósofos *práticos* — estudiosos das ciências, humanidades e artes, mas que também ocupavam cargos públicos e contribuíam para a sociedade como soldados, juristas, governadores, bibliotecários e políticos. Suas pesquisas filosóficas apoiaram as carreiras profissionais, e vice-versa. Marco Túlio Cícero gozou de igual aclamação como político, advogado e orador, bem como estudioso de línguas, filosofia e ciências políticas. Plínio, o Velho, não foi apenas um estadista importante e líder militar durante o reinado de Vespasiano, mas também o autor da *Naturalis Historia*, uma das enciclopédias mais abrangentes que sobreviveram da era romana, e também trouxe contribuições para história e gramática.

Da mesma forma, no mundo islâmico, o polímata existia tanto como pensador quanto como realizador — uma abordagem evidentemente inspirada no Alcorão e seu articulador. Ziauddin Sardar, que conduziu um estudo completo do Alcorão em seu livro *Reading the Quran*, concluiu: "Passei a ver o Alcorão como um texto que simultaneamente promove o pensar e o fazer". Com realidades práticas como guerra, governança e comércio no centro do império (ou *impérios*, como se tornaram), os polímatas muçulmanos também tendiam a se destacar na sociedade em papéis práticos e intelectuais — como mercadores, soldados, juristas, diplomatas, médicos e imãs. Muitos dos maiores polímatas da história — Da Vinci, B. Franklin, Kuo, Robeson, Tagore, Schweitzer, Goethe, Morris, Rizal, Imhotep e Chen — demonstraram a mesma tendência.

Esse tipo de polimatia talvez seja o mais impressionante e valioso para a sociedade, pois demonstra versatilidade *intelectual* e *prática*, bem como o uso de várias fontes de conhecimento. No entanto, algumas sociedades têm se empenhado em separar o pensador e o realizador, muitas vezes valorizando um em detrimento do outro. Um exemplo vívido disso foi durante a Revolução Industrial na Grã-Bretanha, quando houve uma nítida distinção entre o intelectual burguês e o trabalhador da classe operária. O polímata britânico John Ruskin expressou sua frustração com isso:

> Queremos que um homem esteja sempre pensando e outro sempre trabalhando, e chamamos um de cavalheiro e o outro de operário; ao passo que o trabalhador muitas vezes deveria estar pensando, e o pensador frequentemente deveria estar trabalhando, e ambos deveriam ser cavalheiros, no melhor sentido. Assim sendo, tornamos ambos rudes, um invejando e o outro desprezando seu irmão; e a massa da sociedade é composta de pensadores mórbidos e trabalhadores miseráveis. Ora, é somente pelo trabalho que o pensamento pode se tornar saudável, e somente pelo pensamento que o trabalho pode se tornar feliz, e os dois não podem ser separados impunemente.

O mundo não mudou muito a esse respeito. A sociedade ainda gosta de separar os pensadores e os realizadores — tanto que parece natural que as pessoas caiam em qualquer uma das categorias. Será que é comum ter um bombeiro que também é historiador da arte ou um teólogo que também trabalha como mecânico de automóveis? Quantos intelectuais dependem de empresas e governos para pôr em prática suas ideias, e quantos empresários e estadistas dependem de intelectuais para aconselhá-los e escrever seus livros por eles?

O *status* de pensador e realizador deve ser igualado, como era durante os tempos em que comerciantes, músicos e artesãos eram tão bem considerados quanto poetas, filósofos e historiadores e, consequentemente, quando as sociedades eram mais dinâmicas, criativas e polimáticas. Deve-se reconhecer que tanto *pensamento* quanto *ação* têm igual valor para o desenvolvimento individual e social; e que cada um é obrigado, em vários graus, a se destacar em qualquer profissão.

O filósofo e polímata chinês Zhu Xi disse que o conhecimento e a ação são componentes indivisíveis de uma atividade verdadeiramente inteligente. "Conhecimento e ação sempre requerem um ao outro", disse ele. É como uma pessoa que não pode andar sem pernas, embora tenha olhos, e que não pode ver sem os olhos, embora tenha pernas. Algumas pessoas passam por um período mais reflexivo em suas vidas em um estágio e, em outro, preferem uma ocupação mais prática. Uma capacidade inata de pensar e fazer existe em todos nós, mesmo que as inclinações e tendências possam variar de acordo com as circunstâncias e a influência social.

Gerenciando Tempo

Uma vida bem vivida é longa.
LEONARDO DA VINCI

A vida *não* é curta. O intelectual indiano Khushwant Singh, que morreu recentemente com 100 anos, foi ativo até o fim, e teve carreiras sequenciais de sucesso como advogado, diplomata, historiador, político, romancista e jornalista. Singh teve uma vida longa, e, de acordo com as previsões do médico e trans-humanista Terry Grossman, avanços iminentes na biotecnologia adiarão consideravelmente o processo de envelhecimento nas próximas décadas.

Mas ainda hoje, uma pessoa saudável vivendo em boas condições tem, em média, cerca de 75 anos neste planeta. Isso equivale a aproximadamente 45 anos "operacionais" (assumindo que a vida profissional ativa dura dos 20 aos 65 anos), o que é pouco menos de 400.000 horas no total. Passamos um terço desse tempo dormindo, o que nos deixa com cerca de 270.000 horas de vigília. Os biólogos modernos insistem que precisamos de seis a oito horas de sono por dia, mas algumas das pessoas mais talentosas do mundo juram que precisam de muito menos e que podemos treinar nossos corpos para funcionar de forma eficaz com pouco sono.

Mas, mesmo se dormirmos muito, de acordo com a teoria das "10.000 horas para alcançar o sucesso em nível mundial "(popularizada por Malcolm Gladwell), ainda temos tempo teoricamente para nos sobressair em até 27 campos diferentes! Na realidade, porém, a maioria das pessoas gosta de dedicar uma quantidade importante de tempo à vida social e familiar. Talvez uma maneira mais realista de ver isso seja que 10.000 horas constituem o número de horas de trabalho em tempo integral em um período de cinco anos (40 horas multiplicadas por 50 semanas e então multiplicadas por 5). Antes da idade padrão de aposentadoria, a pessoa média tem até oito períodos de cinco anos em sua vida ativa. Isso significa que, teoricamente, é possível ter oito carreiras de sucesso em campos completamente diferentes, sequencialmente, sem sobreposições.

Outros, como o guru de estilo de vida Tim Ferriss — provando seu ponto ao se tornar dançarino de tango que bateu um recorde, além de campeão nacional de artes marciais, autor de *best-sellers*, poliglota e empresário de sucesso antes dos 35 anos —, vão tão longe a ponto de sugerir que, com a abordagem certa, é possível para qualquer um "tornar-se renomado em quase todos os campos num prazo de um ano". O método, afirma ele, é desconstruir a habilidade e reconstruí-la de forma personalizada. Na verdade, pessoas como Josh Kaufman sugerem que apenas 20 horas são suficientes para aprender qualquer habilidade em um bom nível, pois é quando a curva de aprendizado está no seu pico. Em todo caso, sabemos que múltiplas realizações em diferentes campos em curtos períodos são possíveis, observando as vidas de José Rizal, Rudolph Fisher, Che Guevara e Pico Della Mirandola — todos eles falecidos antes dos 40 anos. A questão é que o tempo, se administrado corretamente, é sempre farto e, portanto, quaisquer desculpas apresentadas para a falta dele raramente são válidas. Como disse Leonardo da Vinci, "o tempo é suficiente para quem o usa".

Criatividade

> *Se há uma palavra que torna as pessoas criativas diferentes das outras é a palavra "complexidade". Em vez de ser um indivíduo, eles são uma multidão.*
>
> – Mihaly Csikszentmihalyi

A criatividade sempre foi a espinha dorsal do progresso humano. Portanto, talvez o maior valor do polímata tanto para o indivíduo quanto para a sociedade seja que ele é ao mesmo tempo a causa e o produto da criatividade. Para entender isso, devemos primeiro superar o senso comum de que a criatividade está unicamente associada às (ou, pelo menos, mais manifestada) artes e reconhecer que ela faz parte da maioria das iniciativas humanas. Seja um jornalista elaborando uma história, um empresário negociando um acordo, um soldado em ação sendo engenhoso, um engenheiro inventando um dispositivo, um advogado construindo um caso, um motorista de táxi reconfigurando sua rota para evitar o tráfego, um humanitário iniciando uma instituição de caridade, seja um encanador desentupindo uma pia — as pessoas criam diariamente novos conceitos, organizações, obras de arte e soluções para problemas de maneira original e inovadora. Na verdade, todo método ou descoberta imprevista, seja em escala macro ou micro, seja na Academia ou na vida prática, é essencialmente um ato criativo.

A maioria, senão todos, dos indivíduos é criativa ou tem potencial para sê-lo. Aqueles que muitas vezes consideramos "artistas" são apenas instigadores ou "facilitadores" da criatividade; imaginação e criatividade muitas vezes são deixadas para o leitor, ouvinte ou observador de arte. O trabalho de escritores e artistas como Gabriel Garcia Márquez e Wassily Kandinsky é simplesmente evocar ou provocar a imaginação. Desse modo, considerando a vida humana multifacetada, a maioria das pessoas tem sido criativa em múltiplas esferas durante o curso de sua vida. Para grande parte, essa "criatividade polimática" nem mesmo é reconhecida por eles próprios, muito menos por outros, exceto um pequeno grupo de polímatas identificados.

A Força Criativa

Se você tiver uma mente criativa, pode procurar desenvolver ideias em quase qualquer campo.
EDWARD DE BONO

Hiraga Ginnai nasceu no Japão do século XIX com um infinito desejo de inovar em tudo o que fez. Inicialmente, começou explorando novas maneiras de preparar medicamentos fitoterápicos. Sua genialidade criativa rendeu-lhe uma nomeação como farmacologista no jardim de ervas do Castelo de Takamatsu. Ele logo renunciou, tornando-se um *ronin*, pois sentia que havia muito mais coisas nas quais poderia aplicar sua criatividade. Ginnai começou com economia. Escreveu sobre desequilíbrios comerciais, foi pioneiro em indústrias autossuficientes no Japão e desenvolveu métodos de fabricação de lã para substituir as importações do Ocidente, de cerâmica para substituir as importações da China e a plantação de oliveiras para reduzir a dependência das importações de azeite holandês.

Ele então aplicou sua criatividade ao mundo dos negócios e empreendedorismo — reconhecendo a força do Japão nas exportações de metais, iniciou vários empreendimentos comerciais, incluindo uma empresa de mineração, um serviço de barcaças e um negócio de atacado de carvão vegetal. Como inventor, produziu um gerador elétrico chamado *erekiteru*, que funcionava esfregando um cilindro isolado de vidro contra um pedaço de folha para produzir uma carga estática.

Ginnai decidiu, então, que a criatividade era mais bem expressa por meio das artes. Tendo aprendido técnicas ocidentais de pintura a óleo com os holandeses, desenvolveu seus próprios óleos e tintas, que usou para produzir vários trabalhos, incluindo o famoso *Pintura de uma Mulher Ocidental (Seiyō Fujin zu)*. Também se tornou professor de arte e finalmente tentou escrever ficção. Escreveu vários romances, incluindo *Fūryū Shidōken Den,* que foi citado como a primeira história de ficção científica do Japão, e uma famosa sátira, chamada *Hōhiron (On Farting).*

Ginnai mostrou-nos que a criatividade — seja no mundo dos negócios, na Academia, nas artes, seja na vida cotidiana — quando genuinamente incorporada à essência da mente, pode ser aplicável em diversos campos. Ele não era um cientista, nem artista, nem escritor, nem inventor. Era simplesmente um criador. Douglas Hofstadter nos lembra que "a maioria das pessoas prefere se referir a Leonardo da Vinci como um criador que atuou em diferentes campos do que como polímata". O polímata se vê como um criador, cuja força criativa interna é como um fósforo que pode acender várias velas. "Pessoas que são criativas em uma área são inerentemente polímatas", diz o psicólogo cognitivo Rand Spiro. O polímata artístico Billy Childish certamente concorda: "A criatividade não tem limites e pode ser aplicada a qualquer coisa. Se não puder, não é de verdade. Se você não consegue se dedicar à pintura da mesma maneira que se dedica à culinária ou à vida em geral, então provavelmente este não é um caminho verdadeiro".

A existência dessa força criativa dentro dos polímatas foi confirmada várias vezes por pesquisas acadêmicas. Em 1926, a psicóloga Catherine Cox descobriu, em uma pesquisa, que quanto mais criativo uma pessoa, mais variados seus interesses. O psicólogo Eliot Dole Hutchinson enfatizou que o verdadeiro gênio criativo não tem limites. Após um extenso estudo, ela conclui: "Não é por acaso que, nas grandes mentes, as profissões desapareçam... esses homens não são cientistas, artistas, músicos, quando poderiam muito bem ser qualquer outra coisa. São criadores". Essa conexão entre polimatia e criatividade está se tornando uma verdade cada vez mais aceita entre os psicólogos hoje em dia, como afirmou o psicólogo norte-americano Robert Root-Bernstein: "há muito tempo que os psicólogos observam que as pessoas inovadoras tendem a participar de uma gama mais ampla de atividades e a desenvolver um grau maior de habilidades em suas atividades do que outras pessoas".

Tal como acontece com a inteligência, tem havido um grande debate entre os psicólogos sobre se a criatividade vem do "domínio geral" ou se é "específica de um domínio". A primeira visão sustenta que as habilidades que levam ao desempenho criativo são essencialmente as mesmas, ou pelo menos, muito semelhantes, em todos os domínios. Isso confirma o fato de que existe uma força criativa interna dentro de todos nós. A última visão — defendida pelos psicólogos Baer e Kaufman — argumenta que as habilidades cognitivas necessárias para a criatividade em um domínio em particular são específicas a este e não podem ser aplicadas a todos. Mas, como acontece com a discussão a respeito de inteligência múltipla e inteligência geral, isso é irrelevante, desde que o resultado seja a capacidade de sermos polímatas.

Hibridismo

O hibridismo é a causa, o processo e o resultado de qualquer produção criativa. Nesse sentido, tudo é um híbrido. Conceitualmente (tanto na filosofia quanto na ciência), a fusão de duas ou mais entidades distintas e únicas produz outra entidade distinta e única. O fato de que esta última não existia antes da fusão confirma que foi criada e que a fusão em si foi um processo criativo. Um experimento criativo em química, por exemplo, deve incluir dois ou mais elementos: experimentar um único elemento químico levará você apenas até certo ponto — é possível fervê-lo, congelá-lo, derretê-lo —, mas é só isso. Combinar dois ou mais elementos permite a criação de uma substância ou elemento composto completamente novo. Portanto, o hibridismo é o resultado criativo resultante da síntese de múltiplos fenômenos aparentemente não relacionados.

Isso pode se aplicar a espécies, substâncias ou ideias. Tem sido um processo contínuo desde o início dos tempos, seja envolvendo átomos, células, genes, seja envolvendo pensamentos, linguagens, dispositivos, conceitos ou materiais. O termo "híbrido" foi inicialmente usado no campo da biologia quando se referia a "fertilização cruzada" ou "polinização cruzada" em plantas e animais. A partir do século XIX, começou a ser usado na linguística e na teoria racial, quando descreveria o surgimento de novas línguas e raças da mistura das existentes. Mas a noção de hibridismo como sendo uma "fusão" ou uma "síntese" sempre existiu de alguma forma ou em diferentes sociedades ao redor do mundo.

Então, como o conceito de hibridismo se aplica à polimatia? Algumas das maiores e mais influentes ideias da humanidade são, por sua própria natureza, construções híbridas. Filipe Fernandez-Armesto, autor de *Ideas That Changed the World*, concluiu que ideias importantes surgem pela síntese perpétua de diferentes ideias de campos diversos: "as ideias *se misturam*", diz ele, "se multiplicam em contato uma com a outra". Isso pode acontecer em um conjunto de mentes ou mesmo dentro de uma única.

O hibridismo dos campos do conhecimento ou "disciplinas" é hoje referido como *interdisciplinaridade*. É uma tendência da moda, promovida pelo menos da boca para fora, nos círculos acadêmicos e profissionais modernos. À medida que velhas formas de pensar (ou bolsões de conhecimento) parecem obsoletas, irrelevantes, inflexíveis ou excludentes, elas são reorganizadas em novas configurações e alianças para formar outra disciplina híbrida que é mais relevante para a situação atual. Seja entre um grupo de mentes, seja em apenas uma, o objetivo da interdisciplinaridade é abordar qualquer problema ou questão de forma multidimensional e, ao fazê-lo, estabelecer conexões importantes na busca de uma maior compreensão do fenômeno em questão.

Conexões

Uma parte do aprendizado confere luz a outra.
– Isaac Barrow

O sucesso muitas vezes vem como resultado do empréstimo de ideias de um campo para avançar em outro. Isso é tão verdadeiro para a arte ou a ciência quanto para a erudição ou empreendimentos práticos. Albert Einstein e Charles Darwin são gênios indiscutíveis, mas agora descobrimos que eles não eram os especialistas com visão focada que muitas vezes supomos. Ao contrário, os fatos (e suas próprias admissões) sugerem que foram as conexões feitas com seus *hobbies*, origens variadas e atividades adicionais que lhes permitiram os avanços que fizeram em suas respectivas disciplinas básicas. A descoberta inovadora de Louis Pasteur do micróbio só foi possível porque ele também tinha experiência em cristalografia, o que lhe permitiu avaliar a necessidade de uma lente microscópica para ver o micróbio. "Os polímatas dominam suas atividades em um grau significativo e percebem as conexões fundamentais entre elas", observa o psicólogo Robert Root-Bernstein.

Repetidamente, as inovações vêm de um novo olhar ou de outra disciplina. O célebre cientista inglês do século XIX, William Rowan Hamilton, foi físico, astrônomo e matemático que usou a interconexão de suas disciplinas para se destacar em cada uma delas. Como resultado dessa síntese, ele fez grandes descobertas em álgebra, mecânica clássica e óptica. "Eles [polímatas] trouxeram contribuições para disciplinas específicas devido a, e não apesar de, seus amplos interesses", insiste Root-Bernstein. E ele está convencido de que são polímatas como estes a quem devemos as maiores descobertas sintéticas do futuro. Esse fato é confirmado pelo historiador Felipe Fernandez-Armesto. "Os melhores pensadores em um campo tendem também a ser bons em outros, que se enriquecem mutuamente". Martin Kemp, a maior autoridade mundial em Leonardo da Vinci, confirma que "uma das características que você encontrará dos polímatas em geral é que eles veem *links* onde vemos separações — para Da Vinci, tudo está interligado".

Não importa o quão especializados afirmemos ser, estamos consistentemente pegando ideias de outros "campos" (seja consciente ou inconscientemente) a fim de buscar soluções criativas e inovadoras. Isso pode significar usar uma habilidade especializada (seja direito, carpintaria ou saúde) para ganhar dinheiro e ter sucesso nos negócios; ter percepções como soldado e contribuir para a política governamental, um debate acadêmico ou a vida diária; usar a ciência na culinária; a psicologia para explicar a economia; e assim por diante. Ter uma gama diversificada de habilidades, conhecimentos e experiências estimula a capacidade de ver o quadro geral — o que, por sua vez, permite avanços criativos. Esse *link* foi explicado com propriedade por Steve Jobs, talvez o criador mais influente do século XXI:

> Criatividade é apenas conectar coisas. Quando você pergunta a pessoas criativas como fizeram algo, elas se sentem um pouco culpadas porque não o fizeram de verdade, apenas viram algo. Pareceu óbvio para elas depois de um tempo. Isso porque conseguiram conectar experiências que tiveram e sintetizar coisas novas. E a razão pela qual elas foram capazes de fazer isso foi porque tiveram mais experiências ou pensaram mais sobre suas experiências do que outras pessoas. Infelizmente, isso é uma mercadoria muito rara. Um monte de gente em nosso setor não teve experiências muito diversas. Portanto, eles não têm pontos suficientes para conectar e acabam com soluções muito lineares, sem uma perspectiva ampla do problema. Quanto mais ampla a compreensão da experiência humana, melhor *design* teremos.
>
> (Steve Jobs, *Wired*, fevereiro de 1995)

Uma síntese, ao que parece, ocorre no subconsciente, que, de alguma forma, nos permite chegar a ideias criativas. Essa noção foi reconhecida há mais de 50 anos pelo magnata da publicidade criativa James Webb Young, no aclamado livro *A Technique for Producing New Ideas*: "uma ideia não é mais nem menos do que uma nova combinação de elementos antigos; *Insight* é a culminância de uma série de estados e processos cerebrais que operam em diferentes escalas de tempo... Para algumas mentes, cada fato é um conhecimento separado. Para outros, é um elo de uma cadeia de conhecimento".

Isso certamente é verdade para o estudioso interdisciplinar moderno e polímata intelectual Vaclav Smil, que argumenta que "a complexidade do mundo real exige muitas perspectivas (incluindo avaliações históricas) e requer o rastreamento de muitas ligações". Isso é especialmente válido para aqueles que estão na vanguarda das descobertas científicas da atualidade. O polímata científico Ray Kurzweil atribui a solução dos grandes problemas tecnológicos de nossa época a essa capacidade de fazer conexões: "Cada vez mais, as soluções para os problemas são encontradas na interseção de várias áreas. Por exemplo, meu trabalho em reconhecimento de fala envolvia ciência da fala, linguística, modelagem matemática, psicoacústica e ciência da computação".

Os psicólogos sempre reconheceram isso. Lewis Terman descobriu que há poucas pessoas que alcançam grande destaque em um campo sem mostrar habilidade acima da média em uma ou mais áreas. Roberta Milgram descobriu que o sucesso na carreira em qualquer disciplina tem maior relação com um ou mais interesses vocacionais intensivos e intelectualmente estimulantes do que com QI, notas, resultados de testes padronizados ou qualquer combinação destes.

Os historiadores também descobriram o mesmo. O historiador da ciência Paul Cranfield destacou que, entre o grupo que descobriu a biofísica, em meados do século XIX, por exemplo, havia uma correlação direta entre o número e a gama de ocupações que cada indivíduo buscava, o número de grandes descobertas que ele fez e seu *status* posterior como cientista. Outro historiador, Minor Myers, estudou a vida de muitas grandes figuras desde a Renascença até a era moderna e descobriu uma correlação entre a gama de habilidades desenvolvidas e a diversidade e importância das contribuições de um indivíduo. Ele concluiu que, quanto maior a diversidade de conhecimento e o conjunto de habilidades que uma pessoa pode integrar, maior o número de trocas úteis e novas resultantes.

As pesquisas do escritor Andrew Robinson sobre a vida dos polímatas Thomas Young, Rabindranath Tagore e Satyajit Ray (ele escreveu biografias de cada um) mostram que há uma ligação evidente entre polimatia e criatividade. O autor afirma: "Um número significativo de criadores excepcionais trabalharam em mais de um domínio", dando exemplos de avanços em decifração, de Thomas Young e de Michael Ventris, extraordinário inglês do século XX: "Em ambos os casos — Ventris e Young —, os avanços em decifração dependeram de seu conhecimento de domínios díspares, que seus rivais acadêmicos não possuíam". "As melhores ideias", escreveu ele, "surgiram de sua versatilidade". Isso é confirmado pelo educador e pensador criativo Ken Robinson, que diz: "a criatividade depende das interações entre sentimento e pensamento e através de diferentes fronteiras disciplinares e campos de ideias".

A Interseção Arte-Ciência

Os maiores cientistas também são artistas.
ALBERT EINSTEIN

Talvez a melhor demonstração da importância da interdisciplinaridade seja a conexão pouco apreciada entre arte e ciência. Na verdade, a ciência é muitas vezes usada como um veículo para se destacar na arte, e vice-versa. A criatividade resultante da intersecção entre arte e ciência tem sido evidente ao longo da história. Leonardo da Vinci usava a matemática para atingir a perfeição geométrica em suas pinturas, como *A Última Ceia*, enquanto Einstein usava sua música (ele tocava violino) para estimular a imaginação enquanto desenvolvia a *Teoria Geral da Relatividade*. Ambos observaram especialmente a importância dessas influências "externas" em seu trabalho. A suposta diferença conceitual entre os dois é que os "artistas" trabalham com mundos *possíveis*, enquanto os "cientistas" são obrigados a trabalhar *no mundo* "real". Na verdade, sabemos que a imaginação tem valor para a realidade, e a realidade tem valor para a imaginação.

A razão pela qual essa forte conexão funcionou para gênios como Einstein e Leonardo da Vinci é que a ciência e a arte preenchem lacunas uma da outra e servem como impulsos para os mundos entre si. Na verdade, os cientistas mais pioneiros e criativos, como Einstein, concordavam que "a imaginação é mais importante do que o conhecimento, pois este é limitado a tudo o que no momento conhecemos e entendemos, enquanto a imaginação abrange o mundo inteiro e tudo o que haverá para saber e compreender".

De acordo com um estudo da psicóloga americana Bernice Eiduson, intitulado "Pesquisa Sigma Xi", baseado em depoimentos de vários ganhadores do prêmio Nobel, a maioria dos grandes cientistas costuma ter múltiplos interesses profissionais. Uma análise aprofundada dos ganhadores do Prêmio Nobel de Literatura entre 1901 e 2002 revelou que grandes artistas e escritores costumam ter múltiplos interesses profissionais. Ele descobriu que os premiados Nobels da ciência eram altamente talentosos fora do laboratório: mais da metade tinha pelo menos uma vocação artística, e quase todos tinham um *hobby* continuado, do xadrez à coleção de insetos; um quarto eram músicos; e 18% praticavam artes visuais, como desenho ou pintura. Esses ganhadores do prêmio Nobel têm 25 vezes mais probabilidade do que o cientista médio de cantar, dançar ou atuar; 17 vezes mais probabilidade de ser artista visual; 12 vezes mais probabilidade de escrever poesia e literatura; oito vezes mais probabilidade de trabalhar com madeira ou alguma outra arte; quatro vezes mais probabilidade de ser músico; e duas vezes mais chances de ser fotógrafo.

Existem muitos exemplos. O anatomista Ronald Ross também foi um notável romancista, dramaturgo, poeta e pintor; o físico Murray Gell-Mann também é uma autoridade em história das línguas, psicologia do pensamento criativo, ornitologia e arqueologia. Isso implica que a vocação artística pode afetar a inteligência geral. Na verdade, os chamados especialistas, como Einstein, chegaram a sugerir que seus outros interesses na verdade desempenham um papel importante na contribuição e no aprimoramento do trabalho em seu campo primário. "Eu penso em música com frequência...", como ele afirmou. Muitos polímatas científicos usaram a arte para contribuir com seu entendimento de vários ramos da ciência. Ismail Al-Jazari, o prolífico inventor e engenheiro do século XII, produziu belas miniaturas de seus projetos, usando a arte como ferramenta tanto de pesquisa quanto de apresentação em seus famosos cadernos, os quais, dizem alguns, inspiraram Leonardo da Vinci. O cientista inglês do século XVIII Erasmus Darwin, médico, botânico, biólogo, cosmólogo e engenheiro, usou a poesia para articular suas reflexões sobre a natureza. O cientista bengalês Jagadish Chandra Bose se destacou como biólogo, físico e botânico e, em seguida, usou a narração de histórias como meio de exploração científica e, ao fazer isso, tornou-se um dos pais da ficção científica moderna. O cientista austríaco Ernst Haeckel, médico, zoólogo, biólogo e filósofo da ciência, expressou sua apreciação pela natureza por meio de uma série de belas pinturas e desenhos. Da mesma forma, o afro-americano George Washington Carver — referido pela revista *TIME,* em 1941, como "o Da Vinci Negro", pelas inúmeras invenções agrícolas, incluindo plásticos, tintas, corantes e gasolina — aprimorou sua compreensão da botânica com sua carreira anterior como pintor de plantas. Santiago Ramon y Cajal, neurocientista espanhol e ganhador do Prêmio Nobel, é igualmente conhecido por seus desenhos deslumbrantes de neurônios. O norte-americano Samuel Morse foi inventor e pintor em igual medida. A lista continua.

Da mesma forma, muitos artistas usaram conceitos científicos para produzir obras-primas artísticas. Salvador Dali usou seu conhecimento complexo da psicanálise freudiana e da física atômica einsteiniana para produzir pinturas excepcionais, como *O Grande Masturbador* e *Galatea das Esferas*. Desmond Morris, outra figura importante na pintura surrealista moderna, usou a experiência em zoologia para atualizar sua obra de arte altamente aclamada. "Se minhas pinturas não fizerem mais nada, servirão para demonstrar que tais títulos ("ciência" e "arte") são enganosos", diz ele. "A pintura não é apenas um ofício, é uma forma de pesquisa pessoal... Na realidade, as pessoas, hoje em dia, não são cientistas ou artistas... elas são exploradoras ou não exploradoras, e o contexto de suas explorações é de importância secundária".

O historiador da arte Kenneth Clarke observou que tanto a arte quanto a ciência emergem essencialmente das mesmas fontes imaginativas:

> Arte e ciência... não são, como costumamos supor, duas atividades opostas; na verdade, utilizam muitas das mesmas capacidades da mente humana. Em última instância, cada uma depende da imaginação. Tanto o artista quanto o cientista estão tentando dar forma concreta a ideias mal apreendidas.

Isso é confirmado por um estudo psicológico recente, que conclui: "cientistas e artistas muitas vezes descrevem seus hábitos de trabalho criativos da mesma maneira, usando a mesma linguagem, e recorrem a ferramentas mentais transdisciplinares comuns que incluem observação, imagem, abstração, padronização, pensamento corporal, empatia e assim por diante.

A necessidade de reunir a arte e a ciência novamente desde a compartimentação disciplinar e profissional da revolução industrial foi, como mencionado antes, notoriamente destacada pelo cientista-romancista C.P. Snow em suas palestras *The Two Cultures*, de 1959, que alertavam contra a divergência prejudicial entre a arte (incluindo as humanidades) e as ciências. Em 1990, o psicólogo-artista-inventor Todd Siler cunhou o termo *Artscience* em reconhecimento às interconexões entre os dois mundos, embora nem termo nem o conceito tenham decolado totalmente. Mais recentemente, Eric Schimdt, CEO do Google, uma das organizações mais criativas e influentes do mundo, afirmou que essa conexão deve ser reativada para fomentar a inovação tecnológica no mundo moderno. "Precisamos reunir arte e ciência novamente", disse ele em um discurso recente proferido a tecnólogos britânicos. "Pense nos dias de glória da era vitoriana. Foi uma época em que as mesmas pessoas escreviam poesia e construíam pontes".

Química do Cérebro

Jeong Yak-yong, assessor do Rei Jeongio da Coreia, no século XVIII, trabalhou como engenheiro civil (projetou a fortaleza Hwaseong, na moderna Suwon) e depois como enviado especial às províncias de Gyeongi. Ele também foi um poeta prodigioso que começou a escrever aos nove anos de idade, e cuja poesia desempenhou um papel fundamental no ressurgimento do chá, no século XIX. Mas, após o novo regime que perseguia os católicos, Yak-yong foi forçado ao exílio. Lá, ele teria escrito 500 volumes sobre assuntos que vão desde política, filosofia e economia até ciências naturais, medicina e música. Após seu retorno do exílio, publicou suas obras mais importantes sobre jurisprudência (*Heumheumsinseo*), linguística (*Aeongakbi*), diplomacia (*Sadekoryesanbo*), a arte da governança (*Mongminsimseo*) e administração (*Gyeongsesiryeong*). Sua capacidade de se reinventar em diferentes momentos da vida e durante diferentes circunstâncias nos mostra que o cérebro de Yak-yong tinha uma notável "plasticidade".

Existem aproximadamente cem bilhões de neurônios no cérebro, cada um com mil sinapses, e cada um interagindo entre si de uma quantidade quase infinita de maneiras (alguns estimam em cerca de cem trilhões de interconexões!). Isso não apenas demonstra a capacidade *total* do pensamento humano, mas também sua *interminável* variedade. O psiquiatra britânico Iain McGilchrist explica a interconectividade infinita do cérebro:

> O cérebro é um sistema único, integrado e altamente dinâmico. Os eventos em qualquer parte dele estão conectados e potencialmente têm consequências em outras regiões, que podem responder, propagar, aumentar ou desenvolver esse evento inicial ou, alternativamente, corrigi-lo de alguma forma, inibi-lo ou se esforçar para restabelecer o equilíbrio. Não há "partes", apenas redes, uma gama quase infinita de caminhos.

Se começássemos a contar essas interconexões na velocidade de uma por segundo, ainda estaríamos contando 30 milhões de anos a partir de agora, e se elas fossem desemaranhadas, o fio seria longo o suficiente para circundar a Terra duas vezes! Esta é a infinidade de nossos modos de pensamento.

Assim como a interconectividade, nossos cérebros (conforme descrito anteriormente) também têm plasticidade; e esta não apenas explica a versatilidade, mas também o hibridismo. A química e a estrutura do cérebro são fisicamente alteradas pela experiência, por meio da plasticidade — o cérebro não é uma massa fixa que molda o comportamento; o comportamento também molda o cérebro. A maior parte de nossas experiências anteriores se perdeu na memória consciente, mas essas experiências continuam a moldar nossas vidas de maneiras que a ciência cognitiva contemporânea tenta compreender. A diversidade de nossas experiências, portanto, molda quem somos — tornamo-nos o produto delas e do conhecimento que acumulamos, talvez assim como o hindu acredita no conceito de *karma* (embora se refira a um sistema de múltiplas existências, o conceito é igualmente aplicável a uma única vida). Michael O'Shea, Professor de Neurociência da Universidade de Sussex, confirma isso:

> Os neurônios não são unidos como o equivalente biológico a juntas de soldas em um circuito eletrônico. As juntas não são fixas, mas variam em resistência de acordo com a experiência. Dessa forma, o comportamento é adaptado continuamente de acordo com as experiências mais recentes em nosso ambiente em constante mudança.

Esse processo, conhecido pelos neurocientistas como plasticidade neural, tem implicações profundas para a polimatia. "Pode ser um erro fazer apenas uma coisa", diz Alvaro Pascual-Leone, professor de neurologia na Harvard Medical School. "Se você praticar várias atividades, realmente ficará melhor em qualquer uma delas". Ele sugere que seguir uma determinada disciplina intelectual, carreira profissional, *hobby* ou até mesmo ter uma experiência em particular não terá apenas um impacto definitivo na busca ou no envolvimento de algo completamente diferente, mas esse impacto, inclusive, provavelmente será benéfico. Quando uma pessoa muda para seguir um campo diferente do anterior, seus neurônios formam novos caminhos entre regiões anteriormente isoladas. Quanto mais diversificadas nossas habilidades, mais variadas as vias neurais em uso.

Franz Johansson, autor de *The Medici Effect*, diz que nossa mente "é um lugar onde diferentes culturas, domínios e disciplinas fluem juntos em direção a um único ponto. Eles se conectam, permitindo que conceitos estabelecidos entrem em conflito e se combinem, formando, em última análise, uma infinidade de ideias novas e inovadoras". Pesquisas modernas demonstram que o cérebro continua a criar novas vias neurais e a alterar as existentes para se adaptar a novas experiências, aprender novas informações e criar novas memórias. De acordo com o neurocientista Donald Seuss, "o cérebro se reorganiza. Diferentes regiões podem assumir e usar caminhos diferentes, redes diferentes para realizar as mesmas tarefas. Então há potencial lá. À medida que envelhecemos, há uma tendência comum de reforçar o que já sabemos, em vez de tentar coisas novas que desafiem nossos cérebros.

A criatividade, ao que parece, fomenta a polimatia, e vice-versa. "A polimatia sustenta a criatividade", diz o psicólogo cognitivo Rand Spiro, "porque a criatividade requer ideias, analogias, padrões e perspectivas de fora do domínio em que você está trabalhando". Isso nos traz de volta à dicotomia entre o lado esquerdo e o direito do cérebro. Muitos neurocientistas atribuem criatividade ao giro temporal superior interior. Durante um momento criativo, o hemisfério esquerdo quase não reage, mas o direito se torna mais ativo, mostrando um aumento notável nas ondas gama. As células cerebrais do hemisfério esquerdo têm dendritos curtos, úteis para obter informações das proximidades, mas as células do lado direito se ramificam muito mais e reúnem ideias distantes não relacionadas.

Outras revelações sobre o notável potencial intelectual e criativo do cérebro vêm de estados alterados de consciência e da liberação de genialidade que parecem resultar de condições neurológicas, experiências espirituais, drogas psicodélicas e intensificadores cognitivos ("drogas da inteligência"). Casos súbitos de Síndrome de Savant e o uso de Ayahuasca nos lembram das possibilidades, mas muitas vezes apenas ter uma educação bem pensada pode ter um impacto transformador na mente.

Unidade

Eu não concebo nenhuma realidade como se não houvesse unidade genuína.

– Gottfried Leibniz

Panorama Geral

Ir um passo adiante, além da ideia de que há conexões entre *alguns campos* é sugerir que *todos os campos* estão inextricavelmente conectados — conforme demonstrado pela "Árvore da Vida", de Aristóteles, e mais recentemente pela "Teia da Vida", de Fritjof Capra. A.J. Jacobs, editor da *Esquire*, que, como parte de um de seus "experimentos de estilo de vida", escolheu ler toda a Enciclopédia Britânica, concluiu que: "tudo está conectado, como a versão mundial do jogo 'seis graus de separação'". Edwin Hubble reconheceu que a percepção e a segmentação do conhecimento são simplesmente um processo feito pelo homem, enquanto a realidade é na verdade *um todo unificado*. "Dotado dos cinco sentidos", disse ele, "o homem explora o universo ao seu redor e chama a aventura de Ciência".

Essa obsessão humana com a compartimentação e rotulação de campos e disciplinas — alimentada em parte pela "explosão da informação" — é algo relativamente recente pela sociedade e, portanto, pela mente humana. Antes do Iluminismo europeu, os limites disciplinares não eram rigidamente fixados e, portanto, era mais fácil seguir vários campos de estudo sem os "perigos de se perder". Na verdade, não havia a noção de "extravio" — existia o reconhecimento de que tudo no cosmos estava inextricavelmente conectado de uma forma que necessariamente exigia a pesquisa de múltiplos aspectos dele. Essa abordagem holística da vida e do pensamento era considerada normal pelos primeiros polímatas "para quem a unidade dos conhecimentos, os ramos de uma árvore comum, refletia a unidade do cosmos".

A filosofia predominante em cada sociedade na história humana teve um papel a desempenhar no incentivo à polimatia, embora por razões diferentes. Mas existe um fio condutor comum em cada uma dessas visões de mundo, independentemente de tempo e lugar. Esse segmento é a perspectiva holística — que pode ser encontrada nas filosofias Grega, Romana, do Renascimento Europeu, do Antigo Egito, e iorubá, da África Ocidental, bem como nas estruturas cosmológicas confucionistas, taoístas, islâmicas, hindus, polinésias e maias. O historiador da ciência e filósofo islâmico Seyyed Hossein Nasr confirma essa questão:

> Pode-se dizer que o objetivo de todas as ciências islâmicas — e, de um modo mais geral, de todas as ciências cosmológicas medievais e antigas — é mostrar a unidade e a inter-relação de tudo o que existe, de modo que, ao contemplar a unidade do cosmos, o homem possa ser conduzido à unidade do Princípio Divino, do qual a unidade da Natureza é a imagem.

Por exemplo, o conceito islâmico de *Tawheed*, que alude à unidade de Deus e à unidade do cosmos, foi o que motivou toda uma era de polimatia muçulmana. Nasr esclarece:

> Tawhid em árabe não significa apenas unidade, mas "fazer um" — integração. Portanto, a integração foi uma das consequências mais importantes da Revelação Islâmica. O próprio Alcorão e sua mensagem de unidade é a razão pela qual a civilização islâmica clássica sempre enfatizou a importância da polimatia, e foi por isso que ela produziu tantos polímatas.

Embora os muçulmanos de fato tenham se tornado conhecidos como *muwahidun* ou os "unificadores", tal unidade desse Princípio Divino foi reconhecida na maioria das sociedades: para as tribos aborígenes, foi *arungquiltha*, para as tribos polinésias, *mana*, para as tribos mesoamericanas, *waken*. Como Fritjof Capra, físico e autor do *O Tao da Física* confirma:

> A interconexão fundamental de todos os fenômenos, que é o *insight* central dos polímatas enquanto pensadores sistêmicos, é também o *insight* fundamental das tradições espirituais orientais, do hinduísmo e budismo ao taoísmo.

O filósofo e polímata cristão do século XIII, Tomás de Aquino, descreveu como a teologia poderia reunir todas as áreas de conhecimento, oferecendo um vislumbre do "conhecimento do próprio Deus, que é a visão única e simples de tudo". Influenciado por isso, o estudioso de Cambridge Keith Eyeons, autor de *The Theology of Everything*, explica como a Unidade Divina era vista pelos polímatas cristãos como a fonte original, e como isso naturalmente inferia na interconexão de tudo:

> Deus é a fonte das estruturas racionais do universo pesquisadas pelos cientistas. Deus também tem uma glória e uma beleza as quais são parcialmente vislumbradas por meio da criação. Além disso, Deus é amor, e a crença cristã na Trindade sugere que existem relacionamentos de amor dentro da natureza tríplice de Deus. As relações e as comunidades humanas, portanto, refletem algo do caráter da consciência divina que molda o universo. A combinação dessas ideias teológicas indica, por exemplo, que a física, a arte e amizade estão todas conectadas.

Não está claro se Leonardo da Vinci, nosso polímata por excelência, tinha a mesma perspectiva por causa de suas crenças cristãs. O que sabemos, entretanto, é que ele estava interessado nas ideias holísticas do Oriente. Martin Kemp, o maior especialista do mundo em Da Vinci, confirma essa informação:

> Leonardo da Vinci conversava com capitães do mar para perguntar sobre outras culturas. Ele teria se interessado particularmente pelas filosofias mais holísticas que, em geral, representavam o conhecimento fora do pensamento europeu especializado, e pela noção em que os procedimentos rígidos dos dados empíricos são menos prevalentes e menos dominantes.

Ao afirmar que tudo está inextricavelmente conectado, Leonardo da Vinci acreditava de verdade que uma disciplina não poderia ser de todo entendida sem a sólida compreensão de várias outras. Com frequência, ele apontava para as conexões fundamentais entre pintura, música, poesia, filosofia e ciência. "Quem despreza a pintura não ama a filosofia nem a natureza", dizia ele, "a música pode ser chamada de irmã da pintura" e "se a poesia trata da filosofia moral, a pintura tem a ver com a filosofia natural". O mundo inteiro (e o conhecimento dele), de acordo com Da Vinci, é uma grande família (e italiana!). Na verdade, é porque ele não via as coisas em categorias que suas anotações pareciam tão dispersas — ele trocava de assunto naturalmente porque via tudo conectado. Como diz Kemp:

> Leonardo da Vinci era uma espécie de pensador lateral patológico... então, ao explorar a anatomia, ele observa o coração, o movimento da água... E ao

explorar o movimento da água, ele pensa na ondulação do cabelo, e assim por diante — seria uma espiral infinita desses interesses relacionados, e por trás de toda essa variedade há uma coisa comum, uma causa e um efeito.

Mas a perspectiva holística não é, de forma alguma, exclusiva das antigas filosofias pré-modernas e cosmologias religiosas. É também uma característica do paradigma científico moderno. E.O. Wilson — considerado por muitos um dos maiores cientistas do mundo e defensor do método científico e da razão — clama, ele próprio, pela unidade do conhecimento em seu livro *Consiliência:* "Um sistema unido de conhecimento é o meio mais seguro de identificar os domínios ainda inexplorados da realidade". Essa visão de mundo, de acordo com E.O. Wilson, é o estado natural da consciência humana. Ele enfatiza que a unificação do conhecimento "satisfaz os impulsos que surgem do lado admirável da natureza humana" e, de fato, "dá propósito final ao intelecto".

Muitos dos maiores pensadores do mundo na história da ciência e da filosofia ocidentais modernas têm observado a utilidade (e às vezes indispensabilidade) dessa perspectiva. Mais uma vez, não é surpresa que muitos destes fossem de fato polímatas. Goethe via a natureza como "um grande todo harmonioso", e Humboldt tinha o "hábito de ver o globo como um grande todo". Buckminster Fuller enfatizava que o mundo seria uma entidade única ou um "todo não fragmentado", e expressava a crença convicta em sua unidade absoluta, além da consequente necessidade por pessoas com uma compreensão mais completa do cosmos. É um método de pensamento que trata tudo no mundo como parte de um único campo no qual tudo está interconectado.

Embora o holismo seja uma filosofia antiga, com raízes na cosmologia hindu, ele tem sido um aspecto essencial do pensamento ocidental por séculos (Kant, Spinoza, Hegel e Nietzsche foram bastante influenciados por ele). Na verdade, "holismo" como termo filosófico, foi cunhado por ninguém menos que um dos eminentes polímatas do século XX, Jan Smuts, que em seu livro *Holism and Evolution* (1927) clamou pela unidade de todas as coisas e conhecimentos. O texto faz alusão ao que cientistas, artistas e filósofos há muito consideram ser um "ponto de fuga" — uma noção geométrica com implicações filosóficas, para onde todas as nossas áreas específicas de pesquisa, conhecimento e compreensão acabam convergindo.

Essa insistência na inseparabilidade de vários domínios aparentemente díspares ainda é compartilhada por muitos dos polímatas de hoje, sejam científicos, sejam artísticos. "Vejo tudo interligado, e estou motivado a procurar conexões em grande parte porque nada faz sentido para mim isoladamente", diz o filósofo e polímata Roger Scruton. "Muitos cientistas reconhecem isso. Não se pode compreender a biologia sem vê-la em termos das leis da física, assim como as próprias leis da física devem ser compreendidas em termos de sua aplicação na biologia".

Quando questionado sobre qual das artes — teatro, poesia, música e pintura — era sua preferida, o polímata artístico Viggo Mortensen respondeu: "Eu realmente não as separo; são todas a mesma coisa". Outro polímata artístico, Billy Childish, pensa o mesmo: "Não me identifico como escritor, pintor ou músico, mas como alguém a caminho da realização. Para mim, é um caminho de vida espiritual". A criatividade para essas pessoas também é natural. David Stewart, o músico muitas vezes descrito como "homem da Renascença" moderno, disse: "as pessoas falam sobre pensar fora da caixa, certo? Bem, para mim, eu nem sequer vejo uma caixa".

Contexto

> *As coisas derivam do seu ser e da sua natureza por dependência mútua, e não são nada em si mesmas.*
>
> – Nagarjuna, filósofo budista (150–250)

Contexto é algo que está intimamente relacionado à unidade. É o ato de considerar um determinado objeto ou fenômeno em relação ao quadro maior que o cerca, com o objetivo de melhor compreender o objeto original. Para compreender o contexto, é necessário pesquisar e considerar uma infinidade de fenômenos relacionados (próximos e distantes) — permitindo uma análise multidimensional de 360°. A importância dessa abordagem, marca registrada do polímata, foi defendida por Hegel e então enfatizada por Dewey, que sustentava que negligenciar o contexto é o erro mais grave que os filósofos cometem. Mas esse erro certamente não se limita aos filósofos. O polímata Rabindranath Tagore faz uma analogia de crianças em idade escolar compreendendo o sentido de uma frase:

> As crianças, quando começam a aprender cada letra separada do alfabeto, não encontram prazer nisso, porque perdem o verdadeiro propósito da lição; na verdade, enquanto as letras exigem nossa atenção apenas por si mesmas e como coisas isoladas, elas nos cansam. Elas se tornam uma fonte de alegria para nós apenas quando se combinam em palavras e frases e transmitem uma ideia.

Os perigos da ignorância contextual podem ser demonstrados infinitamente em todas as esferas da vida. Inúmeras citações de livros, discursos e textos religiosos, por exemplo, têm sido extraídas de forma desastrosa (ou até astuciosa, às vezes) e usadas fora do contexto, levando a graves mal-entendidos que frequentemente têm consequências lamentáveis. Considere a falta de sentido (ou "enganação") de um único verso se tirado de um grande soneto; ou de um capítulo de um grande romance ou de uma equação de toda a sua teoria; ou de uma nota de uma sinfonia; ou de uma polegada quadrada de uma grande pintura. "Nada é o que é, exceto no contexto em que está inserido", diz Iain McGilchrist, "Retire-o e ele muda sua natureza". Essa tendência de isolar objetos de seu ambiente é o que o filósofo Edgar Morin chamou de "inteligência cega".

Alguns darwinistas afirmam que o cérebro humano necessariamente desenvolveu uma tendência focada e especializada, porque isso ajudou na sobrevivência durante o processo de seleção natural. Mas essa suposição precisa ser repensada. A verdadeira sobrevivência requer uma compreensão real não apenas da ameaça ou oportunidade em questão, mas de todas as ameaças e oportunidades relacionadas e adjacentes. Ou seja, para a sobrevivência, o hemisfério direito do cérebro é tão importante quanto o esquerdo. Tratar cada ameaça isoladamente do contexto geral muitas vezes significa suicídio.

Os polímatas entendem que sobreviver *é* compreender, e compreender verdadeiramente requer uma avaliação contextual e holística de qualquer assunto ou situação. Também requer extrema atenção, e o hemisfério direito do cérebro — responsável pelo pensamento contextual e holístico —, de acordo com os cientistas cognitivos, controla quatro quintos da atenção geral. McGilchrist dá o exemplo dos animais selvagens: eles devem permanecer focados na comida quando estão comendo, mas também devem, simultaneamente, ficar vigilantes sobre o que os cerca — o hemisfério esquerdo de seu cérebro é responsável pelo estreito foco na comida, e o lado direito é responsável por uma forma mais ampla de atenção (observar predadores e companheiros, por exemplo).

Portanto, para a sobrevivência, tanto o foco intenso quanto o pensamento contextual são necessários em igual medida. Na verdade, nossa obsessão atual com o particular em vez do geral, com fatos em vez de regras gerais, é, de acordo com o estatístico e filósofo Nassim Nicoalas Taleb, uma das principais razões pelas quais permanecemos despreparados para "Cisnes Negros" (eventos extremos improváveis, mas inevitáveis, como quedas de mercado e ataques terroristas).

Pensamento Sistêmico

Ame todas as coisas igualmente: o universo é um.
– Hui Ssu

Diversificar seu conhecimento é uma coisa. Unificar, realizar uma síntese magistral para realizar uma visão do todo é outra. Nicolau Copérnico, cuja revolução heliocêntrica nasceu de um processo de aprendizagem universal, ficou frustrado com o método dos astrônomos "especialistas" emergentes de sua época:

> Com eles é como se um artista reunisse mãos, pés, cabeça e outros membros para suas imagens de diversos modelos, cada parte excelentemente desenhada, mas não relacionada a um único corpo, e uma vez que não combinam entre si, o resultado seria um monstro, em vez de um homem.

Desde a Renascença, os pensadores ocidentais têm amplamente adotado a abordagem reducionista da ciência e da filosofia, iniciada, em especial, pelo filósofo francês René Descartes. A maneira cartesiana via o mundo em termos de fundamentos individuais, certos blocos de construção que poderiam ser mais bem compreendidos por meio da análise reducionista. Por 300 anos, essa abordagem percorreu um longo caminho na investigação e explicação de vários fenômenos naturais.

Mas, no início do século XX, um grupo de cientistas percebeu que o conhecimento nas ciências estava se tornando cada vez mais fragmentado, fazendo com que as pessoas perdessem de vista as conexões inerentes e a unidade de todos os fenômenos naturais. Esse grupo de pensadores científicos procurou retornar ao modo tradicional de pensamento holístico pré-iluminista, o qual eles desenvolveram em uma estrutura científica chamada Pensamento Sistêmico (desenvolvido pelo polímata soviético Alexander Bogdanov e popularizado pelo biólogo austríaco-americano Ludwig von Bertalanffy). Esse novo paradigma científico inspirou um novo movimento ecológico (cujo pensamento foi descrito como "ecologia profunda"), do qual a inovadora Hipótese de Gaia, de James Lovelock, é a manifestação mais conhecida. Na verdade, foi Barry Commoner, um dos pioneiros do movimento ecológico nos Estados Unidos, que insistia que "tudo está conectado a todo o resto".

O pensamento sistêmico, de acordo com um dos principais defensores vivos desse movimento, Fritjof Capra, refere-se essencialmente a "conexão, relacionamentos e contexto". Sua premissa é de que a natureza do todo é sempre diferente da mera soma de suas partes, e que as relações entre os objetos são *primárias* e os próprios objetos *secundários* (já que os objetos não são nada além de redes, incorporados em redes maiores). Portanto, o conhecimento não é um "edifício", mas sim uma "rede", de acordo com pensadores sistêmicos.

Capra contribuiu para o Pensamento Sistêmico importando elementos da filosofia oriental a fim de melhor compreender a ciência ocidental moderna, em especial com o *best-seller O Tao da física,* publicado em 1975. Seu estudo sobre o pensamento de Leonardo da Vinci — quem ele afirmou ser o pensador sistêmico por excelência — confirmou sua ligação com a polimatia. Hoje em dia, o valor prático do Pensamento Sistêmico tem sido reconhecido em muitos campos, e seus princípios são aplicados e adotados por líderes e gerentes em negócios e nos governos, bem como em várias disciplinas intelectuais, incluindo economia, ecologia, filosofia e muito mais.

Pensamento do Cérebro Integrado

> *Estes são os princípios para o desenvolvimento de uma mente completa: Estude a ciência da arte. Estude a arte da ciência... Perceba que tudo se conecta a tudo o mais.*
>
> Leonardo da Vinci

A ideia de "pensamento holístico" nunca deixa de causar apreensão entre muitos cientistas materialistas modernos, que logo a associam, de forma pejorativa, à "baboseira filosófica" do espiritualismo da Nova Era. Mas, ironicamente, é a neurociência moderna que fornece a melhor explicação para esse modo de pensamento. É entendendo o papel do hemisfério direito do cérebro, comparando-o com o lado esquerdo, que a importância do pensamento holístico e contextual pode ser totalmente apreciada. A inclinação do hemisfério direito é "ver as coisas como um todo e em toda a sua complexa interdependência", enquanto a do hemisfério esquerdo é "olhar estreita e isoladamente". O "esquerdo fornece o conhecimento sobre as partes, enquanto o direito fornece a sabedoria do todo", diz o psiquiatra Iain McGilchrist.

Além disso, de acordo com vários estudos neuropsicológicos, o hemisfério direito mostra-se responsável por todos os tipos de atenção (vigilância, alerta, atenção sustentada e atenção dividida), exceto pela "atenção concentrada", que é domínio do hemisfério esquerdo. Isso implica que o direito é responsável pela "atenção ampla, global e flexível", enquanto o esquerdo domina em termos de "atenção local, estritamente focada". McGilchrist afirmou (em sua obra-prima *The Master and his Emissary*) que nossas habilidades de pensar holisticamente variaram em diversos pontos da história ocidental, e estiveram em seu ápice durante os períodos que consideramos os mais criativos e intelectualmente produtivos (isto é, Grécia Clássica, Europa Renascentista e Iluminismo).

Na década de 1950, o célebre pensador britânico Isaiah Berlin publicou uma análise da estrutura intelectual de Leon Tolstoi. Ao fazer isso, dividiu os grandes pensadores da história em dois tipos gerais, as raposas e os ouriços, e examinou em qual dos dois Tolstoi se encaixava. O ouriço, explicou ele, "relaciona tudo a uma única visão central, um sistema menos ou mais coerente ou articulado, em termos do que ele entende, pensa e sente". É um sistema que é "um princípio único, universal e organizador em termos do qual somente o que eles são e dizem tem significado".

A Raposa, por outro lado, "persegue muitos fins, geralmente não relacionados e até contraditórios, conectados, se é que existem, apenas *de fato*, por alguma causa psicológica ou fisiológica, relacionada a nenhum princípio moral ou estético. Seu pensamento é disperso ou difuso, movendo-se em muitos níveis, apreendendo a essência de uma grande variedade de experiências e objetos". Em resumo, o ouriço "sabe uma grande coisa", enquanto a raposa "sabe muitas pequenas coisas". Mas é a *conclusão* de Berlim que é importante. Ele descobriu que Tolstoi não se encaixava claramente em nenhuma das categorias; ele não era generalista nem especialista. Na verdade, era ambos.

A lição é que a propensão a se *especializar* ou a *variar com a polimatia* são ambas, até certo ponto, inerentes a todos nós; e o melhor dos polímatas demonstra a capacidade de fazer as duas coisas simultaneamente. Eles tendem a não ver *universalidade* e *particularidade* como uma dicotomia, pelo contrário, como perspectivas complementares que trabalham juntas sincronisticamente, como o *Yin-Yang*, para revelar a realidade em sua forma mais clara. É uma mentalidade necessária para o método de investigação estabelecido acima: um processo de duas etapas que primeiro requer uma "imersão diversa" e é então seguido pela "junção dos pontos" para compreender o todo. Portanto, tanto o raciocínio lógico (que promove a especialização) quanto a intuição holística (a marca do generalista) são igualmente importantes no processo.

É por isso que os hemisférios direito e esquerdo do cérebro agregam valor igual ao pensamento humano (embora, de acordo com McGilchrist, o direito seja o Mestre, e o esquerdo, o seu Emissário), e é quando eles trabalham juntos que o potencial polimático é alcançado de forma ideal. Os melhores pintores entenderam a necessidade de focar intrincadamente o detalhe, bem como dar passos intermitentes para trás a fim de visualizar a imagem inteira e garantir a proporcionalidade. Para um escritor, é tão importante focar intensamente cada seção, capítulo e parágrafo a fim de garantir que sejam únicos, quanto é assegurar a continuidade, a conexão e a unidade do trabalho como um todo.

Para adaptar uma bela analogia criada pelo grande poeta libanês Khalil Gibran, embora várias cordas em um alaúde possam ser separadas, cada uma igualmente importante com sua própria nota, e cada uma exigindo um ajuste fino meticuloso, é apenas quando ressoam juntas em completa harmonia que uma bela música é lançada aos nossos ouvidos. Este era um princípio reconhecido por artistas e cientistas. Henry Poincare, conhecido como "o último universalista", por seu domínio de todos os campos matemáticos, disse:

> É a harmonia das diversas partes, sua simetria, seu feliz equilíbrio; em uma palavra, é tudo o que introduz ordem, tudo o que dá unidade, que nos permite ver claramente e compreender ao mesmo tempo tanto o conjunto quanto os detalhes.

Roger Wolcott Sperry, neuropsicólogo e ganhador do Prêmio Nobel, confirma que é "quando o cérebro está completo, a consciência unificada dos hemisférios esquerdo e direito soma mais do que as propriedades individuais dos hemisférios separados". A descrição de Sperry mostra que, no cérebro do verdadeiro polímata, os hemisférios direito e esquerdo são colocados em igual uso, de forma complementar, a fim de liberar os avanços criativos pelos quais são conhecidos há muito tempo.

McGilchrist acredita que esse equilíbrio foi mais bem alcançado na história ocidental durante os períodos da Renascença e do Iluminismo, que se correlaciona com a época em que a polimatia no ocidente estava em seu auge. Ele sugere que nas culturas dos gregos, romanos e renascentistas "havia um equilíbrio fecundo entre as 'tomadas' dos dois hemisférios... vê-se que, para compreender um aspecto do mundo, precisamos compreender tantos outros quanto possível, uma vez que o impulso do hemisfério direito é ver as coisas conectadas, em vez de compartimentadas".

Hoje em dia, estamos entrando em um novo paradigma de complexidade que requer uma mudança no pensamento, partindo do desproporcional foco no hemisfério esquerdo (que temos experimentado por séculos) para uma mente *completa*, que utiliza ambos os hemisférios de forma sinérgica e sincronizada. É importante ressaltar que precisamos de um sistema educacional, um ambiente profissional e uma cultura predominante que efetivamente promovam isso.

Especialistas Genuínos

> *Com eles é como se um artista reunisse as mãos, os pés, a cabeça e outros membros para suas imagens de diversos modelos, cada parte perfeitamente desenhada, mas não relacionada a um único corpo, e já que em nada combinam entre si, o resultado seria um monstro, em vez de um homem.*
>
> NICOLAU COPÉRNICO

É muito comum presumir que, quando os gênios entram em uma espécie de "sintonia", eles tenham a visão focada, bloqueando toda distração periférica para se concentrar em uma tarefa muito específica. A verdade é que essa "sintonia" é, de fato, o ponto em que o gênio encontra absoluta unidade e harmonia em todos os aspectos — centrais ou periféricos —, mesmo que remotamente ligados à tarefa em questão, seja o arremessador em um jogo de beisebol, um escritor com seu *laptop*, seja um músico com o violino. É o que Adler descreve como aprender habilidades múltiplas a fim de formar um hábito abrangente: "no início, o aluno presta atenção a si mesmo e à sua habilidade no ato isolado; quando os atos deixam de ser separados para focar a habilidade de todo o desempenho, o aprendiz pode finalmente prestar atenção ao objetivo que a técnica adquirida lhe permite realizar". Ele estava se referindo à arte da leitura, mas isso se aplica a qualquer tarefa "especializada". É um estado ideal da mente a que o psicólogo Mihaly Csikszentmihalyi se refere como "fluxo" — agora explicado pelos neurocientistas como o sentimento de unidade completa experimentado por uma desaceleração da mente consciente (hipofrontalidade transitória) frente à mente inconsciente.

Embora esse "estado de fluxo" esteja amplamente associado a profissionais e pensadores de elite, de alto desempenho, em diferentes campos, ele também é vivenciado em momentos da vida cotidiana por todos nós. Dirigir um carro, por exemplo, é visto como um ato, mas na realidade é uma infinidade de tarefas as quais requerem múltiplas habilidades cognitivas que, ao ligar a ignição, se unem em total harmonia. Essa unidade subconsciente e instintiva sentida pelo motorista é análoga à unidade sentida pelo polímata, que vê a direção como a "vida em geral" e os "campos" são as muitas facetas (espelho, alavanca de câmbio, embreagem, freio, acelerador, volante).

Portanto, embora os polímatas possam de fato segmentar diferentes aspectos deste mundo para fins práticos e organizacionais, isso é feito enquanto avaliam que todos os segmentos estão intimamente conectados e, em última análise, formam o todo. Eles veem que o todo é maior que a soma das suas partes. Pode parecer uma noção óbvia quando explicitada dessa forma, mas em um mundo muito compartimentado, ela é facilmente perdida de vista e raramente contemplada.

No geral, aqueles que alertam quanto a essa ampla disseminação ignoram o fato de que a *diversidade* pode realmente aprimorar o conhecimento geral e a inteligência frente à especialização, que restringe o grau em que a pessoa pode progredir — tanto como um todo, quanto em qualquer disciplina. Para o pensador superficial, as partes do todo serão sempre a soma de suas partes. Para o polímata, diversas partes, quando sintetizadas, desencadeiam um resultado criativo que inevitavelmente aumenta o tamanho e a essência do todo. O guru da criatividade Dave Trott baseou seu *best-seller One Plus One Equals Three* nesse conceito.

Navegando na Era da Informação

Quem aprende, mas não pensa, está perdido!
Confúcio

Ter uma visão clara do todo é um desafio, especialmente com a quantidade muito vasta de informações agora disponíveis. O desafio é conseguir selecionar o que pode ser valioso para cada um de nós e colocar as coisas no contexto de nossas vidas especificamente e do mundo em geral de uma forma que seja importante para nós. É ao que Edward de Bono se refere como "pensar para criar valor". Desse modo, todos nós, até certo ponto, devemos nos tornar polímatas, e o mundo deve ser nosso campo central, e cada aspecto da existência que importa para ele deve ser explorado e usado a fim de compreendê-lo em sua totalidade.

"Estamos nos afogando em informações, enquanto temos fome de sabedoria", diz E.O. Wilson, um dos principais filósofos da ciência da atualidade. "Doravante, o mundo será comandado por sintetizadores, pessoas capazes de reunir as informações certas na hora certa, pensar criticamente sobre elas e fazer escolhas importantes com sabedoria". Peter Burke, o maior especialista mundial sobre a evolução da polimatia na Europa, conclui o mesmo:

> Em uma era de especialização, os generalistas são mais necessários do que nunca — não apenas para a síntese, a fim de ter uma visão geral, mas também para a análise, uma vez que é preciso ser um polímata para "observar a lacuna" e chamar a atenção aos conhecimentos que podem de outra forma desaparecer nos espaços entre as disciplinas, tal como estão definidas e organizadas atualmente.

O filósofo francês Edgar Morin, pai da Teoria da Complexidade, disse:

> Precisamos de um pensamento que reconecte o que está desarticulado e compartimentado, que respeite a diversidade ao reconhecer a unidade e que tente discernir as interdependências. Precisamos de um pensamento radical (que vai à raiz dos problemas), um pensamento multidimensional e um pensamento organizacional ou sistêmico.

As escolas e as universidades têm sido tradicionalmente centros de *disseminação* do conhecimento — a transferência deste, isto é, por meio de palestras e livros do professor para o aluno. Mas hoje em dia, na "Era da Informação", *a disponibilidade de informações* não é mais o problema; e sim, *navegar por essa informação* é o desafio dos nossos tempos. "Como todos têm acesso a esse *tsunami* de informações, é na verdade crucial ensinarmos como navegá-lo", destaca Jimmy Wales, fundador da Wikipedia. "Como sabemos em que confiar? Muitas pessoas não aprenderam essas habilidades". A navegação requer pensamento e, como Edward de Bono aponta, nossas instituições educacionais atuais não cumprem o importante papel de ensinar a habilidade indispensável de *pensar*. É pelo pensamento — o processo que envolve dedução, síntese e aplicação — que a *informação* se torna *conhecimento*.

A censura, hoje em dia, não está em *reter* informações, mas sim em *inundar* você com informações de forma aleatória e desconexa. Isso nos oprime e nos confunde ou nos força a desistir de compreender o todo e nos concentrar em algo específico. Pode facilmente intensificar a especialização limitada e de mente fechada da qual nossa sociedade já sofre. "Sempre buscamos uma biblioteca global e universal desde Babilônia, Alexandria e assim por diante", diz o psicólogo Rand Spiro, que estuda a respeito da educação multimídia, "agora a temos na forma da internet, mas infelizmente as pessoas a estão usando de uma forma fechada, para se poupar do trabalho de pensar... quando, na verdade, a *Web* é muito boa em encontrar visões alternativas".

Embora isso certamente incentive uma cultura de relativa condescendência, preguiça e privação do pensamento humano (há muitas pesquisas que sugerem isso), os benefícios podem ser infinitamente maiores se cada indivíduo conseguir utilizá-lo de maneira inteligente. "Na era da informação moderna, alguém pensaria que a chance de obter informações mais rapidamente provocaria a polimatia", diz Hamlet Isakhanli, "[ela] cria grandes oportunidades para quem deseja aprender muitas coisas". Na verdade, uma "indústria de ideias" em expansão, incluindo conferências, portais da *Web* e *podcasts* que hospedam uma variedade de palestrantes de diferentes áreas (como Idea City, Lift, Big Think, RSA, Intelligence Squared, Jo Rogan Experience, Tim Ferriss, London Real), desempenha um papel importante no incentivo à expansão da mente e ao desenvolvimento do ser.

Sejam teóricas, sejam experienciais, as informações estão prontamente disponíveis ao nosso alcance. Pode-se aprender quase tudo: mecânica de automóveis, filosofia polinésia, sobrevivência em situações de emergências, a história da arte russa, solução de problemas de *software*, engenharia de telefones celulares, economia marxista, farmacologia aplicada, encanamento de casas. É fácil "perguntar ao Google ou à Wiki" a respeito de quase tudo. As informações baseadas na *Web*, se obtidas com sabedoria, podem permitir que qualquer pessoa desenvolva a polimatia. Fontes *online* como YouTube (todos os tipos de vídeos imagináveis), Khan Academy (tutoriais sobre uma variedade de assuntos), TED (novas ideias sobre diversos temas), Edge (ideias da elite científica do Ocidente), Wikipedia (que tem 31 milhões de artigos em 267 idiomas diferentes), sem mencionar os cinco milhões de *e-books* disponíveis gratuitamente e todos os jornais e revistas disponíveis *online*, nos inundam com um *tsunami* de informações.

No entanto, as instituições educacionais não progrediram em seu papel secular relativo à comparação e distribuição (transferência) de conhecimento a fim de ensinar a melhor forma de organizá-lo, compreendê-lo e usá-lo. O pensamento crítico é igualmente, senão mais, necessário hoje do que no passado para discernir quais informações são necessárias, quando, em que medida e em que contexto.

Revolução

De acordo com a narrativa mais comum sobre a evolução humana, de dois milhões até dez mil anos atrás, o mundo era o lar, ao mesmo tempo, de várias espécies humanas: *Homo Neandethalensis, Homo Erectus, Homo Soloensis, Homo Floresiensis, Homo Rudolphensis, Homo Ergaster* e *Homo Sapien*. Uma revolução cognitiva foi o que permitiu aos *sapiens* sobreviver à extinção em relação ao outro gênero *Homo*. Um cérebro grande, o uso de ferramentas, habilidades de aprendizagem superiores e estruturas sociais complexas foram o que garantiram a sustentabilidade do *Sapien*.

Esta foi a primeira revolução cognitiva; a segunda ainda não aconteceu. É claro que houve renascimentos culturais e intelectuais, como em Córdoba do século XI, Timbuktu, no século XIII, Florença, no século XV, e Paris, no século XVIII (entre muitos, muitos outros). Houve avanços tecnológicos e despertares espirituais, bem como revoluções científicas, políticas e econômicas em diferentes pontos nos últimos milênios. Mas uma revolução *cognitiva* — que altera a estrutura neurológica do cérebro para provocar uma mudança na consciência de uma espécie inteira — ainda está por vir. E *precisa* vir *neste século*. Poucos contestariam a avaliação de que a humanidade está sofrendo uma crise existencial, que requer uma resolução iminente. E é a antiga espécie humana de polímatas que, mais uma vez, terá de estar à altura do desafio.

CAPÍTULO 6

Um Sistema Alternativo

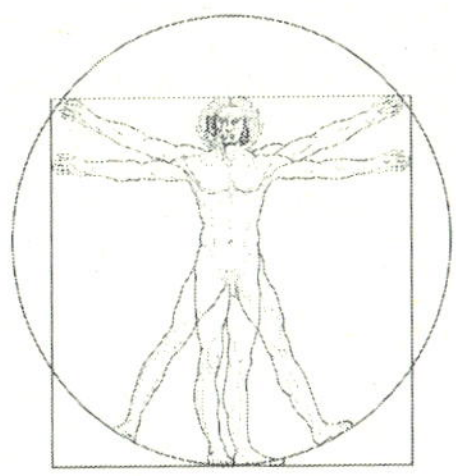

O capítulo anterior propôs nada menos do que uma revolução cognitiva — uma emancipação do *Self* da política de desumanização perpétua feita pelo sistema. Em última análise, porém, o problema da especialização é sistêmico e, portanto, exige uma solução sistêmica. Então, este capítulo serve para aqueles que ocupam a posição de influenciar a maneira como percebemos e definimos a sociedade, a educação, o trabalho e, mais importante, o futuro. Queremos alguns poucos polímatas no controle do futuro, ou queremos finalmente libertar o potencial polimático de todos os seres humanos?

Sociedade: Uma Comunidade de Mentes

Uma das principais razões pelas quais tantos polímatas foram produzidos nas grandes civilizações da história (além do fato de ser onde as realizações humanas provavelmente tenham sido mais registradas) é que a maioria dos impérios (como o otomano, romano e britânico) cresceu até incluir e assimilar povos de várias culturas, visões de mundo, línguas e ideias. A diversidade de interação social na qual um indivíduo se envolve certamente desencadeia um processo de hibridismo social e intelectual. Ronald Burt conclui o mesmo fato em seu *Social Origin of Good Ideas*:

> Pessoas que vivem na interseção de mundos sociais correm alto risco de ter boas ideias... Aquelas, ao contrário, ligadas a grupos segregados têm maior probabilidade de estarem familiarizadas com formas alternativas de pensar e se comportar, o que lhes dá a opção de selecionar e sintetizar alternativas.

Em seu livro *The Difference*, o teórico da complexidade Scott Page revela que, de acordo com uma extensa pesquisa, o progresso e a inovação podem depender menos de pensadores solitários com alto QI do que de diversas pessoas trabalhando juntas e capitalizando cada individualidade. Seu trabalho mostra como grupos que exibem uma variedade de perspectivas superam grupos de "especialistas" de mentalidades semelhantes. É uma das razões pelas quais o júri é uma parte tão importante do sistema judiciário — permite que pessoas de diversas origens aleatórias se reúnam, tragam suas perspectivas para o caso e as conjuguem com outras para chegar a uma visão nova, que o advogado, altamente treinado e especializado, sozinho não seria capaz de ter.

Esse processo, cunhado por Aristóteles como a "sabedoria da multidão", é usado em diversos campos, incluindo jornalismo (para decidir o que é incluído nas notícias), política (como a organização da democracia ateniense), Academia (projetos interdisciplinares) e no mundo empresarial (grupos consultivos de domínios transversais e de fontes diversas).

O impacto criativo da diversidade não se aplica apenas a grupos. A diversidade em uma única mente (em oposição a um conjunto de mentes) também pode ter um efeito criativo semelhante. As interações com novas culturas, pessoas, ideias e formas de pensar permitem que as mentes individuais compreendam e apreciem plenamente a diversidade da vida tanto no nível consciente quanto no inconsciente. E assim, a diversidade de um grupo impacta a diversidade de seus próprios processos de pensamento individuais, e vice-versa. O cientista cognitivo Rand Spiro fala sobre essa "colaboração dentro e entre as mentes":

> O que é bom para um também é bom para o mundo, um fortalece o outro... trabalhando em grupos, você ouve diferentes perspectivas, o que lhe dá, como indivíduo, outras visões... mais adequadas, por sua vez, para trabalhar em grupos... mais tentáculos, mais pontos de conexão possíveis Você se torna melhor em "ser um grupo para você mesmo" e, assim, se engaja em um diálogo interno com base em múltiplas perspectivas.

Na verdade, esse processo tem um impacto físico definitivo no cérebro. Agora sabemos que o peso do cérebro, a espessura cortical e o circuito neural variam e mudam de acordo com a quantidade, o tipo e a natureza da interação social.

O aumento da diversidade no indivíduo, então, por sua vez, permite um aumento exponencial na diversidade de uma sociedade como um todo, formando um ciclo positivo de retroalimentação. Portanto, é mais provável que um ambiente multicultural cosmopolita que tenha uma interação interclasses consistente e genuína, entre vários campos e várias culturas, permita o hibridismo entre pessoas, ideias e áreas. É um ambiente que gera polimatia naturalmente, desde que o indivíduo tenha momentos de introspecção para internalizar a diversidade, bem como para manifestar sua diversidade interior por meio da expressão exterior.

Há casos, entretanto, em que essa dependência de grupos inibe a propensão da pessoa em se desenvolver como polímata. Com a doutrina econômica neoliberal emergindo na Era Industrial como o sistema socioeconômico predominante em todo o mundo, o *indivíduo* foi ultrapassado pela *organização* — ou seja, a *corporação*. Grandes personalidades foram substituídas por grandes *empresas* como impulsionadores e agitadores do mundo. Estas últimas cresceram para superar o papel e a influência do estado-nação (das 100 maiores economias do mundo, a maioria agora são empresas, não países), com profundas implicações para a polimatia no nível individual (humano). A empresa se humanizou, com sua própria visão e missão, bem como seu próprio conjunto de valores, e, tendo assumido seus direitos, invadiu e acabou dominando o reino do indivíduo.

Isso, junto com o aumento exponencial do conhecimento (a "explosão de informação") e a desumanização do homem, significa que a diversidade, a interdisciplinaridade e a multidisciplinaridade se tornam uma "equipe" com interesse *organizacional* em vez de *individual.* O tecnólogo Vinnie Merchandani dedicou um livro inteiro à aplicação da analogia do polímata à empresa do século XXI. Os "novos polímatas" são as empresas multinacionais que se destacam em várias tecnologias e sintetizam vários *pools* de talentos de diferentes setores; são os Leonardos da Vinci e os Ben Franklins de hoje, afirma ele.

Deve-se ter cuidado, portanto, especialmente no mundo corporativo, para garantir que os benefícios da diversidade comunitária fluam nos dois sentidos — do indivíduo para a comunidade, ou vice-versa. Não devemos, como adverte o filósofo e polímata da tecnologia Jaron Lanier, glorificar o coletivo às custas do indivíduo.

Verdadeira Globalização

H.G. Wells, ele próprio um polímata — romancista, desenhista, biólogo e escritor de história e política —, desenvolveu o conceito de "cérebro mundial" em 1936. "Minha linha especial de país sempre foi generalização e síntese", dizia ele. "Não gosto de eventos isolados e detalhes desconexos". As ideias de Wells sempre foram em nível global. Ele escreveu a história do mundo, foi membro ilustre do movimento pela Paz Mundial e juntou-se ao movimento por um Governo Mundial após a Segunda Guerra Mundial. Como oponente declarado do racismo e do classismo, foi um dos poucos intelectuais britânicos que via o mundo de fora do prisma imperial e compreendia a importância do conhecimento das várias partes do mundo; como esse conhecimento contribuiria para a história e como era indispensável para a paz no futuro. Ele imaginou um mundo genuinamente diverso, mas ao mesmo tempo integrado. Uma *verdadeira* globalização.

A globalização do século XXI, que até certo ponto facilitou o processo de hibridismo global ao expandir e compilar a comunidade de mentes, abriu muitos novos mundos para o indivíduo que de outra forma teria sido inimaginável. Hoje, essa interação diversificada pode vir de muitas formas e por meio de várias plataformas: Skype, e-mail, Whatsapp, mídias sociais, blogs, fóruns de discussão e assim por diante — em que mentes de várias origens se reúnem para compartilhar e desenvolver ideias. É um espaço no qual, citando o escritor científico Matt Ridley, "as ideias fazem sexo". Ridley afirma que as verdadeiras inovações em tecnologia vêm de um cérebro coletivo e, portanto, dependem de quão bem conectadas as pessoas estão umas com as outras. A internet explica por que estamos passando por uma era de ouro tão grande em inovação tecnológica, afirma.

Mas a globalização provou ser uma ameaça *e* uma oportunidade para a humanidade, em igual medida. Se for compreendida e navegada adequadamente, pode apresentar uma oportunidade sem paralelo para aqueles com curiosidade insaciável em buscar conhecimento. Pode ser usada como uma força para que a sociedade se "polimatize". A revolução industrial e o imperialismo trouxeram consigo uma certa mentalidade — da linearidade mecanicista e da especialização reducionista. Essa mentalidade serviu ao seu propósito de atender às necessidades (pelo menos para certas pessoas) daquela época. Hoje em dia, vivendo em uma era da informação globalmente integrada, precisamos de uma mentalidade totalmente diferente — que seja fluida, holística e interconectada. As preocupações de cada indivíduo não são mais singulares e diretas; elas se tornaram multifacetadas e complexas.

Mais importante, para que a globalização funcione como um catalisador da fertilização polimática, ela deve ser *real.* Seria de se supor (ou, pelo menos, de se esperar) que, em um século XXI "descolonizado" e globalizado, o "preconceito do grande ocidente" teria diminuído. Mas isso não aconteceu. A globalização *não* é a fusão proporcional de todas ou muitas culturas do mundo, como seus defensores afirmam, mas, em vez disso, tornou-se a difusão extremamente desproporcional da cultura dominante, que hoje é a ocidental. Esse fato deve ser desafiado. O perigo é que a globalização pode causar a propagação de uma ou algumas "línguas mundiais" centrais (ou seja, as línguas oficiais da ONU) para as quais tudo deve ser traduzido. No entanto, muitas obras de história, literatura e filosofia possivelmente estão até mais disponíveis em outras línguas. A ideia de uma "aldeia global" é, portanto, ilusória.

Culturas, histórias e filosofias indígenas em todo o mundo devem ser respeitadas e levadas mais a sério — em especial porque muitas são intrinsecamente holísticas e, portanto, polimáticas por natureza, tornando-as talvez mais aplicáveis ao ambiente atual. Elas deveriam ter uma posição genuinamente semelhante, não apenas ser sinalizadas quando conveniente. À medida que o mundo se globaliza, deve haver, portanto, uma tendência de aprender várias línguas, a fim de alcançar uma compreensão mais verdadeira de diversas culturas e visões de mundo. Imagine como, por exemplo, um relato asteca da história japonesa, ou uma versão maliana da filosofia polinésia ou uma revisão egípcia da literatura chinesa poderia não apenas remodelar nossa concepção da história, mas também nos obrigar a revisar nossas suposições atuais.

Nesse sentido, o que é cada vez mais importante é ter uma educação *global* para nutrir uma mente *global*. Isso significa que as crianças e os jovens devem aprender várias línguas (não apenas as escolhas óbvias) e ser apresentados à literatura mundial, ao cinema mundial, à arte mundial e à filosofia mundial de uma forma que trate o conhecimento de diferentes sociedades como (pelo menos potencialmente) igual. Eles também devem ter uma *experiência mundial* – viagens, por exemplo, deveriam estar profundamente arraigadas no currículo.

Enquanto as classes altas europeias durante o Iluminismo passavam pelo *Grand Tour*, os jovens adultos da atualidade deveriam se sentir compelidos a embarcar em aventuras globais — especialmente porque viajar tornou-se muito mais fácil para muitos. Um "ano sabático" é importante, mas não suficiente; deve ser parte de um processo completo de integração global de uma criança. Por que isso é importante para o desenvolvimento polimático de uma pessoa? Amplia a mente, aumenta o hibridismo do conhecimento e da experiência, constrói a individualidade e permite a exposição a diferentes perspectivas.

Arte e cultura

Seja por meio da "alta cultura" ou da "cultura popular" (T.S. Eliot considerava ambas importantes para a formação de uma "cultura completa"), por meio de *hip hop*, teatro, poesia, filme, novelas, música, seja por histórias infantis, a polimatia deveria ser um estado mais celebrado da condição humana. Um fato bastante surpreendente é que os polímatas (assim como a polimatia como conceito) raramente foram aclamados (ou retratados) em produções artísticas e obras literárias.

Por exemplo, embora os polímatas pudessem servir como "musas" perfeitas para a exploração artística e literária — suas vidas são as mais interessantes, aventureiras, inspiradoras e multifacetadas de todas —, notavelmente, muito poucos (se houver) dos polímatas extraordinários mencionados neste livro são retratados em algum filme *mainstream* (ou mesmo independente). Certamente, não é por falta de interesse por parte dos cineastas em retratar personagens de ficção aventureiros, gênios e até polimáticos, como Sherlock Holmes, James Bond, Jason Bourne, Will Hunting, Forrest Gump e MacGyver. Portanto, é desconcertante saber por que Hollywood ou qualquer outro mercado de cinema convencional não utilizou as verdadeiras vidas de Imhotep, Aristóteles, Shen Kuo, Da Vinci, Franklin, Goethe, Ibn Khaldun ou outros notáveis polímatas como base para seus roteiros, embora cada um certamente pudesse ilustrar uma história verdadeiramente fascinante, inspiradora e divertida.

Seriam produções muito interessantes, e, com certeza, sucessos de Hollywood, por exemplo: a vida épica de Richard Francis Burton estrelada por Eric Bana e produzida por Edward Zwick; ou Will Smith fazendo o papel de Paul Robeson em um "coletivo" de Spike Lee; ou talvez Tom Hanks fazendo o papel de F. Story Musgrave em uma aventura/drama no estilo de *Forrest Gump/Apollo 13*. Certamente, um filme de Majid Majidi retratando as façanhas de Omar Khayyam, um filme de Werner Herzog sobre a mente multidimensional de Rudolph Steiner ou uma produção de Mani Ratnam retratando as muitas facetas de Rabindranath Tagore teriam os ingredientes para um entretenimento estimulante, além de ser uma interessante experiência educativa. Seria uma forma de expor um jeito diferente de ser, sem ter de recorrer à ficção.

Hoje em dia, com governos e corporações favorecendo amplamente "especialistas" com foco estreito, são os patronos independentes que tendem a reconhecer, encorajar e apoiar ativamente os polímatas. Na verdade, alguns dos maiores patrocinadores de empreendimentos hoje continuam sendo os *indivíduos*, a saber, filantropos e entusiastas ricos que são, em muitos casos, eles próprios polímatas — como Bill Gates, Richard Branson, Elon Musk e Nathan Myhrvold. Como empreendedores autônomos e livres (em vez de funcionários do governo acorrentados e executivos corporativos mecanicistas), eles são mais propensos a apreciar o poder e o potencial da variedade individual, e são capazes de apoiar o polímata à vontade, sem a necessidade de aderir aos costumes e processos existentes.

No mundo da arte e da cultura, Nasser D. Khalili — "o moderno Médici", referido por muitos como polímata — está apoiando uma série de projetos interdisciplinares em arte, cultura, educação, religião e negócios, incluindo uma iniciativa com a Comunidade Britânica (*Commonwealth*) que busca encorajar a mente aberta e maximizar o potencial multifacetado da juventude na Ásia e na África.

Educação

Anteriormente, examinamos por que o sistema educacional atual está nesta situação. Resumindo, Ken Robinson destaca alguns dos principais fatores:

> Na educação acadêmica, a especialização é em parte resultado do entendimento de que o conhecimento só é derivado por meio do processo de raciocínio dedutivo e da evidência. Isso inevitavelmente marginaliza outras áreas da esfera cultural, como as artes. Esse fato foi acelerado pelo crescimento dos sistemas de educação em massa no século XIX. As fábricas

precisavam de certas habilidades cognitivas, daí a importância dada à matemática e ao inglês. Se você combinar essa ideia de conhecimento com a necessidade de produzir uma força de trabalho mais dócil e conformista, terá um sistema educacional que tem uma visão particular da inteligência, mas também no qual a emoção e a expressão são negligenciadas. No mesmo período, temos o surgimento da psiquiatria, da psicanálise e da teoria econômica, todas derivadas dessa visão de mundo.

Estabelecendo o Propósito de Aprendizagem

Conhecimento *é* poder — para alguns, o poder de *subjugar*; para outros, de *libertar*. É por isso que a busca pelo conhecimento — também conhecida como "educação" — recebeu tanta importância na história das sociedades. Durante grande parte da história da humanidade, o propósito da educação era aprimorar o caráter moral da pessoa, aumentar a capacidade de contribuir positivamente para a humanidade, bem como preparar-se da melhor forma para as realidades da vida cotidiana. Os confucionistas viam a educação como meio de aprimorar o caráter moral; os hindus e muçulmanos a viam como uma forma de conhecer o Divino; caçadores-coletores pré-históricos a viam como meio de sobreviver em um clima hostil e adverso. Aristóteles dizia que as crianças deveriam ser educadas não apenas porque o assunto dado pode ser "útil", mas simplesmente porque a educação é algo bom em si mesmo.

Em algum momento na história, por causa da prevalência de atitudes darwinistas sociais e da predominância do paradigma capitalista, a educação passou a ser vista principalmente (e às vezes exclusivamente) como um meio para melhor *status* social e material. Nossas instituições e cultura atuais nos obrigaram a conceber a educação como um processo de agregação de valor, após o qual nos vendemos a empregadores, que podem ter a certeza de nossa capacidade de contribuir para seu sucesso. Esse "valor", na maioria das vezes, é julgado pelo quão "especializados" somos. Nesse sentido, a educação tornou-se uma ferramenta de estabilidade e *status*.

Mas hoje, talvez precisemos reavaliar o verdadeiro propósito do aprendizado. Como você pode decidir onde se colocar neste mundo sem desenvolver uma compreensão mais plena e completa dele? É extremamente necessário hoje em dia termos um sistema educacional que estimule a curiosidade (encorajando a autonomia), a unidade (encorajando a aprendizagem holística e contextualizada) e a criatividade (não forçando a especialização única sobre os multitalentosos). O polímata e educador Hamlet Isakhanli acredita na criação de um ambiente de aprendizagem que incentive múltiplos talentos e interesses. "Na realidade, nenhum aluno está interessado em apenas um campo; ele tem um círculo de interesses que abrange várias áreas e *hobbies*. É necessário criar oportunidades para que a pessoa exiba habilidades nesses campos".

Com isso, no entanto, vêm algumas perguntas importantes: por que estamos procurando conhecimento? O que "aprendizagem" ou "educação" significa para nós? Qual é a nossa ideia de realização, felicidade, satisfação e sucesso? Do jeito que está, nos disseram para nos prepararmos para um trabalho — que provavelmente será automatizado em breve! É importante ressaltar que devemos ser claros e honestos desde o início sobre qual é realmente nossa ideia de "conhecimento". Muitos de nós estão no piloto automático, contando com a sociedade para nos dizer o que devemos aprender e por quê. Uma vez feita essa reflexão, uma verdadeira fome de adquirir, bem como de compartilhar conhecimento, se desenvolverá dentro de nós.

Incentivo à Autonomia Criativa

As crianças prosperam melhor com um currículo amplo que celebra seus vários talentos.

– Ken Robinson

Consideramos que nosso sistema educacional já percorreu um longo caminho desde as formas tribais e "ultrapassadas" de aprendizagem, mas talvez precisemos rever algumas dessas ideias. O polímata e antropólogo Jared Diamond mostrou em seus estudos que o processo educacional em muitas sociedades tribais tradicionais, apesar de ser completamente diferente do sistema ocidental moderno, muitas vezes permite o livre desenvolvimento dessa completude de uma forma que prepara os indivíduos para a variedade absoluta da vida. Ele observou os sistemas de educação tribal em Papua Nova Guiné: "Não há instrução formal e memorização aqui, sem aulas, sem exames, sem locais culturais (escolas) nos quais pacotes de conhecimento, abstraídos de seu contexto, são transmitidos de uma pessoa para outra". O "conhecimento" na educação tradicional, observa ele, é "inseparável da vida social".

Isso é importante porque as crianças precisam ser capazes de relacionar o significado e a utilidade do que está sendo ensinado — elas precisam entender o valor real da habilidade e do conhecimento que está sendo transferido para elas para que possam utilizá-los como ferramenta para entender melhor o (e sobreviver no) mundo. A transcendência em vários "campos" viria, portanto, naturalmente. Alguns sistemas escolares modernos, como o desenvolvido pela médica italiana Mari Montessori, refletem essa filosofia educacional.

Na verdade, muito pode ser aprendido sobre a importância das brincadeiras infantis para a criatividade e a preparação geral da vida com base na educação irrestrita das crianças nas sociedades tribais tradicionais. Os pais nas sociedades modernas, superprotetores da segurança de seus filhos, restringem a exploração e a autonomia infantil em geral. Os estudos de Jared Diamond em sociedades tradicionais, como os povos pigmeus Aka e os Martu, da Austrália Ocidental, mostram que uma estrutura educacional que consiste em grupos de brincadeiras de várias idades, fabricação de brinquedos criativos e aprendizagem na vida real permite um ambiente onde "não há separação entre educação e jogo "e produz um jovem muito criativo, árduo e resiliente, que não acredita que alguém lhes deve algo".

Essa abordagem permite que a curiosidade em uma criança reine livre e confirma a afirmação do educador Ken Robinson de que "se você puder acender a centelha de curiosidade em uma criança, ela aprenderá sem qualquer assistência adicional". Como tal, a individualidade também é promovida. Se alguém puder importar os elementos dessa autonomia criativa para as sociedades modernas, isso resultará em um desenvolvimento infantil mais polimático. Possibilitando que a "mente convencional" reverta aos seus instintos primordiais ou, como Robert Greene se refere a ela, a "mente original", tal educação permitiria ao adulto permanecer próximo de sua tendência naturalmente criativa e curiosa ao longo da vida.

Nutrindo Pessoas Versáteis

> *Educação é a capacidade de perceber as conexões ocultas entre os fenômenos.*
>
> – Václav Havel, dramaturgo e estadista tcheco.

De acordo com a filosofia educacional de Confúcio, conforme articulado em *A Grande Aprendizagem*, deve-se tratar a educação como um sistema intrincado e inter-relacionado dentro do qual se deve lutar pelo *equilíbrio*. Nenhum aspecto do aprendizado é isolado do outro, argumenta ele, e o fracasso em cultivar um único aspecto do aprendizado levará ao fracasso do aprendizado como um todo.

Avance alguns milênios. Em sua palestra inaugural na Universidade de Jenan, Fredrich Schiller, amigo de Goethe, promoveu a noção de *Bildung* (uma educação de base ampla que fazia parte do desenvolvimento geral do aluno) em oposição a *Ausbildung* (educação especializada preparando os alunos para uma vocação específica). Nietzsche, posteriormente membro desse movimento, alertou para o crescimento da especialização, que, segundo ele, fez com que os estudiosos perdessem a perspectiva do todo. Ele argumentou que o especialista "nunca alcançará a altura adequada, a partir da qual ele pode inspecionar, olhar em volta e olhar para baixo".

Outro adepto importante do movimento, o polímata e explorador Alexander von Humboldt, introduziu a noção de *Wissenschaft*, que sugere o desenvolvimento integral do indivíduo e a necessidade de cultivar toda a personalidade, em vez de apenas a mente. O propósito da universidade, Humboldt insistia, deveria ser "abrir todo o corpo de conhecimento e expor os princípios e fundamentos de todo conhecimento". Os principais intelectuais alemães nos séculos XVIII e XIX, como Hegel e Kant, também foram defensores dessa educação holística. Karl Marx propôs especificamente uma "educação multifacetada" para nutrir as múltiplas especificidades da juventude em seu Manifesto Comunista.

No século XX, um novo movimento educacional, ou "pedagogia social", evoluiu, no qual os professores eram treinados para tratar a criança como uma pessoa *inteira* e apoiar seu desenvolvimento *total*. Existem escolas hoje em dia que seguem (ou pelo menos tentam seguir) o modelo educacional mais completo de ensino e aprendizagem holísticos. Algumas incorporaram esse caráter em seu currículo; as Escolas Waldorf, por exemplo, foram criadas por Rudolf Steiner para promover o aprendizado intelectual, prático e artístico, bem como desenvolver uma consciência social e espiritual. As escolas Krishnamurti (fundadas por J. Krishnamurti, teosofista contemporâneo e colega de Steiner) seguem uma filosofia semelhante, assim como as escolas Isha, fundadas pelo polímata místico e moderno Sadhguru. É interessante que escolas fundadas em bases espirituais sejam pioneiras nessa abordagem.

Qualquer que seja o currículo escolar, os professores (muitos dos quais são generalistas) podem desempenhar um papel importante na promoção da polimatia nas escolas. Hamlet Isakhanli sugere um cenário:

> É possível pegar um aluno que entende bem as ciências naturais e ensiná-lo a ouvir música, lembrá-lo de elementos simples de teorias matemáticas e físicas sobre som e harmonia, trabalhar as conexões entre poesia e música, mergulhar na história da música, e talvez até mesmo dar a ele/ela projetos na mesma linha, como escrever uma composição.

Não devemos esquecer que crianças diferentes desenvolvem ou exibem talentos diferentes em vários estágios do processo de aprendizagem. "Eu conheço crianças que são muito melhores do que outras da mesma idade em disciplinas diferentes, ou em momentos diferentes do dia, ou melhores em grupos menores do que em grupos grandes, e às vezes elas querem ir por conta própria", diz Ken Robinson.

O polímata Nathan Myhrvold — que reconheceu que o sistema educacional tem as características intrínsecas de uma fábrica com controle de qualidade (currículo e testes padronizados) e uma meta de formar o maior número possível de alunos com um nível de educação aceitável — decidiu projetar um sistema de educação habitual para seus gêmeos.

> Como se poderia esperar, era muito mais variado em matérias e estilos de ensino do que as escolas normalmente oferecem. Eles frequentaram uma escola forte em Seattle por um tempo, mas também combinamos com um professor universitário para lhes dar aulas particulares em áreas como biologia, onde se destacavam. Fizemos muitas viagens em família ligadas ao curso — uma visita às ilhas gregas onde a Odisseia foi ambientada, por exemplo. E por um ano eles frequentaram uma escola não convencional baseada em fazendas em Vermont, onde todos os alunos trabalham na fazenda e têm muitas aulas ao ar livre. Obviamente, essa abordagem é mais eclética — para não dizer complicada e cara — do que muitas famílias gostariam. Mas eu realmente acho que é inteligente dar às crianças uma ampla exposição aos diversos estilos de vida que há à disposição, ao mesmo tempo em que alimenta quaisquer paixões ou talentos que demonstrem desde o início.

Deveriam ser ensinados Estudos Gerais, em que o contexto e a relevância de cada disciplina no currículo seriam enfatizados — como todas elas se relacionam entre si e por que são relevantes para a vida do aluno. Se organizados dessa forma, os Estudos Gerais deveriam se tornar o assunto mais importante no currículo escolar. Em qualquer caso, os alunos devem ser recompensados por sua totalidade. Deveriam ser avaliados de acordo com a *diversidade* de sua competência, não apenas a competência e o conhecimento dentro de cada respectiva disciplina. Além disso, mesmo que o objetivo final seja se especializar, deve haver, como sugerem os psicólogos Gutnam e Schoon, uma "moratória" estendida à especialização, em que os alunos possam passar mais tempo explorando seus talentos e interesses.

Uma Educação "Superior"

Considerando a estrutura de especialização piramidal da maioria dos sistemas educacionais modernos, manter a diversidade de aprendizagem no ensino superior é um enorme desafio. Talvez se justifique uma reversão a alguns modelos mais antigos de ensino superior de diferentes períodos e civilizações. A Universidade de Taxila (no atual Paquistão), a mais antiga do mundo, garantia que o aluno adulto fosse igualmente bem treinado em campos tão diversos como medicina, direito e ciências militares, bem como conhecimento sobre elefantes, arco e flecha e caça. As madraças muçulmanas, que hoje foram erroneamente identificadas como escolas religiosas dogmáticas que criam extremistas, têm sido tradicionalmente centros de educação superior polimática, proporcionando uma experiência educacional holística — Al Azhar, no Cairo, e Qum, no Irã, são bons exemplos. Na Europa, o termo "universidade", originado do latim *universitas* (que significa "universal" ou "todo"), implica que mesmo (ou especialmente) o ensino superior deve abranger um espectro completo de aprendizagem para todos. Na verdade, essas primeiras universidades medievais tinham o *studia generalia* como seu currículo.

Hoje em dia, porém, há especialistas de uma vida inteira que estão sendo fabricados sob encomenda, como o são há quase dois séculos. Mas, como a disposição natural de cada indivíduo é multifacetada e multidimensional (demonstrada com frequência ao longo deste livro), não deveria, em teoria, ser mais fácil "fabricar" um polímata do que um especialista? Santiago Ramon y Cajal, o primeiro ganhador do Prêmio Nobel em Medicina/Fisiologia e o fundador da neurociência moderna (além de famoso artista, por seus próprios méritos), testemunhou os benefícios de uma educação completa em vários campos:

> Muito mais merecedores da preferência por parte de professores mais lúcidos serão aqueles alunos um pouco mais obstinados, que desdenham o primeiro lugar, são insensíveis à incitação da vaidade e que, sendo dotados de uma enorme imaginação inquieta, gastam sua energia em busca de literatura, arte, filosofia e todas as diversões da mente e do corpo. Para aquele que os observa de longe, parece que eles estão espalhando e dissipando suas energias, enquanto na realidade as estão canalizando e fortalecendo...

O mais próximo que o currículo moderno chega da estrutura polimática das universidades medievais é o sistema moderno de artes liberais — difundido nos Estados Unidos, mas nem tanto em outros lugares. Com origem na Europa, é hoje definido de acordo com a *Encyclopaedia Britannica*, como um "currículo de faculdade ou universidade que visa transmitir conhecimentos gerais e desenvolver capacidades intelectuais gerais, ao contrário de um currículo profissional, vocacional ou técnico".

Como "liberal", em latim, significa "digno de uma pessoa livre", seu objetivo é ficar livre do dogma que cerca a especialização inicial. Isso é verdade tanto para o estudioso quanto para o aluno. Quando Douglas Hofstadter contou ao professor de Harvard E.O. Wilson sobre dois professores polímatas que trabalhavam em faculdades de artes liberais, Wilson respondeu o seguinte (parafraseado):

> Sim, pensadores e professores maravilhosos como esses são muito mais prováveis de serem encontrados em faculdades de artes liberais menores do que em universidades chiques da Ivy League, que sempre contratam apenas pessoas "de ponta" que não têm interesse em ideias profundas, mas são simplesmente superespecialistas estreitos em "nível mundial" em algumas disciplinas minúsculas. Harvard está repleta dessas pessoas de "nível mundial", mas se alguém me perguntasse onde seu filho poderia obter uma

educação verdadeira, eu sempre recomendaria uma pequena faculdade (de artes liberais) em vez de um lugar de elite como Harvard, que é muito esnobe e moderna. Você pode obter muito prestígio indo para Harvard, mas não terá uma educação tão boa.

Muitas universidades convencionais têm "atividades extracurriculares" expressivas que incluem vários clubes e sociedades (relacionadas a esportes, artes, livros, ativismo e muito mais), mas o fato de ser considerado "extracurricular" indica o *status* periférico (e, portanto, inferior) de todas as atividades adicionais aos olhos das instituições educacionais conservadoras. Existe um diploma de Bacharel em Estudos Gerais (BGS) disponível nos Estados Unidos, mas esses graus são frequentemente criticados por universidades e empregadores tradicionais por serem muito "sem personalidade" e "sem foco". No Reino Unido, a University College London (UCL) é uma das únicas instituições que oferece um programa no estilo de artes liberais. Possui um diploma de Bacharel em Artes e Ciências (BASc), que incentiva os alunos a seguirem um caminho multidisciplinar ao longo de seus estudos.

Autoaprendizagem

Lewis Mumford, um dos intelectuais mais respeitados do século XX, teve de abandonar a universidade por causa da tuberculose. Mesmo assim, conseguiu se tornar uma autoridade mundial em assuntos que vão desde arquitetura, arte, história e planejamento urbano até tecnologia, literatura e filosofia. Escreveu livros sobre cada um desses assuntos, que incluem *Técnica e Civilização*, vencedor do prêmio National Book Award, e *Cidade na História*. Mumford, portanto, mostrou que é bastante possível tornar-se um polímata intelectual sem qualquer educação superior formal.

Não se pode confiar nas instituições já estabelecidas para oferecer uma experiência educacional holística. Deve-se confiar em si mesmo para desenvolver uma mente universal. Olhar para si mesmo é muitas vezes o único caminho para a emancipação intelectual, financeira e espiritual. Redescobrir um senso de individualidade e autonomia é a chave para escapar da matriz da hiperespecialização.

A autoaprendizagem (ou "autodidatismo") é uma via possível — alguns podem dizer que é preferível — para o potencial polímata. De fato, inúmeros polímatas ao longo da história ficaram desiludidos com o processo de aprendizagem formal (principalmente porque era insuficiente e claustrofobicamente especializado) e buscaram seus conhecimentos e habilidades fora do currículo padrão.

De modo geral, essa forma de autodidatismo é provavelmente o processo de aprendizagem mais genuíno (e, portanto, em geral, mais eficaz). Sem nenhuma pressão social, institucional ou dos pais, é uma busca inerentemente automotivada e depende de pura iniciativa e curiosidade; o desejo de aprender para o seu próprio bem. Mais importante, os autodidatas raramente se especializam, pois logo percebem que o isolamento e a compartimentação do domínio são uma construção artificial — fabricada pelos disseminadores formais do conhecimento — que limitam significativamente a capacidade de compreensão humana.

A autodidata e erudita, artista de *hip-hop*, Akala, que sem diploma de bacharel recebeu dois doutorados honorários de importantes universidades do Reino Unido, considera a autoaprendizagem o melhor caminho para a liberdade intelectual:

> Fora dos limites das Academias politicamente controladas, especialmente nesta era de ampla disseminação de informações, as mentes são livres para seguir seu próprio curso de estudo, sem restrições pelo que dizem ser "conspiração" ou "loucura", elas são livres para pensar mais abertamente e quebrar tabus. Essa forma de estudo não substitui o rigor e a disciplina da Academia, mas sim uma disciplina autoimposta que busca respostas dirigidas pelo próprio aluno e não pelo "professor".

Na verdade, a autoaprendizagem tornou-se muito mais fácil hoje devido à acessibilidade de informações por meio de fontes *online* (vídeos de tutoriais e palestras, enciclopédias, *e-books*, *blogs*, fóruns, mídias sociais e assim por diante), bem como a disponibilidade de livros mais em conta e a abertura de muitas bibliotecas. O surgimento de muitas plataformas digitais gratuitas permite que mentes jovens brilhantes, mas com restrições, em partes remotas do mundo recebam materiais educacionais e tutoriais gratuitos que possibilitam que a instrução corresponda a qualquer uma das principais universidades do mundo.

De fato, estamos testemunhando um *boom* global no *e-learning*: exemplos de plataformas populares incluem W3Schools, Khan Academy, University of the People, Open University, Academic Earth, Luminosity Brain Training, Mind Gym, Gems Education, EdX, Sillshare, Udacity, Udemy, TeacherTube, MIT Opensource e CK-12. Esta é uma trajetória promissora, mas com duas limitações importantes: primeiro, nunca pode servir como substituto eficaz para a troca presencial de ideias e, segundo, nenhuma das plataformas oferece uma estrutura unificadora que conecte diferentes campos. Os alunos devem fazer a síntese e a integração por conta própria.

Um Currículo Polimático

> *As disciplinas se transformam, moldam e assumem seu caráter conforme as ideias e o conhecimento evoluem... elas estão conectadas de todas as maneiras, que as crianças atualmente são desencorajadas a ver.*

– Ken Robinson

Em um mundo onde o conhecimento está (pelo menos teoricamente) disponível ao nosso alcance, o currículo escolar deve sacrificar a profundidade, não apenas pela amplitude, mas talvez mais importante, pelo *contexto*. Métodos de descoberta intelectual, como pensamento crítico, pensamento criativo, pensamento contextual, leitura dinâmica, inteligência emocional, tomada de decisão, internalização e resiliência mental, deveriam ser um foco pedagógico maior do que a mera "transmissão de informação".

A seguir, é apresentada uma "abordagem sistêmica" para desenvolver um currículo pré-universitário (para jovens de 16 a 18 anos) — talvez como um Bacharelado Internacional (IB). Para o adulto autodidata, pode ser usado como uma estrutura de estudo em qualquer momento de sua vida. Como são mostrados na forma escrita, os assuntos parecem separados e codificados, mas o ideal é que sejam apresentados de uma forma completa e conectada – como uma constelação cósmica ou uma rede neural – que ilustra adequadamente a conectividade intrínseca de tudo. Os assuntos são separados de acordo com oito linhas fundamentais da condição humana: Natureza, Sociedade, Mente, Corpo, Sobrevivência, Trabalho e Expressão e Transcendência. Não há ordem ou hierarquia, pois eles também estão interconectados e têm igual importância um para o outro. O objetivo é alcançar a perspectiva. Essa perspectiva pode então permitir que o aluno faça uma escolha bem informada sobre o que ele sente no que deve se concentrar em estudos futuros.

Ao adquirir cada parcela do conhecimento, o aluno será estimulado com uma série de perguntas a ponto de se tornar instintivo: por que isso é importante? Como isso se encaixa na minha vida? Qual é a sua conexão com tudo o mais? Que novos *insights* isso me traz? Como pode melhorar minha vida? Como posso usar isso para ajudar outras pessoas? O que vale mais a pena ser pesquisado?

Transcendência

Cosmologia: Observações sobre o universo e sua finalidade

Existencialismo: Ideias sobre o significado da vida humana e as origens da consciência

Introspecção: Investigando a jornada interior e a arte da meditação

Tradições mundiais: Exame das principais religiões e tradições espirituais do mundo

Moralidade: A bússola moral, sua evolução ao longo do tempo e a diferença de acordo com o lugar

Escatologia: Especulações e postulações sobre a vida após a morte

Amor: História e filosofia, de acordo com o contexto e a natureza do relacionamento; expressão, otimização, na literatura

Natureza

Física: Energia, força, matéria e movimento

Geografia: Geologia, desastres naturais, atmosfera, física, astronomia, meio ambiente

Botânica: Plantas, vegetação, horticultura

Química: Composição, estrutura, propriedades e mudança da matéria

Zoologia: O reino animal, diferentes espécies

Vida ecológica: Ferramentas práticas, métodos e ética em seres humanos que vivem em meio à natureza

Sociedade

História humana: História humana mundial (todas as narrativas e perspectivas conhecidas)

Geografia humana: Migração, população, pandemias,

Relações internacionais: Geopolítica, organizações internacionais

Organização social: Socialismo, democracia,

Justiça: Sistemas jurídicos em todo o mundo e ao longo da história

Humanitarismo: Caridade, auxílio em desastres, redução da pobreza

Gênero: Igualdade, diferenças, história e filosofia

Globalidade: Línguas e culturas do mundo

Futuro: Tendências e cenários em ciência e tecnologia (superinteligência), organização social, superinteligência

Desafios e soluções: Aquecimento global, proliferação nuclear, pobreza extrema, endemias e doenças, desastres naturais, guerras, terrorismo e crime

Mente

Ciências cognitivas: Neuroanatomia e psicologia

Métodos de pensamento: Pensamento crítico, pensamento lateral, pensamento estratégico, viés cognitivo, exercícios cognitivos

Métodos de aprendizagem: Leitura, mnemônica, discurso, síntese

Fontes de conhecimento: Uma pesquisa dos múltiplos caminhos do conhecimento de acordo com as tradições epistemológicas de todo o mundo

História das ideias: Um levantamento da história das ideias e da filosofia em várias tradições mundiais

Matemática: Lógica, geometria, álgebra e cálculo

Corpo

Anatomia humana: Compreender o corpo humano, suas funções e limitações

Nutrição: Identificar os nutrientes em vários alimentos e seus efeitos positivos e negativos no desempenho humano

Treinamento físico: Explorar os vários propósitos e métodos de exercício e autodefesa

Esportes: O estudo e a prática de vários esportes que requerem diferentes funções físicas

Sexo: Objetivos, implicações e desempenho ideal

Higiene: Limpeza adequada do corpo, da residência e do local de trabalho

Sobrevivência

Administração: Gestão eficaz de correspondência, logística e planejamento financeiro

Aritmética: Soluções para problemas matemáticos do dia a dia

Treinamento de emergência: Recursos, primeiros socorros, consciência situacional, gerenciamento de crises, autodefesa

Trabalho manual: Encanamento básico, decoração, bricolagem, limpeza, direção

Planejamento familiar: Uso de proteção/contracepção

Digital e tecnologia: Uso eficaz de todos os principais dispositivos digitais, aplicativos e *software*

Informações: Navegação eficaz no espaço digital, métodos de consumo de notícias, ética e política do cenário da mídia

Trabalho

Economia: Macro/micro, corporativismo, consumismo, vários modelos econômicos (neoclássico, neoliberal, marxista, islâmico, comunal e assim por diante)

Cenário profissional: Uma compreensão de como alguém pode sustentar e progredir financeiramente, bem como fazer uma contribuição significativa para a vida das pessoas; um levantamento das possíveis trajetórias de carreira e possibilidades futuras

Habilidades organizacionais: Gerenciamento de projetos, eficiência do fluxo de trabalho

Liderança: Tomada de decisão, influência e persuasão, tomada de risco e síntese holística

Trabalho em equipe: Colaboração, cooperação, empatia, sinergia, funcionalismo, comunicação

Empreendedorismo: Análise de risco, paisagismo de mercado, modelagem/planejamento de negócios, crescimento

Autodesenvolvimento: Línguas, treinamento mental, leitura, educação vocacional

Expressão

Pensamento criativo: Pesquisando a arte e a ciência da criatividade como método e prática

Estética: A filosofia da beleza e sua história

Arte visual: Teoria, história, prática e criatividade relacionadas a pintura, desenho, escultura, fotografia e *design*

Música: Teoria, história, prática e criatividade da música mundial, dança
Literatura: Teoria, história, prática e criatividade da literatura mundial
Filme/teatro. Teoria, história, prática e criatividade do cinema e do teatro mundiais

Ocupação: Revisando a Noção de "Trabalho"

O objetivo final da educação, então, deixa de ser simplesmente uma cerimônia de iniciação de décadas no sentido de tranquilizar os empregadores, para ser uma exploração 360° da vida e da condição humana.

Conforme discutido anteriormente, a noção moderna de "especializar-se para sobreviver" precisa de séria revisão. A atividade que uma pessoa realiza para ter um meio de sobrevivência não precisa ocupar a maior parte do tempo, muito menos defini-lo.

Mesmo os caçadores-coletores em sociedades tradicionais, que muitos presumiam estar em uma luta constante pela sobrevivência, na verdade gastavam apenas o equivalente a dois a três dias por semana concentrando-se em adquirir alimentos, e mesmo isso era considerado mais como um "festival" ou uma cerimônia do que uma tarefa árdua. Toda a ideia de que a maior parte da atividade de uma pessoa durante a vida deve ser gasta na única coisa que os alimenta é uma construção capitalista moderna.

A separação entre trabalho e lazer nem sempre foi tão rígida. "Trabalho" deve abranger todas as atividades — remuneradas ou não, intelectuais ou práticas — que tenham um valor de sobrevivência ou desenvolvimento na vida humana. A tribo australiana Yir-Yoront, por exemplo, ainda tem uma palavra (*woq*) que praticamente se refere a tudo o que precisa ser feito — seja caçar, cerimônia ritualística, entretenimento, seja sexo. Ela combina muitas esferas da atividade humana, tratando-as como um estilo de vida unificado e interconectado. O historiador Felipe Fernandez-Armesto nos lembra que nas sociedades pré-históricas da Idade da Pedra "não havia necessidade ou oportunidade de separar o lazer do trabalho, ou de privilegiar qualquer classe ou sexo com acesso especial a ele".

De forma semelhante, os polímatas não necessariamente veem seu trabalho como "carreiras" ou "profissões" no sentido convencional — geralmente se referem às suas atividades (remuneradas ou não) como "atividades", ou "projetos", ou "oportunidades", ou "empreendimentos" ou "iniciativas". Eles demonstram que o "trabalho" não precisa ser uma tarefa árdua, mas uma série de aventuras emocionantes. No entanto, o modelo de "um campo para toda a vida" ainda é a norma aceita como sociedade; continuamos obcecados com as pessoas "encontrando seu nicho" e persistindo nele. Nossos empregos no dia a dia continuam sendo o rótulo pelo qual toda nossa existência é percebida e definida.

O Panorama das Carreiras do Século XXI

De fato, o mundo do trabalho tornou-se insuportavelmente complexo. A árvore do mundo profissional cresceu demais para incluir uma infinidade de galhos, subgalhos e ramos, cada um representando um cargo. Profissões, bem como "campos", estão, hoje em dia, sendo redefinidos. O conceito relativamente antigo de "comerciante", por exemplo, agora assumiu diversas novas formas. Originalmente, os comerciantes surgiram como uma classe de pessoas que tiravam o fardo comercial do artesão ou agricultor, permitindo que este se concentrasse em suas respectivas habilidades, livre de qualquer distração ou pressão. Hoje, esses comerciantes vêm na forma de agentes literários, agentes da arte, agentes no esporte, agentes de oradores, agentes imobiliários e até agentes de recrutamento, todos os quais se consideram completamente distintos uns dos outros.

Ao avaliar a polimatia, consideramos até agora as profissões tradicionais ou "campos de realização" que incluem o cientista, artista, atleta, músico, político, soldado, escritor, arquiteto, médico, padre, poeta, advogado, diplomata e assim por diante. Estes são realmente atemporais. Mas, hoje em dia, novos campos surgiram nos quais os indivíduos têm espaço para se sobressair, provavelmente nos mesmos níveis dos tradicionais.

A maioria dessas novas áreas ou profissões — criadas principalmente como resultado da era da informação e da ascensão das empresas — substituiu profissões extintas, como cortesão, alquimista, gladiador e mensageiro, por outras como gestor de falências, consultor de gestão, relações públicas, gerente de recursos humanos, representante de atendimento ao cliente, promotor imobiliário, gerente de logística e coordenador de instituições de caridade. E quanto a nutricionista, modelo de moda, agente esportivo, promotor de música ou desenvolvedor de softwares; "estrela de *reality shows*", "blogueiro", "comerciante do *eBay*", "*marketing* de mídia social", "especialista na realeza britânica", "colunista de fofocas" e "*socialite*"? Exatamente quantos destes são o que David Graeber chama de "empregos de fachada" — ocupações inúteis com pouco valor social que são projetadas para fazer as pessoas trabalharem por mais tempo e distraí-las de perseguir "seus próprios projetos, prazeres, visões e ideias" — é discutível.

Além disso, as profissões específicas do século XXI mudaram completamente o panorama profissional, assim como as ocupações que emergiram com o crescimento exponencial da tecnologia. É discutível até que ponto profissões como estas se qualificam como "campos distintos de realização" a serem incorporadas ao repertório polimático, mas deve-se, pelo menos, considerar a questão. E então, é claro, temos o processo exponencial de informatização e automação de empregos, o qual boa parte já vem ocorrendo desde a revolução industrial. Frey e Osborne, estudiosos de Oxford, conduziram um estudo para mostrar que mesmo os trabalhos que consideramos "seguros", "centrados no ser humano", correrão o risco de automação:

> Enquanto as tecnologias de manufatura do século XIX substituíram amplamente a mão de obra qualificada por meio da simplificação de tarefas, a revolução da computação do século XX causou um esvaziamento dos empregos de renda média... Embora a informatização tenha sido historicamente confinada a tarefas de rotina que envolvem atividades baseadas em regras explícitas, algoritmos para *big data* estão agora entrando rapidamente em domínios que dependem do reconhecimento de padrões e podem substituir prontamente o trabalho em uma ampla gama de tarefas cognitivas não rotineiras. Além disso, os robôs avançados estão ganhando sentidos e destreza aprimorados, permitindo que executem um escopo mais amplo de tarefas manuais. Isso provavelmente mudará a natureza do trabalho em todos os setores e ocupações.

Nesse sentido, é preciso ser criativo na abordagem da vida profissional e do "trabalho" em geral. Ele deve ser concebido de forma a permitir autonomia, contribuição e crescimento pessoal. Devemos permanecer atentos e fiéis a valores, métodos e perspectivas desenvolvidos durante a fase escolar.

Para o polímata em formação, então, há três caminhos possíveis na vida profissional moderna que correspondem: mudanças sucessivas de carreira, carreiras simultâneas (de *portfólio*) e profissões polimáticas.

Mudanças de Carreira

Dan Gilbert, psicólogo de Harvard, insiste que todos nós temos a ilusão de que nossa história pessoal acabou de chegar ao fim, que recentemente nos tornamos as pessoas que sempre fomos para o resto de nossas vidas. "As pessoas subestimam as mudanças em suas vidas", ele insiste, nos lembrando que a única constante em nossa vida é, de fato, a mudança. "Os seres humanos são obras em andamento que erroneamente pensam que estão acabadas".

Nossas opiniões, mentalidades, prioridades e objetivos, não importa o quão viscosos sejam, são necessariamente fluidos. Em um estado de fluxo constante, eles são dinâmicos e evolucionários por natureza — mudam inevitavelmente. Como diz Gilbert, "o tempo é uma força poderosa, ele transforma nossas preferências, remodela nossos valores, altera nossas personalidades". Com base nisso, podemos deduzir que, muito provavelmente, desejaremos coisas diferentes em estágios diversos de nossa vida. Quer se trate de amor, espiritualidade, esportes, família, sexo, tecnologia, quer se trate de bens materiais, animais, viagens, comida, nossas prioridades e preferências mudam conforme a idade e de acordo com as circunstâncias. Isso se deve principalmente à plasticidade intrínseca de nossos cérebros. Nesse sentido, as pessoas deveriam, pelo menos em teoria, ter a liberdade de buscar a(s) coisa(s) que mais significa(m) para elas em qualquer período de suas vidas.

Isso torna a vida interessante e diversa, mas também expõe uma forte realidade: que a polimatia é *sempre* uma possibilidade. Mudanças regulares de carreira, portanto, não devem ser algo surpreendente, nem devem ser desaprovadas. Visto que talentos e interesses inatos são despertados como uma reação a certos conhecimentos e experiências, nunca podemos saber o que nos cativará em que momento ou quais habilidades ou conhecimentos serão desbloqueados ou adquiridos e quando. Albert Schweitzer começou a estudar medicina aos 30 anos, Takeshi Kitano fez seu primeiro longa-metragem aos 40, Rabindranath Tagore descobriu seu talento para a pintura aos 60 anos, e Paul Newman tornou-se campeão automobilístico aos 70. Para o polímata, a idade é realmente apenas um número.

A ideia de uma série de mudanças na carreira certamente não é nova. No século XIX, William Pember Reeves, da primeira geração de brancos nascidos e educados na Nova Zelândia, começou como atleta, depois tornou-se advogado, depois diplomata (Alto Comissário por Londres), depois banqueiro (Presidente do New Zealand Central Bank), depois jornalista (Editor do *Canterbury Times*), depois poeta (publicou poemas aclamados como *The Passing of the Forest* e *A Colonist in his Garden*) e historiador (escreveu a *História da Nova Zelândia*) antes de entrar para a política a fim de atuar como Ministro do Trabalho, da Educação e da Justiça, simultaneamente.

Hoje em dia, em nossos locais de trabalho hiperespecializados, há um desejo cada vez maior por mudanças de carreira. No Reino Unido, atualmente, por exemplo, cerca de uma em cada dez pessoas tem a intenção de mudar de carreira, sugerindo que cerca de 2,5 milhões de pessoas podem considerar a questão. Cinquenta e um por cento dos jovens de 20 e poucos anos já se arrependem da escolha de carreira, e escolheriam outra se pudessem. Além disso, 45% da força de trabalho do Reino Unido considera uma grande mudança de carreira. Embora esse estudo tenha sido feito quando uma recessão se aproximava, realidades como as recessões não são raras na vida profissional. Se tivessem a chance de alterar algo, 25% dos adultos escolheriam um novo emprego acima de qualquer outra coisa.

Mas, embora grandes mudanças de carreira tenham realmente se tornado uma realidade na vida da maioria das pessoas, deve-se notar que ter duas carreiras "bem-sucedidas" e não relacionadas não é o mesmo que ser um polímata; "poli" linguisticamente implica mais de dois, e muito poucas pessoas tiveram três ou mais carreiras bem-sucedidas em áreas bem distintas. Além disso, é difícil encontrar estatísticas sobre mudanças de carreira. O American Bureau of Labor Statistics (BLS), por exemplo, nunca tentou estimar o número de vezes que as pessoas mudam de carreira no curso de suas vidas profissionais porque é difícil determinar exatamente o que constitui uma "mudança de carreira". Uma mudança de carreira para um polímata é uma mudança de campo e também de emprego.

Algumas transições de carreira são comuns e, embora às vezes possam consistir em saltos em campos marcadamente diferentes, as mudanças muitas vezes fazem sentido. Os soldados se tornam diplomatas e depois políticos; modelos de moda tornam-se atores e depois cineastas, atletas tornam-se treinadores e depois comentaristas. Outras tendências de mudança de carreira incluem o fato de que muitas profissões — como a de atleta, cantor, ator e músico — garantem um início precoce (e na maioria das vezes, um término antecipado), o que naturalmente estimula uma mudança de carreira. Mas, embora as "estrelas infantis" ou prodígios provavelmente tenham realizado muito em tenra idade, muito poucos na verdade sustentam suas carreiras até a idade adulta (como revelado pela ex-prodígio Alison Quark em seu livro *Hothouse Kids: The Dilemma of the Gifted Child*).

Carreiras geralmente curtas, como esportes, entretenimento e militar, são muitas vezes seguidas por outras, que na maioria dos casos estão bastante relacionadas — um jogador de futebol torna-se um técnico ou comentarista, um soldado torna-se um conselheiro militar ou espião, um diretor de cinema torna-se produtor ou roteirista.

Outra tendência comum: depois de desenvolver uma carreira bem-sucedida em determinado campo, muitas pessoas começam um negócio relacionado a ele; então, um médico ou um advogado, ou um engenheiro ou um jornalista, subsequentemente, torna-se um *empresário* também, o que, é claro, requer um conjunto de habilidades completamente diferentes. Isso ocorre porque as pessoas em geral preferem permanecer em território familiar ou, mesmo quando desejam uma mudança de carreira, a realidade é que as oportunidades são mais comuns em seu próprio campo.

É por isso que os polímatas "intercampos" — aqueles que demonstram versatilidade em seu amplo campo, como ciência, esporte ou arte — são provavelmente o tipo mais comum. Atletas como J.P.R. Williams, Sócrates (jogador de futebol brasileiro, do século XX!), Imran Khan e George Foreman começam do zero e usam a oportunidade para perseguir um interesse completamente não relacionado, seja conscientemente, seja devido a uma experiência de mudança de vida ou evento desencadeador (como morte ou doença, um despertar espiritual, uma causa social ou política).

Ter sucesso em determinado campo pode ser tanto uma maldição quanto uma bênção para o aspirante a polímata. Por um lado, o sucesso causa a estigmatização ou categorização de um indivíduo, tornando quase impossível que ele tenha uma chance em outro campo. Eles também são bloqueados por um "bloqueio ocupacional" — uma barreira à entrada, com espécies de cercas erguidas para proteger cada "profissão" de estranhos vistos como amadores por aqueles que são "os iniciados". Por outro lado, o dinheiro, os contatos, a experiência e as oportunidades em geral que vêm do sucesso em um campo podem abrir portas para inúmeras outras possibilidades que de outra forma não estariam disponíveis.

Ou seja, o sucesso em um campo pode fornecer um círculo virtuoso de sucesso perpétuo em várias outras áreas. Um fisiculturista ou artista marcial pode de repente se tornar um ator de Hollywood. O mesmo ator poderia então repentinamente receber uma oportunidade de negócio lucrativa. O dinheiro ganho com os negócios e a popularidade adquirida como estrela de Hollywood podem permitir que ele faça uma forte campanha para cargos políticos. Esse fenômeno, conhecido como "vantagem acumulativa" ou o *efeito Mateus (Matthew Effect)*, é o motivo pelo qual empresários de sucesso tornam-se filantropos e amadores notáveis, cantores famosos têm papéis de atuação proeminentes, e sua "marca" permite que eles iniciem sua própria linha de moda de sucesso.

Oprah Winfrey, considerada uma das mulheres mais influentes do mundo hoje em dia, alcançou sucesso como apresentadora de *talk show*, o que a levou a se tornar atriz, o que levou à produção de filmes, o que a levou a outros empreendimentos comerciais, o que levou a numerosas outras iniciativas de caridade, que a levaram ao ativismo social (e que podem muito bem levá-la à presidência) e assim por diante.

Simplesmente por causa de sua fama e perfil público, Stephen Fry provavelmente está recebendo um número incontável de propostas que variam desde apoio a certas produções, convites para edição, apresentação em TV, palestras, *start-ups* de negócios e todos os tipos de outros projetos totalmente alheios à sua experiência. Juli Crockett, a boxeadora americana que virou música, que virou dramaturga, que virou acadêmica, admite que "tudo alimenta todo o resto".

Para o indivíduo, isso é maravilhoso, mas para a sociedade ou comunidade, o efeito Mateus é, na verdade, uma das principais causas da desigualdade socioeconômica — um círculo vicioso de redes de elite que mantém o sucesso e as realizações confinados a um pequeno e seleto grupo de pessoas porque cada uma delas termina apoiando e facilitando as carreiras uns dos outros. Não é surpreendente, portanto, que a maioria dos polímatas na história mundial — alguns oportunistas, outros arrastados involuntariamente para o sistema — tenha vindo da (ou, por fim, tenha entrado para a) elite.

É verdade que a maioria acha a perspectiva de uma mudança "extrema" de carreira (que muda totalmente o campo de trabalho) tanto assustadora quanto arriscada. Existe um medo do desconhecido, em vez de um senso de curiosidade. Isso ocorre, pelo menos em parte, porque as pessoas presumem que, à medida que envelhecemos, nossa produtividade, inteligência e criatividade diminuem. Consequentemente, perdem a confiança na capacidade de aprender algo novo. Embora correta, se baseada na premissa de que o indivíduo tem uma carreira ou especialização linear e vitalícia, essa ideia não é válida para aqueles que diversificam.

Os cientistas cognitivos costumavam pensar que, à medida que envelhecemos, nossos cérebros perdem a capacidade de se adaptar e mudar. Agora, os neurocientistas descobriram que o cérebro retém alguma plasticidade ao longo da vida e pode aprender a contornar os déficits em qualquer idade. O psicólogo Keith Simonton descobriu que, embora a produção criativa diminua na velhice (resultante de retornos decrescentes por meio da progressão linear em uma carreira), para pessoas que mudam totalmente seu campo de trabalho, essa tendência pode ser eliminada ou mesmo revertida. Para o especialista de meia idade, ansioso, mas relutante em explorar os outros lados de seu ser, este é um fato promissor.

Educar é "extrair o que está dentro". Portanto, o fato de que as pessoas podem exibir seus talentos e interesses em diferentes momentos de suas vidas não deve ser surpreendente. Essa mudança pode ter sido o resultado de uma experiência interior ou exterior, uma resposta às circunstâncias ou apenas puro impulso. O fato de uma advogada desenvolver repentinamente uma paixão pela história da arte no auge de sua carreira não deve ser visto como curioso. O fato de um músico se matricular em um curso de matemática aos 50 anos ou em um curso de mecânica aos 60 deve ser aceito como uma possibilidade natural. Malcolm Gladwell deu um conselho interessante em uma entrevista para a revista *Entrepreneur*:

> O mais importante é nunca tomar uma decisão sobre você que limite suas opções. As autoconcepções são fortemente limitantes. No ato de se definir, você começa a fechar oportunidades para a mudança, e isso me parece algo muito tolo de se fazer se você não tem 85 anos.

Carreiras de portfólio

> *Nossa identidade de trabalho não é um tesouro escondido, esperando para ser descoberto no âmago de nosso ser — ao contrário, é feita de muitas possibilidades... somos muitos eus.*
>
> – Herminia Ibarra

Enquanto passar por várias mudanças de carreira sequencialmente seja um dos caminhos para liberar seu polímata interior, o outro é seguir várias carreiras *simultaneamente*. Hoje em dia, esse último caminho é muitas vezes referido como "carreira em portfólio", ou seja, ter um portfólio de "projetos" ou empregos a qualquer momento. Como empregos simultâneos no mesmo campo raramente são possíveis devido a fatores como cláusulas de não concorrência, os profissionais de portfólio geralmente operam em vários domínios aparentemente não relacionados. É uma tendência da moda entre a classe média trabalhadora no Ocidente, mas na verdade tem sido uma opção necessária para batalhadores em todo o mundo há anos.

A fim de sobreviver, em especial nos países em desenvolvimento, as pessoas precisam se tornar notavelmente engenhosas e criativas. É por isso que existe uma forte tendência para o indivíduo médio (homem ou mulher) que vive nas cidades dos países em desenvolvimento ter vários empregos simultaneamente. Não é incomum encontrar um recepcionista de hotel vendedor de joias e motorista de táxi em Adis Abeba, por exemplo, ou um salva-vidas, treinador de tênis, artista de rua em Colombo.

Pessoas na linha da pobreza são forçadas a se tornarem empreendedoras — elas são compelidas a "brigar"; monetizar qualquer talento que possam ter, seja tocar bateria com utensílios de cozinha para entreter pedestres, seja usar suas habilidades interpessoais e comerciais para vender qualquer coisa em que possam colocar as mãos. Por causa da insuficiência ou instabilidade associada a esses empregos, elas têm pouca escolha a não ser buscar muitos deles simultaneamente, na esperança de que uma renda meio razoável possa ser obtida.

Apenas recentemente no mundo desenvolvido, em especial entre as classes médias trabalhadoras, as pessoas estão começando a perceber os benefícios de tal diversificação ocupacional. Daniel Pink, em seu livro *Free Agent Nation,* observou que o panorama de carreiras nos Estados Unidos estava mudando e logo seria dominado por *freelancers* ou profissionais em portfólio. O livro *Um Mundo sem Empregos,* de Bill Bridges, segue linhas semelhantes; o livro de Marci Alboher, *One Person/Multiple Careers,* destacou essa tendência crescente entre pessoas normais nos Estados Unidos; e, mais recentemente, o método multi-hífen, de Emma Gannon, respondeu a uma demanda crescente dos *millennials* por um projeto de carreira em portfólio. No século XXI, as fontes potenciais de receita se multiplicaram. Para alguns, a "economia gigantesca" pode significar insegurança econômica. Para outros, é uma oportunidade.

O pensador líder mundial em gestão, Charles Handy, sugere que ser um "trabalhador de portfólio" é uma estratégia inteligente de sobrevivência em tempos econômicos difíceis, pois reduz os riscos de desemprego. Barrie Hopson, coautor de *10 Steps to Creating a Portfolio Career*, confirma que um estilo de vida de vários empregos permite uma rede de segurança financeira e profissional. Ele descobriu que a maioria das pessoas em seu estudo ganhava mais em dois anos de sua carreira de portfólio do que antes como funcionário em tempo integral, e que apenas um dos 46 profissionais de portfólio na amostra retornou a uma carreira única nos últimos dois anos. É importante ressaltar que todos os participantes afirmaram que eram mais felizes com esse estilo de vida profissional, já que oferecia uma combinação muito mais satisfatória entre trabalho e vida. Na verdade, como demonstrado, a realização pessoal pode ser igualmente (e para alguns, mais) importante para a sobrevivência que o ganho financeiro.

Isso não surpreende. Nossa natureza multifacetada anseia ser exercida. Em seu livro *How to Find Fulfilling Work*, o pensador cultural Roman Kznaric insistiu que "seguir várias carreiras ao mesmo tempo é uma forma de prosperar e ser fiel a nós mesmos". A realização é especialmente prejudicada quando as pessoas vivenciam retornos decrescentes por gastar muito tempo em determinado campo. Alboher concluiu que, além de satisfazer o desejo inato de variedade, as carreiras múltiplas proporcionam vários fluxos de renda e servem como "um tônico contra o esgotamento tão comum em quem busca exclusivamente um único objetivo de renda".

Celebridades (em especial no mundo das artes e do entretenimento), por exemplo, costumam ter carreiras em portfólio — às vezes para perseguir interesses como diletantes privilegiados, mas principalmente como meio de sobrevivência em um setor turbulento e cruel. A cultura popular americana, por exemplo, é atualmente dominada por artistas versáteis como Lenny Kravitz, Will-i-am, Jamie Fox, Madonna, Jennifer Lopez, Donald Glover e Pharrel Williams, que tiveram sucesso na música, no cinema, na moda e nos negócios.

Eles diversificam suas atividades não necessariamente porque têm o luxo de fazer o que lhes agrada (embora às vezes seja o caso), mas porque reconhecem que o *glamour* e as riquezas da indústria do entretenimento costumam ter vida curta e, portanto, ser criativo, empreendedor e diversificado é a maneira mais segura de perseverar (e sustentar o estilo de vida). Na verdade, muitos deles se concentram na construção de uma "marca" que pode então ser aplicada a uma ampla gama de iniciativas comerciais — seja qual for o grau de seu envolvimento pessoal nessas iniciativas.

Então, será que uma carreira de portfólio serve para você? Depende se você consegue assumir uma mentalidade específica em relação ao trabalho. Os profissionais de portfólio têm uma mente diferente dos profissionais convencionais. Eles não percebem o trabalho como "carreiras" ou "profissões" no sentido tradicional — em vez disso, referem-se às suas várias atividades como "atividades", "projetos", "oportunidades", "empreendimentos" ou "iniciativas". Na verdade, a própria palavra "trabalho" antes da Era Industrial significava simplesmente uma "tarefa" ou "empreendimento" particular e só recentemente passou a ser sinônimo de um papel de longo prazo (ou vitalício) em uma organização, ou dedicação a um determinado campo.

Ao considerar que cada "empreendimento" seja bem mais curto do que uma carreira vitalícia, isso deixa o prazo em aberto. Também significa que cada projeto não pode consumir todo o dia, a semana, o mês ou o ano. É por isso que Luke Robinson – o empreendedor em série cuja vida consiste em produção para TV, negócio de pizza, consultoria financeira e redação empresarial – gosta de se autodenominar um "projeteiro". Assim como o jornalista *freelancer*, consultor, artista ou treinador esportivo é responsável por criar vários projetos simultaneamente para garantir a ocupação em tempo integral, um trabalhador de portfólio faz o mesmo, mas em vez de todos os projetos estarem vinculados a uma carreira ou especialidade, cada um está relacionado a um talento ou interesse diferente em um campo diferente.

Portanto, como profissional de portfólio, você frequentemente perceberá que há uma vantagem adicional nesse estilo de vida. Poderá se beneficiar das conexões e sinergias entre esferas de atividade aparentemente não relacionadas — ideias, contatos, recursos que podem ser extraídos de um projeto para apoiar outro. Com vários graus de envolvimento, o empresário-estudioso filantropo Azeem Ibrahim faz malabarismos com cerca de quarenta projetos simultaneamente, que incluem empresas, instituições de caridade, instituições acadêmicas e organizações sem fins lucrativos. "Descobri que consegui buscar ideias e estratégias de diferentes projetos para tornar outros mais eficazes", diz ele.

Benjamin Dunlap, cujo trabalho diário envolve campos tão variados, como administração, literatura asiática, balé e libretos, descobriu que esse estilo de vida "pode gerar um tipo de mentalidade que, por sua vez, leva à descoberta de conexões inesperadas", insistindo que "aqueles cujos dons e interesses os conduzem a se engajar em diversas atividades podem, no processo, criar oportunidades para si mesmos que de outra forma não encontrariam". Com bastante frequência, em sua própria vida, Dunlap descobriu que "empreendimentos aparentemente não relacionados se combinaram para criar uma opção anteriormente imprevisível e, nesse sentido, pode-se argumentar que ser um entusiasta obstinado às vezes pode ter valor prático".

Portanto, é por meio do estilo de vida de carreira em portfólio que podemos permitir que essa natureza multifacetada em nós prospere na vida profissional. É dessa forma que, de acordo com o especialista em carreiras Kznaric, "seríamos capazes de desenvolver os muitos lados de quem somos, permitindo que as várias pétalas de nossa identidade se revelassem totalmente". Ao fazer isso, encontramos conexões inesperadas e somos capazes de fazer avanços criativos em muitas de nossas atividades que, de outra forma, seriam inconcebíveis.

Profissões polimáticas

> *Quando as pessoas têm a ocupação correta, a diversão surge de seu trabalho.*
>
> – John Ruskin

Isambard Kingdom Brunel foi engenheiro a vida inteira. Mas, ao contrário da maioria dos engenheiros, ele conseguiu usar suas habilidades para construir coisas notavelmente diferentes: pontes (incluindo a Ponte Suspensa de Clifton, em Bristol), túneis (o Túnel do Tamisa), navios a vapor (navios transatlânticos, como o SS Great Britain), redes ferroviárias (a magnífica Great Western Railway), edifícios e estaleiros (o Hospital Renikoi). A maioria dos projetos de Brunel são considerados feitos originais de inovação; permanecem em uso até hoje. Na verdade, ele é considerado um dos maiores engenheiros da história moderna.

Sabemos que, historicamente, os polímatas muitas vezes necessitaram de uma plataforma, em especial como posição social ou profissional, que lhes proporcionasse uma base de lançamento para explorar e contribuir em vários campos. Era seu trabalho, sua ocupação central, que intrinsecamente permitia (ou exigia) que eles fossem polimáticos. Para Brunel, era seu trabalho como engenheiro.

No passado, havia "ocupações" ou "locais de trabalho" que incentivavam a multidisciplinaridade, a interdisciplinaridade e, portanto, a polimatia, como as guildas venezianas no Renascimento (pintura, escultura, arquitetura e engenharia) e as cortes reais de Córdoba ou Bagdá (cultura, política, erudição). Como discutido anteriormente, um exemplo típico de tal trabalho foi a posição do *cortesão* — que obviamente veio em muitas formas, como o Griô da África Ocidental, o vizir árabe e o cavalheiro europeu.

Mas, desde o Iluminismo, e especialmente após a Revolução Industrial e o surgimento do corporativismo e das burocracias estatais, a corte real (e, portanto, os cortesãos polimáticos) tornou-se algo do passado, e um novo campo de atuação de polimatia tomou seu lugar. Embora sirva principalmente como um catalisador para a cultura hiperespecializada na qual vivemos agora, o próprio setor corporativo está se tornando um campo genérico florescente que às vezes produz seus próprios polímatas de forma semelhante a como a ciência e a arte sempre fizeram.

Hoje, existem pelo menos seis plataformas corporativas potenciais para a polimatia:

- *O administrador de empresas* ou "diretores executivos" — aqueles que demonstram proficiência em muitos aspectos de uma empresa em funcionamento (finanças e contas, jurídico, *marketing* e comunicações, tecnologia da informação, desenvolvimento de negócios, logística e assim por diante);
- O *empreendedor em série*, que inicia várias *start-ups* em campos ou setores distintamente separados e que participa ativamente (ou mesmo lidera) a gestão bem-sucedida de cada empresa, tornando-se, como resultado, um especialista em cada respectivo setor;
- O *capitalista de risco* ou *business angel* (investidor anjo) que está envolvido em vários negócios em diferentes setores e de vários tipos com investimento (ativo ou passivo);
- O *consultor de negócios*, que assessora empresas em diferentes setores nos níveis estratégicos;
- O *Membro do Conselho*, que tem membros executivos e não executivos de vários conselhos organizacionais.

Além disso, Charles Handy observou uma tendência crescente de "gerentes interinos" que pulam de empresa em empresa (independentemente do setor e tipo) por curtos períodos, "cuidando" de uma organização no período de transição para uma grande mudança. Claro, muito poucos desses generalistas corporativos se qualificariam como polímatas genuínos (na verdade, eles são uma espécie rara, considerando que poucos são capazes de cruzar a linha do simples generalismo para a polimatia), mas seria incorreto sugerir que tais plataformas não são rotas viáveis para a polimatia. De fato, Peter Thiel, empresário e autor do *best-seller De Zero a Um*, sugeriu que os líderes empresariais mais bem-sucedidos do século XXI tendem a ser polímatas:

> muitos dos empresários em nível mundial... não são especialistas, estão mais para polímatas. Assim, por exemplo, com Mark Zukerberg, ele é capaz de falar com uma compreensão surpreendente sobre muitas coisas... consegue falar sobre os detalhes de um produto do Facebook, sobre o que as pessoas pensam a respeito das mídias sociais, sobre psicologia, a maneira como a cultura está mudando, a gestão da empresa... como isso se encaixa na história da tecnologia... é muito mais parecido com o intelecto de polímata... o tipo de conversa em conselhos de diretoria que tivemos nos últimos 13–14 anos... é de uma enorme variedade.

Outras plataformas profissionais também servem como vias comuns para a polimatia. Um jornalista pode mudar seu foco editorial ou de reportagem de finanças para música ou religião durante a carreira, assim como um político pode servir como ministro de vários departamentos (por exemplo, saúde, economia, artes e cultura, esporte) em sua vida profissional. Mas a diversificação ocupacional não precisa necessariamente vir na forma do *campo* em si. Em vez disso, a experiência em apenas um campo pode ser exercida ou utilizada de várias maneiras, por meio de uma infinidade de canais profissionais, cada um dos quais requer diferentes habilidades cognitivas e inteligências.

Considere, por exemplo, uma psicóloga cuja especialidade exclusiva é a psicologia: ela estuda (como acadêmica), escreve livros (como escritora), ensina alunos (como professora), aconselha o governo quanto a políticas (como consultora), escreve artigos de opinião e artigos para alguma publicação especializada (como colunista), dá palestras públicas (como oradora), apresenta um documentário na TV sobre psicologia (como apresentadora) e abre uma clínica de psicoterapia (como mulher de negócios). Ao fazer isso, ela contribui ou aplica seu conhecimento de um domínio *intelectual* a diversos *domínios profissionais*.

Além de empregos profissionais, também existem campos intelectuais que servem como plataformas para pensadores multidisciplinares e interdisciplinares. A filosofia, por exemplo, provou ser tanto um meio como um fim para os polímatas; uma plataforma (como um método de investigação) e um destino (como uma visão de mundo formulada). Talvez até muito recentemente, a filosofia (religiosa e secular) — na forma de método universal de investigação, em vez de uma "disciplina" de estudo — sempre foi uma forte plataforma para a polimatia. Como afirmou o polímata e filósofo Raymond Tallis: "A única desculpa que a filosofia tem para existir é que ela é de extrema generalidade".

Portanto, não é de se surpreender que muitos dos primeiros polímatas (certamente antes do período medieval) fossem filósofos. Considerando que antes os indivíduos se tornavam polímatas *porque* eram filósofos, recentemente começamos a ver pessoas que se tornaram filósofos por serem polímatas. Assim, enquanto Aristóteles e Al Farabi, como filósofos, estudaram as várias ciências e humanidades; pessoas como Wittgenstein, Schweitzer e Roerich fizeram suas contribuições filosóficas depois de terem acumulado um conjunto diversificado de experiências e realizações em outros campos.

A verdade é que, qualquer que seja a profissão, ela pode ser abordada tanto *mono* quanto *"polimaticamente"* — dependendo da mentalidade e da abordagem. Cada ocupação, profissão ou campo intelectual — não importa o quão caracteristicamente polimático seja, ou tenha o potencial de ser — pode ser logo transformado em uma plataforma para hiperespecialização. Um empresário pode ficar tão envolvido com seu negócio que perde a ânsia por começar de novo em território desconhecido. Um filósofo pode (e hoje em dia isso costuma ocorrer) passar uma vida inteira investigando profundamente um aspecto do método filosófico, como a lógica ou a metafísica. Um jornalista pode passar a vida toda fazendo matérias exclusivamente sobre a família real dinamarquesa e nada mais.

Mas não precisa ser assim: seja você economista, advogado, artista, físico ou político, pode se esforçar para primeiro "ler ao redor" do assunto, participar de campos periféricos, sintetizá-los e aprimorar sua compreensão do campo central. O mesmo vale para as profissões: é extremamente importante acreditar que seus estudos e atividades que vão além do trabalho principal servirão para melhorar a compreensão e o desempenho que você exerce em sua especialidade central, em vez de desviá-lo dela. É importante encontrar *unidade* na *diversidade*. Portanto, não importa se a própria profissão é polimática, vitalícia ou exclusiva, isso não se torna mais um problema — o próprio trabalho, para citar Story Musgrave, torna-se o "campo de jogo" do polímata. Em suma, as profissões polimáticas são uma forma comum de garantir a realização máxima e variada em tempo limitado, ou "matar vários coelhos de uma cajadada só".

As pessoas que se especializam buscando ter vantagem competitiva descobrirão que esta pode ser mais bem alcançada por meio de uma abordagem polimática. Isso ocorre porque a competição não precisa ser linear. Na verdade, torna-se mais difícil competir por meio da especialização linear, em que retornos decrescentes são inevitáveis. A melhor abordagem para a competição é a criatividade, não a linearidade. Diante de uma cultura corporativa obcecada pela competição linear e mecanicista, Steve Jobs disse certa vez a seus funcionários: "não podemos olhar para a concorrência e dizer que faremos melhor; temos de olhar para eles e dizer que vamos fazer diferente". Ao diversificar para criar uma especialidade única, você pode se diferenciar dos outros, mesmo em um ambiente especializado. Recuse-se a ser rotulado ou classificado: em vez disso, crie seus próprios contextos que possa frequentar à vontade. Mas aqui está a chave: "encontrar o seu nicho" não significa necessariamente "especializar-se".

Um "nicho" é, em última análise, uma forma de *identidade*. As pessoas estão constantemente buscando estabelecer uma identidade única para si mesmas — e a polimatia é o melhor meio de formação de identidade. Permite criar uma singularidade que supera aquela buscada com tanto fervor pelo especialista. A maioria decide sobre sua identidade muito cedo na vida e, então, tudo o que é feito posteriormente serve para reforçar essa identidade, em vez de desafiá-la, mudá-la ou desenvolvê-la. O mesmo vale para as opiniões. Mas as identidades são construídas antes de serem esculpidas. Como um grande atleta uma vez disse a respeito do fisiculturismo: para talhar uma escultura de argila, é preciso ter um pedaço de argila lá em primeiro lugar. Por exemplo, se você tivesse um bom entendimento de assuntos tão diversos como física, economia e arte, poderia esculpir uma especialidade que seria única — talvez se tornando um negociante de arte especializado na visão atômica de Dali ou fazer um PhD comparando as influências da física atômica e das artes visuais na economia norte-americana pós-Segunda Guerra Mundial. Dessa forma, você está usando o poder da diversidade para criar uma especialidade.

Imagine três círculos, dois na parte inferior e um no topo, todos sobrepostos. A área sombreada onde todos os três se sobrepõem é a especialidade formada pelo polímata. "A exploração da área entre os campos permitirá que você crie um plano de carreira único, que seja personalizado e adequado aos seus próprios interesses e inclinações", diz Robert Greene, autor do livro *Maestria*. Ele observou o exemplo de Yoky Matsuoka, a cientista da computação que combinou seus interesses e talentos em esportes, fisiologia, engenharia mecânica e neurologia para praticamente criar um novo campo interdisciplinar — os "neurobóticos". O melhor nicho é aquele encontrado na interseção de campos múltiplos, aparentemente não relacionados. Greene conclui que desenvolver tantas habilidades e formas de conhecimento faz parte do processo de se tornar um mestre em qualquer campo: "O futuro pertence àqueles que conseguem combinar formas de conhecimento e diferentes habilidades. Todos os mestres modernos que entrevistei exemplificam isso".

Bênçãos do Alto?

O catalisador mais comum de qualquer ideia é, claro, o *dinheiro* (ou seu cônjuge, o *poder*), razão pela qual patrocinadores ricos e poderosos têm sido fundamentais para manter viva a tradição polímata ao longo dos anos. Se antes eram monarcas despóticos, autoridades religiosas e acadêmicas e comerciantes ricos, agora eles são visionários tecnológicos, filantropos, executivos corporativos, magnatas da mídia, celebridades e governos — nem todos bem-intencionados. Hoje em dia, o *esta-*

blishment engloba as instituições e os atores mais poderosos e influentes em uma sociedade: governos, corporações (incluindo financeiras e tecnológicas), o judiciário, instituições religiosas, militares, a mídia, empresários, filantropos, instituições acadêmicas, celebridades famosas (em esportes e entretenimento) e possivelmente alguns ativistas. As figuras principais em cada segmento podem ser agrupadas e referidas coletivamente como a "elite moderna". Muitas vezes é com o consenso (seja deliberadamente coordenado ou por aceitação natural) dessa "lista de convidados de Davos" — que uma ideia ou um sistema pode se espalhar globalmente.

Mas, como observou o historiador francês Jules Michelet, a história muitas vezes é moldada de forma decisiva pelas intervenções das massas. E, claro, as ideias nem sempre precisam de apoio de cima para baixo para se espalharem como um incêndio, como mostra o *best-seller* de Malcolm Gladwell *O Ponto da Virada*. As ideias têm vontade própria e, às vezes, só precisam de um catalisador, uma faísca para acender o fogo. Ideias modernas para liberar o potencial humano por meio da revolução de nossa estrutura social incluem, por exemplo, o Projeto Venus, que propõe a substituição do atual sistema baseado em dinheiro por outro baseado em recursos. O projeto, portanto, prevê a liberdade do indivíduo de ter de simplesmente "ganhar a vida" fazendo algo que faz com que seus múltiplos talentos e interesses sejam desperdiçados. Ainda assim, o projeto continua sendo uma iniciativa de pequena escala, liderada por indivíduos, que nunca realmente cresceu. Portanto, permanece o fato de que, até ou a menos que o atual sistema capitalista baseado em dinheiro seja substituído, indivíduos e instituições ricos muitas vezes acreditarão e promoverão o valor dos polímatas.

Uma Oportunidade

A desigualdade mundial está aumentando tragicamente assim como as oportunidades de revertê-la. Pela primeira vez na história da humanidade, a globalização da mídia e da tecnologia permitiu que um número cada vez maior de indivíduos leigos tivesse acesso ao conhecimento, bem como a oportunidades. A cobertura da Internet, a penetração do telefone móvel, a disponibilidade e a acessibilidade de livros, educação em massa, mídia digital — todos importantes transmissores de conhecimento — atingiram níveis sem precedentes em todo o mundo. Como Jimmy Wales, fundador da Wikipedia, diz: "o estereótipo clássico do acadêmico da torre de marfim, o sumo sacerdote do conhecimento, está realmente sendo extinto... e uma das coisas fascinantes sobre a Wikipedia é o reconhecimento de que o talento está mais amplamente distribuído pela sociedade".

Permite mais autonomia comercial, artística e intelectual (no nível individual) do que na maioria dos outros períodos da história. Isso se manifesta no aumento significativo do número de pequenas e médias empresas, grupos da sociedade civil, produtores de filmes independentes, gravadoras, canais de notícias de TV, jornais e editoras, muitos dos quais são autofinanciados, vão contra o *establishment* e não seguem os modelos convencionais. Além disso, tecnologias transformacionais como inteligência artificial (IA), robótica, cibernética, biotecnologia, nanotecnologia, Internet das coisas (IdC), interfaces cérebro-cérebro, realidade virtual, impressão 3D e engenharia biomédica se desenvolverão exponencialmente e oferecerão a chance de melhorar e otimizar o desempenho e o conhecimento humano. Como diz o grande neurocientista Miguel Nicoleilis, "absorveremos a tecnologia como parte de nós — a tecnologia nunca nos absorverá. É simplesmente impossível". Esta é uma oportunidade, se ao menos pudermos aproveitá-la.

Programando Nosso Futuro

Ray Kurzweil — um dos maiores polímatas tecnológicos do mundo — é um *Trans-humanista*. Ele acredita que muito em breve neste século, em muitas de nossas vidas, experimentaremos o próximo estágio, talvez o final, da evolução humana. Será o ponto em que os humanos transcenderão a biologia orgânica. A *Singularidade*, como ficou conhecida, é um ponto em perspectiva em um futuro próximo quando as máquinas superinteligentes assumirão tal forma (por meio da nanotecnologia), que lhes permitirá se fundir com nossa anatomia biológica de uma forma que essencialmente nos fará meio-máquina, meio-humano. É uma forma de interface cérebro-máquina.

Kurzweil insiste que, na década de 2030, os nanorrobôs vão interagir com os neurônios biológicos para estender amplamente a experiência humana, criando realidade virtual de dentro do sistema nervoso. Esses bilhões de nanorrobôs injetados nos capilares do cérebro também estenderão amplamente a inteligência humana. A fusão integral da inteligência biológica padrão com a inteligência da máquina significa que os seres humanos serão capazes de desenvolver muitas habilidades cognitivas e processar grandes quantidades de informações com grande velocidade e eficiência. "Expandindo nosso neocórtex na nuvem", diz ele, "seremos capazes de dominar vários campos, o que aumentará muito nossa capacidade de inovação". A habilidade de sermos polímatas será, portanto, aumentada para um nível sem precedentes.

Atualmente, temos 300 milhões de módulos neocorticais em nosso neocórtex, a região do cérebro responsável por muito do que identificamos como "pensamento". Cada um desses módulos consegue aprender, reconhecer e lembrar um padrão. Esses módulos se conectam em hierarquias elaboradas. Nosso neocórtex cria essas hierarquias com base no próprio pensamento. Mas com a injeção de nanorrobôs superinteligentes em nosso sistema, o jogo muda. Kurzweil explica a lógica:

> Lembra o que aconteceu da última vez que adicionamos mais neocórtex quando nos tornamos humanoides (e evoluímos o córtex frontal)? Inventamos a linguagem, a arte e a ciência. Quando novamente adicionarmos neocórtex adicional na nuvem, adicionaremos outros níveis de abstração. O resultado será a invenção de meios de expressão ainda mais profundos do que a arte e a tecnologia de hoje. Essa expansão não será mais limitada por um invólucro fixo (o crânio) e estará usando um substrato de processamento de informações milhões de vezes mais rápido do que o usado pelo cérebro. Será livre para crescer exponencialmente, em última análise, expandindo nossa inteligência bilhões de vezes (essa é minha definição de "Singularidade").

Projeções extremas sobre a Singularidade preveem que esse "pós-humano" seja imortal, tenha genes substituíveis, 100 quatrilhões de sinapses e várias realidades correndo em paralelo. É uma realidade quase inconcebível, mas de acordo com um movimento crescente de cientistas trans-humanistas, como não acreditar? Kurzweil afirma que "seremos capazes de compartilhar nossas extensões neocorticais na nuvem quando quisermos ou mantê-las privadas quando quisermos, retendo, assim, nossa individualidade". Ele insiste que, longe de nos tornarmos robôs homogêneos, isso nos tornará "ainda mais únicos do que hoje". Este, afirma ele, é o futuro da polimatia.

É discutível se esses "ciborgues polimáticos" dominarão o futuro ou não. Cientistas respeitados, como o físico Stephen Hawking, concordam que essa perspectiva é "fato científico, não ficção científica", embora outros conceituados cientistas cognitivos e neurocientistas, como Noam Chomsky e Miguel Nicolelies, tenham suas reservas a esse respeito. Em qualquer caso, algo está bastante claro: precisamos de uma mudança fundamental na qual a própria mente *humana* funcione. Os enormes avanços da neurociência nos últimos anos devem priorizar a otimização da mente *humana* frente ao desenvolvimento de máquinas superinteligentes. Por que isso é importante? Porque é a mente humana que, por fim, será responsável pela programação das máquinas!

O aprendizado de máquina está rapidamente se tornando um substituto atraente para o aprendizado humano. O desenvolvimento da IA está hoje recebendo mais recursos e atenção do que o cultivo da inteligência humana. No entanto, nos próximos anos, são as mentes humanas que possivelmente terão o maior desafio e a responsabilidade na história de sua espécie. Programar máquinas para ter os valores que queremos que tenham, de modo que qualquer sistema de superinteligência no futuro sirva para ser uma força construtiva em vez de uma força destrutiva. Anders Sandberg, do Instituto Future of Humanity, da Universidade de Oxford, reafirma que "nas próximas décadas temos de criar um código que reflita os valores humanos". E devemos entender o nível de urgência. "Se vamos fazer algo a respeito", diz o historiador e futurista Yuval Noah Harari, "devemos fazê-lo agora. Em 30 anos, será tarde demais".

Mas quem decide sobre esses valores fundamentais? Quem decide sobre a imagem mais precisa da realidade? Quem é qualificado o suficiente para determinar o destino de nossa espécie? Para isso, precisamos compreender melhor a complexidade intrínseca do mundo. E, embora a polimatia possa ou não estar correlacionada com a *moralidade*, certamente é possível fornecer mais *clareza*. Pode não prometer objetividade final, mas servir como um caminho eficaz para alcançá-la.

Então, queremos ser "seres" — de alguma forma entre Jason Bourne e o Exterminador — ou seres *humanos* reais otimizados? Nesse caso, devemos levar nossa cognição e nossa consciência ao próximo nível. Na verdade, os principais donos de nosso futuro não são ciborgues ou máquinas superinteligentes (que podem ser os secundários), mas, na verdade, aqueles seres humanos que têm a perspectiva, a criatividade e a inteligência crítica para decidir qual papel essas máquinas podem desempenhar melhor no evolução da humanidade — e programá-las de acordo. Os polímatas são, portanto, nossa melhor esperança. "Não creio que as máquinas vão resolver os grandes problemas, os seres humanos o farão, com a ajuda das máquinas", insiste Daniel Levitin.

No entanto, nem mesmo será quem programa as *máquinas* que influenciará o futuro; mas sim, quem programa os *humanos*. E eu proponho que os seres *humanos* é que devem se programar. Este livro busca desencadear a revolução cognitiva, para que todos — seja o empresário gambiano, o agricultor norueguês, a mãe norte-americana, o soldado boliviano, seja o comerciante tibetano — possam finalmente afirmar sua participação no futuro.

CAPÍTULO 7

Polímatas do Século XXI

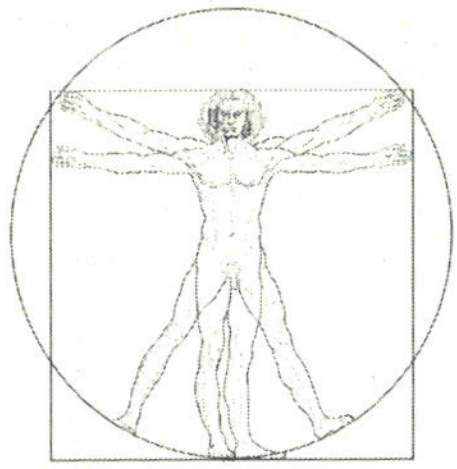

A polimatia está em perigo, embora ainda não extinta.

– Peter Burke, *Uma História Social do Conhecimento*

Uma Vanguarda de Contestadores

Os iogues são muitas vezes vistos como os seres humanos mais especializados. Como místicos em busca de uma realidade metafísica, eles devem renunciar ou, pelo menos, se emancipar da realidade física. São tão comprometidos, tão disciplinados, tão consumidos por essa única tarefa, que se destacar em qualquer outra atividade mundana parece impensável. De acordo com o célebre místico indiano do século XXI, **Sadhguru Jaggi Vasudev**, essa suposição está errada. Sadhguru é um dos iogues mais famosos que ainda vive entre nós. Ele desenvolveu o programa de "engenharia interna" e, por meio de sua Fundação Isha, estabeleceu um dos retiros de meditação mais famosos do mundo.

No entanto, ele é um homem de ação — empreendedor social que joga golfe seriamente, escreve livros sobre gastronomia e vive uma vida de aventura andando de moto, lidando com cobras e escalando montanhas. É o que ele chama de "vida selvagem". Embora afirme não ser um homem de conhecimento, suas conversas eruditas com neurocientistas, educadores, jornalistas e artistas de renome mundial têm sido amplamente divulgadas. É autor de mais de cem livros em oito idiomas sobre diversos assuntos.

Apesar do impacto do paradigma dominante da especialização no desenvolvimento social, intelectual e espiritual, ainda há uma vanguarda de polímatas que insiste em pensar, ser e operar de forma diferente. Sadhguru eminentemente representa essa espécie de pessoas, que inclui também os mais criativos pensadores, cientistas, artistas, estadistas e empresários. São todos polímatas de diferentes tipos e por diferentes razões. O que eles compartilham é a inteligência ilimitada, uma criatividade elevada, um senso de individualidade, uma curiosidade insaciável e uma visão de unidade. Eles estão entre os seres humanos mais versáteis da Terra.

Hoje em dia, nosso elo mais próximo com o filósofo polímata do passado é o "intelectual público", alguém capaz de comentar uma série de assuntos diferentes daquele pelo qual é mais conhecido: "a essência do intelectual público é ter um visão sobre muitas coisas, de uma forma que integre e faça sentido", diz o filósofo A.C. Grayling. "Trata-se da amplitude de interesse e a aplicação de uma perspectiva considerada". Enquanto muitos reivindicam esse título, apenas o *genuíno* intelectual público é um *verdadeiro* polímata. Como temos visto, os polímatas, por sua própria natureza, sua complexidade e variedade absoluta, emergem de uma gama de tradições culturais, religiosas e políticas. O esquerdista esloveno **Slavoj Zizek** escreveu livros sobre assuntos tão diversos como psicanálise, teologia, ópera, política, filosofia existencialista, sociologia e teoria do cinema. O conservador britânico **Roger Scruton** — além de romances e ópera — escreveu livros sobre assuntos tão variados quanto beleza, filosofia, música, política, arquitetura, caça, direitos dos animais, sexo e ecologia.

A revista *GDI Impuls* publica uma lista confiável dos principais pensadores do mundo. De acordo com seu editor, o mundo está tão obcecado por "especialistas" que nenhum dos 100 melhores poderia ser classificado como polímata. O único polímata a fazer parte da lista foi **Vaclav Smil**, classificado na 155.ª posição. Mesmo assim, Smil escreveu livros sobre temas tão diversos como economia, história, energia, alimentação, metais e meio ambiente, e é considerado o autor favorito de Bill Gates. **Jared Diamond** tentou explicar os padrões da história humana sintetizando sua experiência em linguística, biologia, fisiologia, geografia, antropologia, zoologia e sociologia — uma polimatia demonstrada em seu *best-seller* premiado *Armas, Germes e Aço — Os Destinos das Sociedades Humanas*. Apesar da demanda de instituições acadêmicas e editoras por especialistas, intelectuais como Smil e Diamond continuam rompendo barreiras. Seus sucessos e suas descobertas demonstram o valor da abordagem interdisciplinar.

Muitos dos polímatas científicos de hoje tendem a vir de áreas de tecnologia da informação e inteligência artificial (IA) que requerem um conhecimento profundo de campos científicos tão diversos quanto (e relacionados com) anatomia, neurobiologia, psicologia cognitiva, engenharia mecânica, programação de computadores, física quântica, linguística e matemática. Os visionários pioneiros da IA são intrinsecamente sintetizadores da ciência. O tecnólogo e futurista **Ray Kurzweil** reuniu muitas dessas disciplinas em seu livro pioneiro de 2005 *The Singularity is Near*, que antecipou o progresso exponencial das tecnologias da informação no futuro. **Elon Musk** é um empreendedor em série, que usa seu conhecimento de várias ciências para construir grandes empresas em diferentes setores da ciência, tecnologia e engenharia, incluindo energia solar, automóveis, viagens espaciais, neurotecnologia e câmbio digital.

As artes — visuais, literárias e cênicas — sempre foram o lar de polímatas, pois fornecem vários meios de expressão criativa. Ziryab, Andrade e Tagore são exemplos clássicos de "artistas completos". Embora muitos reivindiquem esse título hoje em dia, os poucos genuínos incluem nomes como o americano **Bob Dylan**, que não apenas é um dos mais aclamados músicos, cantores e poetas vivos, mas também pintor talentoso, e **Joni Mitchell**, que se destaca em pintura, música, poesia e coreografia (*ballet*). O ator de Hollywood **Viggo Mortensen** estrelou sucessos de bilheteria como *O Senhor dos Anéis* e *História da Violência*. É também compositor aclamado, que contribuiu para a partitura de *O Senhor dos Anéis*, pintor, cuja obra foi exibida internacionalmente, e poeta que (sendo poliglota) publicou em várias línguas.

Como mostrado por artistas como Cocteau, Pasolini, Parks, Ray e Kiorastami, no século XX, o filme pode servir como uma plataforma incrível para a exploração polimática. Apelidado de "Homem da Renascença do cinema norte-americano moderno", o diretor **David Lynch** é o pai indiscutível do surrealismo popular. Suas obras-primas na tela incluem *The Elephant Man*, *Duna*, *Veludo Azul* e *Mulholland Drive: Cidade dos Sonhos*. Mas ele também é pintor, escultor e fotógrafo talentoso, roteirista, compositor, cenógrafo e ator, bem como autor de um livro de referência sobre o impacto da meditação transcendental na criatividade.

No Japão, **Takeshi Kitano** começou sua carreira como ator e comediante de *stand-up*, mas logo voltou a atenção para o cinema a fim de produzir obras-primas como *HANA-BI* ⊠ *Fogos de artifício*. Após um acidente de motocicleta, Kitano começou a pintar, e sua obra já foi publicada em livros, exibida em galerias, usada em capas de álbuns e em filmes. Kitano é também um prolífico poeta, crítico de cinema e teórico, além de autor de vários romances adaptados para o cinema. Além do mais, ele é o *designer* de um famoso videogame e apresentador de um programa de entrevistas na TV.

O governante de Dubai, o xeique **Mohammad bin Rashid Al Makhtoum**, é provavelmente o exemplo mais próximo de um "monarca polímata" hoje em dia. Além de ser um dos estadistas mais importantes da região, é um dos melhores poetas Nabati de sua geração, além de campeão mundial de hipismo, oficial do exército comissionado e um dos líderes empresariais mais influentes da região. É também ávido patrono das artes e um dos principais filantropos ativos do mundo. Da mesma forma, **Charles, Príncipe de Gales**, demonstrou múltiplos interesses e realizações que recentemente lhe renderam o Prêmio de Homem da Renascença do Ano do Palazzo Strozzi. Ele foi homenageado por seu trabalho relacionado a religiões mundiais, arquitetura, educação, esportes, arte, agricultura, natureza e literatura. Quando recentemente ganhou o prêmio GQ de Homem do Ano pelo conjunto de suas realizações, ele disse: "Eu acho que há muitas coisas que precisam ser feitas ou pelas quais deve-se lutar". Também podemos incluir a Rainha Margrethe II da Dinamarca nesse grupo de monarcas polímatas. Conhecida como "a monarca mais intelectual da Europa", ela estudou arqueologia, ciência política e economia e é tradutora poliglota, além de pintora e estilista talentosa.

O empresário britânico **Richard Branson** iniciou e administrou com sucesso negócios multimilionários em setores tão diversos como música, aviação, telecomunicações, esportes e espaço. Atualmente, possui mais de 200 empresas em diversos setores, muitos dos quais em que ele está diretamente envolvido, e também contribui para vários outros projetos humanitários, ecológicos e artísticos. Além do mais, ele deu a volta ao mundo em um balão de ar quente, cruzou o Canal da Mancha em tempo recorde mundial em um barco e em um veículo anfíbio e completou com sucesso uma rodada no escuro de golfe que bateu recorde mundial na Austrália.

Ainda no século XX, as mulheres eram social e legalmente consideradas *propriedade*, não pessoas. A emancipação feminina é um fenômeno relativamente recente na sociedade ocidental, e o legado de longa data do preconceito de gênero, embora esteja se dissipando rapidamente, ainda pode ser sentido. Apesar disso, algumas mulheres se destacaram em vários campos — impulsionadas por interesse e talento. A afro-americana **Mae Jemison** começou como dançarina, mas se tornou engenheira, médica, astronauta da NASA e empreendedora de tecnologia. Em seguida, temos a ascensão das ativistas acadêmicas. A ativista social e acadêmica porto-riquenha **Antonia Darder** é mais conhecida por sua contribuição para a teoria e a história da educação, mas também é excelente pintora e poetisa. A queniana **Wangaari Mathai** e a indiana **Vandana Shiva** têm formação científica e defendem diversas causas, incluindo mudanças climáticas, direitos humanos e gênero.

Conversas com Polímatas Atuantes

Noam Chomsky

O exemplo vivo clássico do polímata intelectual é Noam Chomsky, professor de linguística e filosofia no prestigioso Massachusetts Institute of Technology (MIT). Ele é uma das fontes intelectuais mais citadas de todos os tempos, mas o mais notável é que ele é quase igualmente citado em pelo menos quatro disciplinas acadêmicas distintas. Escreveu mais de 150 livros sobre diversos assuntos, desde linguística sintática e ciências cognitivas até filosofia da mente, história intelectual, matemática, sociologia e ciências políticas. É considerado uma autoridade em nível mundial em cada um dos temas sobre os quais escreveu. Hoje em dia, Chomsky é um dos oradores públicos mais procurados do mundo e, embora seja considerado politicamente controverso por alguns, ele, em geral, é respeitado até mesmo por seus críticos como um dos mais importantes intelectuais públicos completos.

Quando questionado sobre quem considerava o maior polímata da história, ele não escolheu nenhuma das grandes figuras do Iluminismo europeu. Em vez disso, indicou um tio que dirigia uma banca de jornal, e que foi reprovado na quarta série. Ele foi "uma das pessoas mais educadas que já vi", disse ele.

> Cresci em uma comunidade de imigrantes — a classe trabalhadora judia dos anos 1930, a maioria empregada, mas com um nível cultural muito alto. Eram trabalhadores desempregados, alguns nunca passaram da escola primária, mas discutiam o último concerto do quarteto de cordas de Budapeste, peças de Shakespeare, a diferença entre Freud e Steckel e, claro, todas as correntes políticas possíveis que você possa imaginar. Portanto, havia apenas uma vida intelectual animada, que era considerada normal para os trabalhadores.

Chomsky diz que, mesmo durante a sua vida, houve um período em que era considerado normal explorar, compreender e contribuir em vários campos. Essa atividade não se limitava à Academia de alto nível. "Isso não era considerado estranho ou polimatia, apenas preocupações normais de uma pessoa instruída. Agora teria de ser dividido em profissões". Ironicamente, os generalistas enciclopédicos eram mais comuns na sociedade cotidiana décadas atrás do que hoje em dia, mesmo com informações "infinitas" ao alcance do leigo. "Se você olhar para o estudo dos hábitos de leitura de pessoas normais durante a Grã-Bretanha vitoriana, por exemplo, é realmente impressionante", disse Chomsky. Era o tipo de erudição leiga que Jonathan Rose descreve em seu livro *A Vida Intelectual das Classes Trabalhadoras Inglesas*.

Chomsky sugere que disciplinas aparentemente não relacionadas têm um "ponto de contato" associado à criatividade e "um instinto de liberdade" que "nos dias anteriores à especialização era buscado e considerado normal". Diz ele: "No cerne da linguagem — esta é uma parte central da filosofia cartesiana — está a capacidade criativa de produzir e articular novos pensamentos compreensíveis para os outros, não sob o controle de estímulos externos ou internos. E isso está no cerne de uma sociedade criativa, e é um dos principais critérios para a existência da mente". Chomsky explica por que certos polímatas eram apoiados pelo sistema no passado. "Não havia objeções aos polímatas", diz ele, "desde que obedecessem a doutrina vigente". A razão pela qual patronos (monarcas, universidades) deram uma plataforma aos polímatas ao longo da história, na forma de um cargo no tribunal ou um cargo de professor em uma instituição acadêmica, é que eles não perturbaram o *status quo* e, de fato, geralmente ajudavam a consolidá-lo com seu trabalho. "Enquanto esteja em conformidade com as necessidades do sistema ideológico dominante, [o polímata] não é apenas tolerado, mas encorajado. Se, por outro lado, ele vai além, é bem diferente, então é como dizer "deixe para o fim, você não sabe do que está falando". Pode ser por isso que pessoas como Da Vinci — trabalhadores contratados sem nenhuma evidência de terem opiniões contrárias — tiveram permissão para prosperar por parte de seus empregadores.

Chomsky insiste que a polimatia tem um valor importante na sociedade atual e que a mentalidade polimática deveria ser prontamente adotada para o avanço pessoal e social. "Eu acho que é extremamente importante para as pessoas não ficarem limitadas a um ofício ou preocupação muito restrita — seja carpintaria, seja física quântica. As pessoas devem se envolver em questões que dizem respeito aos outros e à sociedade. Devem se beneficiar e contribuir para outras realizações intelectuais e culturais". E novamente ele reitera: "na verdade, isso era considerado bastante normal não muito tempo atrás".

Chomsky diz que curiosidade, mente aberta e pensamento crítico são os atributos atemporais necessários para uma mentalidade polimática. A polimatia

> nada mais é que uma mente aberta e curiosa... virtudes simples: honestidade, mente aberta, integridade, trabalho árduo... perseguir seus interesses, ter a mente aberta o suficiente para questionar dogmas, mas ser sério o suficiente para prestar atenção aos argumentos. Isso sempre foi verdade, ainda é. Agora, significa ser interdisciplinar, há dois séculos, era apenas chamado de pessoa culta.

F. Story Musgrave

F. Story Musgrave começou a carreira como soldado nas Forças Especiais dos Estados Unidos, onde também atuou como engenheiro mecânico e aviador. Ele voou 17.700 horas em 160 tipos diferentes de aeronaves civis e militares, e fez mais de 800 quedas livres de paraquedas — mais de cem delas como parte de um estudo de aerodinâmica humana. Durante esse tempo, também se formou como cirurgião clínico e atuou como fisiologista.

Musgrave então se tornou astronauta da NASA. Ao longo de uma carreira de 30 anos, ele participou de seis voos espaciais, completou a primeira caminhada espacial no primeiro voo do ônibus espacial *Challenger*, pilotou uma sonda de astronomia e conduziu duas missões confidenciais do Departamento de Defesa. Ele foi o principal explorador, que caminhava, na missão de reparo do Telescópio Hubble e, em seu último voo, operou um satélite de fabricação de *chips* eletrônicos em Columbia.

A aposentadoria deu a ele a chance de diversificar ainda mais. Hoje em dia, administra uma fazenda de palmeiras e uma empresa de esculturas, além de trabalhar como arquiteto paisagista. Ele é artista conceitual da Walt Disney Imagineering, inovador da Applied Minds e professor de *design* no Art Center College of Design, na Califórnia. É um entusiasta com vários *hobbies*, jogou xadrez, lutou em níveis competitivos, produziu inúmeras pinturas e esboços e escreveu muitos poemas. Possui sete diplomas em matemática, ciência da computação, química, medicina, fisiologia, literatura e psicologia e possui 20 doutorados honorários. "Na verdade, nunca fui chamado de polímata, mas muitas vezes as pessoas me denominam homem da Renascença", admite. De fato, ele foi classificado como o "Homem Moderno da Renascença" Número 1 do mundo pelo famoso portal *Web* de estilo de vida AskMen.com — uma lista que incluía nomes como Noam Chomsky, Jonathan Miller e Nathan Myhrvold.

A vida animada de Musgrave vem como resultado de uma certa mentalidade. Para ele, a curiosidade move tudo:

> A curiosidade é uma emoção pura, uma energia pura; é feita por si mesma, sem uma programação, sem recompensas antecipadas, apenas para se sentir vivo e estar envolvido com o cosmos. É um caminho com bifurcações inesperadas que levam a destinos imaginários, mas desconhecidos. As recompensas não são buscadas, mas são encontradas.

Curiosidade e imaginação, ele insiste, andam de mãos dadas para o polímata:

> A curiosidade e a imaginação são companheiros inseparáveis de viagem. A imaginação está sempre em ação; nenhuma parte percebida da vida presente ou futura é um vazio. Se houver um nada real ou um desconhecido, a imaginação criará uma experiência ficcional consciente das possibilidades alternativas. E, ao longo do caminho de estudo, à medida que as evidências reais são acumuladas, a imaginação atualiza sua visão das possibilidades e conduz a curiosidade a novos percursos.

Quando a noção de polímata é apresentada a ele como alguém que se destaca em vários campos não relacionados, ele educadamente interrompe com uma pergunta retórica: "Mas será que não estão relacionados?". Tudo está conectado, ele sugere. Criatividade e versatilidade têm sido evidentes ao longo de sua vida, mas o que parece ter moldado sua polimatia foi a visão holística de mundo. Com uma essência espiritual hipnotizante, Musgrave falou da unidade do cosmos e insiste na conexão de todas as coisas dentro dele: "Nada está independente. Não há distinção entre diferentes disciplinas ou aspectos da vida. Devemos entender que somos de um cosmos e que tudo está conectado". Certamente, sendo o astronauta que consertou o telescópio Hubble, ele está bastante apto para falar do cosmos. "Olhando para a Terra do espaço, você reflete e percebe a visão geral", diz ele. Com ela, fica evidente que existem conexões (pelo menos conceituais) entre tudo.

Depois de se aposentar como astronauta, Musgrave envolveu-se em projetos aparentemente improváveis, como patinação olímpica e parques temáticos da Disney. Mas ele insiste: "Existem habilidades transferíveis entre as disciplinas. Por exemplo, existem paralelos claros entre lidar com máquinas agrícolas e projetar brinquedos da Disney; e entre a patinação olímpica e a caminhada no espaço".

Ele acredita que a polimatia é especialmente importante hoje em dia, dado o domínio de uma cultura hiperespecializada. "As pessoas gostam de colocar os outros em caixas e categorizá-los — é preciso sair dessas caixas". E foi o que ele fez. "Ninguém podia me segurar, eu me recusei a ficar preso". Ele vê a nova economia centrada na tecnologia como uma oportunidade para aspirantes a polímatas e pessoas com múltiplos interesses e habilidades. "Na verdade, existem mais polímatas hoje do que jamais houve devido à globalização, mas nunca realmente os chamamos de polímatas".

Ele diz que os executivos de negócios, agora mais do que nunca, devem ser capazes de comandar diversas habilidades e organizar uma riqueza de conhecimentos acumulados em muitas áreas. Isso é verdade mesmo se você tiver um "campo de atuação" (na forma de uma posição ou profissão) a partir do qual iniciar uma carreira. "O militar, por exemplo, foi um campo de atuação para eu explorar meus interesses em fisiologia, engenharia, aviação e paraquedismo". Ele acredita que os líderes corporativos de hoje devem usar seus "campos de atuação" para aprimorar suas habilidades polimáticas.

A ânsia de Musgrave em abraçar novas experiências criou oportunidades inesperadas, mas bem-vindas para ele. Dê-me tudo. Eu sou um anfíbio. Eu sou híbrido. Dê-me qualquer coisa" — esta foi sua atitude. "Você leva coisas com você. O que quer que domine, você leva junto. Aproveita seu passado; aproveita todas as habilidades que já teve para o seu futuro". Então, quando lhe foi oferecido o emprego na NASA, ele sabia que seria o paraíso polimático, seu "campo de atuação": "Este trabalho vai utilizar tudo o que você já fez na vida", pensou ele. Suas habilidades como engenheiro mecânico, piloto, soldado e médico estariam disponíveis como astronauta — algo com que ele nunca sonhou. "Está aí, isso é a polimatia". Seu conselho a todos é simples: "entre no campo e se prepare, porque a vida é inesperada; você não sabe o que vai fazer".

Seyyed Hossein Nasr

Aclamado por Huston Smith como "um dos pensadores mais importantes de nossos tempos", Seyyed Hossein Nasr é um dos poucos estudiosos vivos que genuinamente segue a tradição polimática dos primeiros estudos islâmicos durante sua Idade de Ouro. Como tal, ele é um caso clássico de filósofo holístico e multifacetado. Considerado um gênio da matemática desde muito jovem, passou a estudar geologia e física no MIT, onde obteve o doutorado em história da ciência. Publicou seu primeiro livro aos 25 anos, e aos 30, tornou-se professor titular em Harvard. Sua busca por entender o "porquê" em vez do "como" o levou para o mundo da filosofia e do misticismo.

Depois de se tornar especialista em muitas das religiões do mundo, logo foi reconhecido como a maior autoridade mundial na "filosofia perene" e se tornou o único muçulmano a ser incluído na Biblioteca dos Filósofos Vivos. Como estudioso islâmico, escreveu livros sobre o Alcorão, cosmologia islâmica e lei islâmica. Como historiador da arte, publicou livros sobre a arte do Oriente.

Nasr é um poliglota que fala e escreve em inglês, francês, persa, árabe, espanhol e alemão, além de poeta publicado em inglês e persa. Agora ele é professor de estudos islâmicos na George Washington University. Seu livro *Science and Civilization in Islam* é uma síntese magistral de cosmologia, filosofia, teologia, história, alquimia, física, matemática, astronomia, medicina e misticismo islâmicos, e sua *History of Islamic Philosophy* é o trabalho mais abrangente e amplo do gênero.

Para Nasr, claramente dotado de uma inteligência geral excepcional, a motivação por "polimatizar" era dupla: *curiosidade* e *unidade*. "Minha sede de conhecimento nunca foi saciada limitando-me apenas a um campo específico", disse ele. "Sempre gostei do conhecimento pelo conhecimento — não para ficar rico, para ficar famoso, nem mesmo para servir aos pobres. Sempre me empolgou, eu queria saber, desde criança — estava na minha natureza. Foi assim que Deus me criou". A curiosidade tende a se dissipar à medida que avançamos para a idade adulta. Não é assim para Nasr. "Aquela sede que me fez procurar continuou existindo. Não me saciou — então não é porque eu tenha aprendido francês que eu não precise aprender outro idioma. É uma fonte contínua de energia para eu buscar".

A imaginação, a inteligência e a versatilidade prepararam Nasr para satisfazer sua curiosidade e assim explorar e contribuir nos mais diversos campos do conhecimento. Mas, em última análise, foi sua busca pela unidade que o tornou um verdadeiro polímata. "Eu sou filósofo por natureza, e não poderia apenas ter uma série de formas díspares de conhecimento em minha mente, como se fosse uma cômoda com meias em uma, cueca na outra e assim por diante".

Nas tradições espiritualistas e intelectuais islâmicas, ele encontrou sua estrutura para sintetizar várias disciplinas.

> Passei muito tempo tentando encontrar uma visão de mundo em que todas essas coisas pudessem se encaixar. Então voltei ao pensamento islâmico e descobri essa expressão plena na filosofia do *Tawheed* (Unidade ou Unicidade), por meio da qual eu poderia integrar todo o meu conhecimento de uma forma que me permitiria não ser dúbio e desonesto comigo mesmo.

Ele afirma que a filosofia moderna geralmente falha em compreender um mundo global e interconectado:

> Todas as escolas da filosofia moderna, racionalistas ou antirracionalistas são unidas em um ponto: elas não podem fornecer uma visão global para todas as formas de conhecimento. A filosofia anglo-saxônica — positivista e analítica — reduziu a filosofia a um jogo de lógica e não consegue ter uma visão que incorpore todas as diferentes disciplinas que o polímata deveria conter dentro de si de forma integrada. Não acredito que nenhuma das filosofias existentes no mundo ocidental a partir da Renascença tenha a capacidade de fazer isso. O reducionismo é tão forte na mente ocidental que ver a interdependência de várias disciplinas é muito difícil filosoficamente.

Douglas Hofstadter

"Todo mundo tem coisas que os fascinam e os levam a seguir certos caminhos na vida", diz Douglas Hofstadter.

> Não sou exceção e, na verdade, acho que grande parte da história da minha vida pode ser contada de maneira muito eficaz, como uma série de tais fascinações ou paixões. Normalmente, as chamo de "minhas farras" ou "minhas crises", embora existam outras palavras evocativas para a mesma noção, entre as quais: "obsessão", "orgia", "farra", "mania" e "loucura".

As "obsessões" de Hofstadter permitiram que ele trouxesse contribuições substanciais a campos tão diversos como matemática, física, artes visuais, música, filosofia da mente, ciências cognitivas, *design* de fontes, poesia e tradução literária. Na ciência cognitiva, ele escreveu sobre linguagem sexista, sentenças autorreferenciais, geração aleatória de sentenças e inventou novos alfabetos. Analisou o processo de geração de analogias, particularmente a modelagem computacional do processo cognitivo humano de fazer analogias em pequenos domínios, um dos quais é chamado de "domínio *Copycat*" (analogias restritas às letras do alfabeto). É um assunto ao qual ele volta em quase todos os seus livros.

Ele deu ao mundo matemático a "Borboleta de Hofstadter" — um objeto matemático que descreve o comportamento teorizado de elétrons em um campo magnético —, sequências inteiras e geometria de triângulo. Na música, acrescentou um enorme número de peças para piano ao repertório clássico. Como artista visual, trouxe uma contribuição interessante à caligrafia na forma de "ambigramas", "*whirly art*" e grades.

Sendo linguista talentoso (ele estudou várias línguas), com um dom para a literatura, ele traduziu o grande romance de Pushkin, *Eugene Onegin*, bem como o poema do século XVI *Ma Mignonne*. Seu livro *best-seller Gödel, Escher, Bach* — uma fusão surpreendente de ideias relacionadas à arte, música e matemática — é considerado por muitos um dos melhores livros de síntese polimática escritos nos tempos modernos.

Expressando humildade, Hofstadter revelou um momento em que conheceu o biólogo, filósofo da ciência e professor da Universidade de Harvard, E.O. Wilson. Durante o café da manhã, ele (Wilson) virou-se para seu outro amigo e fez uma declaração ousada sobre a polimatia intelectual:

> Deixe-me lhe dizer, Hofstadter é um intelectual. Ele é um verdadeiro intelectual. Em Harvard, onde trabalhei por várias décadas, não há intelectuais. Absolutamente nenhum. Claro, em Harvard existem muitos especialistas em nível mundial que conhecem suas minúsculas disciplinas de dentro para fora, mas essas pessoas não sabem mais nada. São pessoas enfadonhas e estreitas, não pessoas que pensam. Queremos pessoas que pensem!

Para Hofstadter, um sentido de admiração e uma resposta à beleza são essenciais. "Eu vejo algo e encontro uma sensação extraordinária de beleza da qual simplesmente não me canso — quero isso cada vez mais. Não é algo deliberado. Uma coisa leva à outra. Não há um planejamento definido — tudo é motivado pela busca por beleza". Tamanha beleza, para ele, pode ser encontrada em uma sequência matemática, em uma composição musical, no som de uma linguagem ou no ritmo de uma poesia.

Por ser excepcionalmente versátil e claramente possuir habilidades cognitivas múltiplas e distintas — incluindo linguísticas, musicais e matemáticas —, Hofstadter é capaz de converter seu fascínio em alguma forma de produção criativa impressionante. "Nasci com algum talento, que junto com o meu amor pela beleza me permitiu criar coisas em diferentes disciplinas". Mas ele aceita que existem conexões indispensáveis entre os campos em que atua: "Sempre há algumas conexões. Por exemplo, a paixão pela poesia está ligada ao meu amor pelas línguas em geral".

Hofstadter acredita que polímatas são incrivelmente importantes para a atividade intelectual: "pessoas que são os maiores especialistas do mundo em apenas um pequeno campo não são muito sábias em geral, enquanto as que se envolvem seriamente em uma série de áreas diversas muitas vezes são capazes de visões gerais mais profundas de situações complexas e importantes".

Mas ele entende por que a maioria das pessoas hoje em dia deseja se tornar hiperespecialista:

> As pessoas querem ter um tipo de singularidade, e a maneira como isso parece estar mais disponível para a maioria delas é se especializando. Isso

> dá a elas um nicho especial, no qual se tornam bem conhecidas, líderes em seu campo, não importa o quão estreito e enfadonho seja. E isso significa que sua identidade e autoestima dependem dessa estreiteza... Passa a ser um ciclo de autorreforço — as pessoas ficam cada vez mais estreitas para ter autoestima; e tornam-se estreitas para se elevar cada vez mais em sua especialidade, até chegar ao ponto mais alto nessa área realmente estreita.

Embora Hofstadter relute em aceitar que a polimatia pode ser ensinada *per se*, ele sugere que ela pode ser encorajada, expondo os alunos a trabalhos feitos por polímatas: "Se você puder mostrar às pessoas que elas podem explorar diferentes disciplinas (por exemplo, com meu livro, *Gödel, Escher, Bach*), talvez possam se inspirar".

Jao Tsung-I

Seguindo a tradição dos *bunjin* (artistas chineses), Jao Tsung-I (também conhecido como Rao Zongyi), com 100 anos de idade, era (na época da conclusão deste livro), inegavelmente um dos mais ilustres polímatas chineses vivos. Em grande parte um autodidata, ele contribuiu para quase todos os aspectos da Sinologia, com descobertas acadêmicas em artes e humanidades. Além de ser aclamado poeta, calígrafo e músico, ensinou história, filologia, língua chinesa, literatura e artes plásticas em várias instituições de prestígio, como a Universidade de Hong Kong, a Universidade Nacional de Singapura, a Yale University e a Academia Sinica, em Taiwan.

Suas contribuições acadêmicas — com uma produção fenomenal de mais de 80 livros e 900 artigos — foram em campos tão díspares quanto paleografia, estudos de *Dunhuang*, arqueologia, epigrafia, historiografia, etimologia, história da música, história da religião, *Chu Ci*, bibliografia e estudo de diários locais. Sua produção artística é igualmente impressionante — ele publicou mais de 20 coleções de poesia e letras e exibiu sua arte visual (que inclui pintura e caligrafia) em todo o Leste Asiático. Também é poliglota e especialista em sânscrito medieval.

Jao é inspirado por um antigo princípio filosófico chinês que adota uma abordagem polimática à erudição. "'Tong Ren'(通人) é um conceito cultural ou filosófico que se relaciona com a 'polimatia' na história da cultura chinesa". Esse conceito foi articulado pela primeira vez por ShiMa Qian, estudioso do século I a.C., o mestre dos estudos históricos chineses, em seu grande trabalho, *Shi Ji*. Jao diz: "Uma pessoa seria descrita como *tong ren* quando se tornasse muito erudita. Ele ou ela é considerado, em geral, como alguém que pode compreender todos os tipos de mudanças na história e é capaz de pesquisar todos os tipos de assuntos em ciências e humanidades".

Jao culpa a "ocidentalização" pelo recente fim da polimatia na cultura chinesa.

> A polimatia declinou apenas durante os últimos trinta anos, com o impressionante aumento da influência ocidental na cultura chinesa. Isso inclui o domínio dos graduados do Ocidente que se dizem especialistas. No entanto, como seu conhecimento básico da cultura tradicional chinesa é relativamente limitado e insuficiente, muitas vezes eles apenas não podem ser verdadeiros especialistas nas áreas que afirmam ser suas.

Curiosidade, hibridismo e unidade são o que caracterizam principalmente a polimatia de Jao. "Para mim, todos os campos diferentes estão na verdade conectados porque estão relacionados às várias atividades da mente humana. A mente polimática, de fato, é uma mente muito inocente e concentrada, que é curiosa e corajosa em perseguir várias culturas e tópicos de conhecimento e busca ser criativa nas artes e nas ciências".

Jao acredita que o tamanho de alguns projetos de pesquisa acadêmica ofusca os multitalentos de um indivíduo:

> permitir mais liberdade de pesquisa acadêmica em locais de trabalho como universidades e institutos de pesquisa ajudaria a promover a polimatia. Por exemplo, apoiar pequenos projetos de pesquisa mais personalizados em humanidades, em vez de dar mais destaque a projetos grandes e em grupos amplamente financiados.

A Jao Tsung I Petite Ecole, da Universidade de Hong Kong, foi recentemente criada para apoiar uma abordagem polimática. Infelizmente, Jao faleceu antes da publicação deste livro. Ele ficará na história como um dos maiores polímatas que já viveu no século XXI.

Benjamin Dunlap

Benjamin Dunlap foi reconhecido pelo TED como um "verdadeiro polímata" e uma das "Cinquenta Pessoas Notáveis" no mundo. Embora não seja tão conhecido quanto alguns dos outros nessa lista (que inclui nomes como Bill Clinton e Richard Branson), isso certamente não o torna menos impressionante. Acadêmico de primeira linha, Dunlap foi educado nas Universidades de Oxford e Harvard e tornou-se Professor de Humanidades no Wofford College. Suas especialidades variam desde história intelectual até estudos sobre Índia, Tailândia e Japão.

É também especialista em arte, cinema e literatura, escritor (romances, poesias, libretos), ex-bailarino e produtor de televisão e cinema. Embora os acadêmicos muitas vezes se concentrem em suas próprias pesquisas, Dunlap fez do ensino uma prioridade. Ele foi homenageado com vários prêmios por essa contribuição. Ele é moderador frequente no Aspen Institute.

Desde criança, Dunlap sempre teve tendências polimáticas. "Embora pareça ter nascido com um pé no acelerador, demorei um pouco para localizar os freios — e estou convencido de que, se eu fosse uma criança hoje em dia, viveria dopado. Minhas drogas de escolha sempre foram cafeína ou chocolate". Agora, com 80 anos e ainda com um senso de humor incrível, Dunlap não tem planos de se especializar à medida que envelhece. "Eu gostaria de pensar que a morte envolve mais diversificação, embora tema que seja uma forma muito estreita de especialização".

Dunlap nasceu com uma curiosidade insaciável, um amor por aprender.

> Adoro aprender, mas, para ser sincero, a ênfase, a meu ver, deve estar no amor — ou seja, meu impulso intelectual é essencialmente movido pela emoção. Ou, como disse William Blake, "Energia é o deleite eterno". E é a energia que impulsiona minha curiosidade, uma espécie de energia emocional.

Dunlap é ex-presidente do Wofford College, uma das maiores faculdades de artes liberais da América. Sua filosofia educacional é de que, em um mundo cada vez mais especializado e complexo, é uma educação diversificada que permite às pessoas fazer conexões importantes entre vários campos.

> À medida que a complexidade logística de nossa sociedade aumenta, especialmente em combinação com uma tendência de especialização cada vez mais restrita em idades cada vez mais jovens, há uma necessidade óbvia e um valor por hábitos mentais sincréticos. Na verdade, a arte de fazer conexões pode ser um traço de sobrevivência indispensável para nossa espécie. É por isso que acredito tanto em uma educação de artes liberais de base ampla em todos os níveis de estudo.

Ele se refere ao currículo de faculdade ou universidade (principalmente norte-americano) "destinado a transmitir conhecimentos gerais e desenvolver capacidades intelectuais amplas, em oposição ao currículo profissional, vocacional ou técnico".

Conectar os pontos é uma característica do pensamento de Dunlap; inspirado principalmente por polímatas da história.

> Fico absorvido pelas conexões inesperadas, rebuscadas e arcanas, mais ou menos como Sir Thomas Browne, cuja mente acho que influenciou a minha... A Grécia Antiga também me fascina, e meu pensador grego favorito (além de Homero) é Heráclito. Para alguns, essa admissão dirá muito — a unidade dos opostos, certo? Você nunca sabe como as coisas se encaixam, mas descobrir pistas é uma alegria constante.

Para Dunlap, a polimatia é essencialmente uma espécie de "portfólio de especializações" — um movimento de uma atividade intensa para outra. "Estar totalmente engajado em uma única tarefa é como estar apaixonado. O perigo óbvio é que alguém pode se tornar tão viciado em emoções de pico que os períodos essenciais de descanso são esquecidos". Esta é a "armadilha" da especialização da vida toda na qual as pessoas caem se ficarem profundamente absortas. Ele insiste que, entre cada envolvimento intenso, deve haver um tempo de inatividade ou "período de descanso", embora mínimo. Esse tempo de inatividade, de acordo com Dunlap, é o período de hibridismo, de fazer conexões (embora inconscientemente). "Os períodos de ócio não são meros períodos de inatividade — são como a germinação misteriosa de uma semente que, embora invisível, é tudo, menos inerte".

Dunlap reconhece que encontrar e superar o cinismo é, e sempre foi, um dos maiores desafios enfrentados pelos polímatas, particularmente em sociedades especializadas. Há uma tendência em rejeitar mesmo os verdadeiros polímatas como superficiais, talvez porque as pessoas estejam mais dispostas a aplaudir a excelência em um único campo do que em muitos. Mas, na verdade, modelos de versatilidade como William Morris tiveram um desempenho consistente em um nível muito alto em diversos campos. Normalmente, os críticos optam por aproveitar suas realizações menores como uma forma de diminuir a consideração por todo o resto. Ou seja, alguns pareciam supor, por reflexo, que uma amplitude de envolvimento deve invariavelmente sinalizar superficialidade, embora, de Aristóteles e Rousseau a Jefferson e Tesla, tenha havido indivíduos extraordinariamente talentosos em praticamente tudo o que realizaram.

Hamlet Isakhanli

Muito parecido com Dunlap, Hamlet Isakhanli é um educador polímata. Da República do Azerbaijão, ele é exemplo de excelente erudito que, por ser tão pouco traduzido para o inglês, é menos conhecido no mundo ocidental. Mas, na verdade, é um intelectual amplamente respeitado, que publicou mais de 300 trabalhos em assuntos tão abrangentes como matemática, filosofia e história da ciência, linguagem, poesia e literatura.

Ele contribuiu para vários ramos da matemática — sua Teoria Espectral Multiparâmetros desenvolvida durante o período soviético lhe rendeu grande aclamação, e desde então, publicou artigos e deu palestras em todo o mundo. Sua poesia foi transformada em música, oferecendo um rico material para os intérpretes. Iskhanli traduziu a obra de poetas ingleses, franceses e russos, e produziu obras importantes sobre teoria da tradução, linguística e lexicografia. Ele também é um dos historiadores intelectuais mais respeitados e amplamente lidos na região, além disso, escreveu livros sobre a história da filosofia, ciência e cultura comparando as perspectivas oriental e ocidental.

Isakhanli também trouxe uma contribuição profunda à erudição e à sociedade no campo da educação. Foi um proeminente ativista durante o período soviético, escreveu extensivamente sobre a história, a teoria e a filosofia da educação. No esforço em reformar o sistema educacional após a queda da União Soviética, fundou a Universidade Khazar — agora a universidade particular de maior prestígio da região. Suas palestras sobre ciência, filosofia e cultura são transmitidas regularmente na televisão pública.

Para Isakhanli, a polimatia é "uma qualidade intelectual e pessoal extraordinária que pode amadurecer mesmo sem uma necessidade expressa por ela". Ele acredita que a profundidade não deve ser sacrificada pela abrangência:

> Às vezes, um campo de conhecimento vizinho, ou mesmo distante, pode, consciente ou inconscientemente, desviá-lo do campo principal que você ama, no qual é profissional ou ao qual está dedicando atualmente a maior parte de sua atenção. No decorrer da distração, você pode perceber que esse "outro" campo torna-se seu principal trabalho e foco; algo que você considerava apenas um interesse secundário ou *hobby* o envolveu por completo; você foi seduzido por ele, vive com seu amor, e mesmo que você não tenha esquecido por completo todos os seus amores anteriores (o amor genuíno nunca é esquecido!), sua atenção a eles é reduzida. Para usar outra ilustração, se você não tem um, mas vários amores, quando se cansar de um deles, pode ir para outro; está sempre com um amor e sempre ocupado, mas parece que também está descansando (por favor, interprete isso como uma metáfora, não como uma questão moral). Se continuar com esse tipo de padrão por toda a vida, bom para você! Você verá e realizará muitas coisas.

Isakhanli acredita que, para se qualificar como verdadeiro polímata, é necessário converter o conhecimento em alguma forma de produção comprovadamente criativa. "Saber e produzir não são a mesma coisa", afirma ele. "O conhecimento de um polímata não fica inativo ou parado. Ele anda, fala, faz ondas, cria resultados práticos, transforma-se em ações". A natureza e longevidade da curiosidade de Isakhanli, como no caso de Hossein Nasr, serve como motor valioso para impulsionar suas realizações polimáticas. "Minha natureza infantil de querer conhecer tudo — minha fome de aprender, a maneira como eu ficava animado quando aprendia e sempre procurava respostas para perguntas como 'e depois?' e 'como?' — nunca me deixou quando cresci e fiquei mais velho".

Isakhanli se desenvolve trabalhando na interseção de diferentes campos. É o hibridismo que o excita. "Tenho prazer em pensar amplamente sobre questões como as interconexões entre as ciências naturais e suas interações com as humanidades, por exemplo, a história e a filosofia da ciência ou a história das ideias".

Isso continuava de mãos dadas com sua capacidade de pensar criativamente em muitas disciplinas. "Eu adorava pensar fora da caixa em geral".

A polimatia de Isakhanli é em grande parte a busca das conexões mais profundas.

> É verdade que há certo ritmo, medida, proporção e harmonia na poesia e na arte, como certo cálculo (aritmética) ou uma espécie de forma (geometria); no entanto, essa semelhança não é realmente uma conexão; é uma semelhança superficial. A verdadeira semelhança entre os dois está na natureza da matemática e da poesia, na mentalidade do matemático e em seu mundo de sonho. Um matemático é bastante diferente do estereótipo, criado por pessoas de fora e pela mídia, de uma pessoa fria e insensível, escrava da lógica abstrata; na realidade, seus processos de pensamento são muito pitorescos e poéticos. Um matemático está em busca da verdade e da beleza dentro de certos quadros lógicos, e seu mundo de sonho, fantasias e senso de harmonia e estética desempenham um papel importante nessa busca. Acredita-se que os enquadramentos lógicos e a procura da verdade se relacionem mais com a ciência, e que a beleza, os sonhos e a fantasia se relacionem mais com a arte e a poesia; na realidade, esses dois paradigmas estão em completa unidade orgânica.

Raymond Tallis

O intelectual britânico Raymond Tallis — médico, neurocientista, poeta, romancista, filósofo e crítico cultural — foi listado pela *Intelligent Life Magazine* do *Economist* como um dos maiores polímatas vivos. Depois de ter estudado inicialmente fisiologia animal, ele se qualificou como médico na Universidade de Oxford e acabou se tornando um dos principais médicos geriatras do país. Apesar de ter passado sua carreira como médico, Tallis é principalmente um polímata intelectual. Escreveu 23 livros sobre assuntos que vão desde a filosofia da mente, antropologia filosófica e inteligência artificial, até teoria literária, natureza da arte e crítica cultural. Junto com mais de duzentos artigos em publicações importantes, seus escritos oferecem uma crítica das tendências atuais intelectuais predominantes e uma compreensão alternativa da consciência humana, a natureza da linguagem e, mais geralmente, do que é ser um ser humano. Ele também publicou livros de ficção e três volumes de poesia.

Tallis está apto para falar sobre a polimatia do ponto de vista filosófico, cultural e científico, mas também como polímata, ele próprio. Sua experiência em si mostra, de forma clara, que cada campo informa profundamente o outro.

> Minha noção do que é o ser humano como sujeito corporificado tem sido completamente dominada por minha experiência como médico. Se sou

> um filósofo, é porque tenho uma consciência avassaladora de nós mesmos como corpos... E então minha ficção, de muitas maneiras, foi embasada por minha experiência como médico.

Tallis sugere que a noção do polímata como aquele que possui conhecimento enciclopédico é apenas uma ilusão. "Você só pode ter a aparência de ser um polímata", diz ele. Ele reconhece que a pessoa média no Ocidente que vive até os 75 anos tem aproximadamente 8.000 horas de leitura, o que lhes permite ler cerca de 20 a 30 grandes escritores, no máximo. Sugere que existem pelo menos 50 tipos de literatura em todo o mundo, cada um com uma série de subdisciplinas que refletem o esforço de vários escritores. E conclui que mesmo aqueles considerados "cultos", na verdade, apenas pegaram um grão de areia estranho: "Mesmo aqueles de nós que supostamente são polímatas, na verdade, têm conhecimento apenas de um pequeno subconjunto". Ele admite: "por exemplo, dentro da medicina, você pode facilmente me enganar com gastroenterologia porque minha área de especialidade é acidente vascular cerebral e epilepsia".

Para Tallis, uma curiosidade com a mente aberta é a chave para a polimatia. "É preciso respeitar a própria curiosidade. Dizer que eu não deveria estar interessado nisso porque não é meu campo é uma declaração abnegada que é intelectualmente suicida". Seu conselho para os polímatas em formação é claro: "Por que restringir sua curiosidade, pelo amor de Deus? Não olhe apenas de um jeito; explore o que está atrás de você e dos lados. Aprenda o melhor do que foi ensinado e dito em todas as áreas".

Tallis reconhece que não é fácil fazer isso em uma sociedade altamente especializada, mas sugere que existem maneiras de contornar a questão. "Você pode se especializar em seu tempo de trabalho e depois pode brincar. Com tempo limitado, você faz escolhas, eu acho. Eu costumava acordar por duas horas pela manhã e escrever das 5h às 7h — fazia isso enquanto era médico —, pois era a única hora que eu conseguia". A atitude de indiferença de Tallis em relação ao sono deve ter ajudado a buscar mais tempo para brincar. "Dormir depois de 90 minutos é apenas repetição. Nós, médicos, não temos ideia do que o sono faz". Ele nos lembra que, após 50 anos de pesquisa, William Dement, o "pai da medicina do sono" (aliás também músico de jazz), concluiu que "a única função que o sono na verdade tem é satisfazer o desejo de dormir".

Daniel Levitin

Daniel Levitin é comunicador e erudito interdisciplinar. Na Stanford University, ele lecionou nos departamentos de ciência da computação, psicologia, antropologia, música computacional e história da ciência. E agora é Professor de Psicologia, Neurociência Comportamental e Música na McGill University (Montreal, Quebec) e Reitor de Artes e Humanidades em Minerva Schools at KGI. Ele passa seu tempo alternando entre as tarefas de escrever artigos de neurociência, produzir música e inventar dispositivos.

Levitin sempre se interessou por vários assuntos, mas enfrenta o tipo de ostracismo social e educacional vivenciado pela maioria dos polímatas na era da especialização. "Eu não sentia que era aceito até que comecei a pós-graduação, e meus mentores me disseram que estava tudo bem. Mas meu grupo de colegas achava estranho e provavelmente ainda acha". Essa mentalidade, afirma Levitin, pode ser explicada pelo menos em parte pelo fato de que os acadêmicos se sentem compelidos a se especializar, pois percebem a especialização como uma forma mais eficiente e produtiva de obter resultados científicos.

> A ciência hoje em dia, pelo menos a parte em que estou, parece me consumir — as pessoas fazem isso com a exclusão de outras coisas e estão trabalhando 80 horas por semana. Então, elas veem o tempo que gasto produzindo discos, escrevendo e apresentando música, escrevendo livros e assim por diante como um tempo infame longe do meu trabalho "real".

Mas, como vimos, essa mentalidade é o resultado de certa ideologia de trabalho ultrapassada, derivada da produção industrial, de um lado, e da dedução cartesiana, do outro. Como o próprio Levitin confirma, eficiência e produtividade são realmente alcançadas por pessoas diferentes de maneiras diversas. "Do ponto de vista psicológico", ele diz, "as pessoas têm estilos diferentes de ser e também de trabalhar. Existe uma ampla gama de experiências humanas; todos nós somos feitos de maneira diversa uns dos outros. E, para algumas pessoas, esse tipo de envolvimento com diferentes partes do mundo é necessário para que façam qualquer coisa de forma produtiva. Isso não seria tão produtivo se eles se especializassem exclusivamente em algo". O próprio Levitin é certamente esse tipo de pessoa:

> Se alguma vez eu tivesse um trabalho em que precisasse me concentrar apenas em uma coisa, não acho que seria muito bom nisso, não importa o que fosse, simplesmente não fui construído assim... Não sinto que faria mais se me dobrasse e desistisse das outras coisas, porque não acho que estaria funcionando bem — não estaria alerta nem feliz, nem focado. Por exemplo, a escrita — eu amo escrever, mas há um limite. Na maioria dos dias, não consigo passar mais de duas a três horas escrevendo, se tiver sorte, cinco.

E isso considerando alguém que teve três livros consecutivos na lista dos mais vendidos do *New York Times*. Portanto, a especialização não se correlaciona com "produtividade" ou genialidade. Como destaca Levitin: "Bobby McFerrin é monomático, e pessoas como Sting e Bob Geldof são mais polimáticas — isso não torna um deles mais produtivo musicalmente do que o outro". Portanto, a ideia em torno de que polímatas não são produtivos é um mito. "Alguns monômatas vão se esforçar para a perfeição em uma coisa e, portanto, ficar nela. Nas áreas em que trabalho, conseguir esses 10% extras geralmente leva nove vezes mais tempo do que chegar aos primeiros 90% — é realmente demorado".

Em qualquer caso, aumentar "produtividade" e "eficiência" como os objetivos mais elevados da humanidade é quase uma narrativa desatualizada. O mundo agora está interessado em grandes respostas para os grandes desafios de amanhã. E aqui também — como foi afirmado repetidamente ao longo deste livro pelos principais pensadores do mundo — os polímatas detêm a chave. Levitin ecoa alguns dos comentários anteriores sobre a indispensabilidade dos polímatas para o nosso futuro:

> Os polímatas estão cada vez mais valorizados no século XXI porque os grandes problemas do mundo — como a distribuição desigual da riqueza ao redor do mundo, racismo e intolerância, terríveis agressões inter e intrapaíses, mudanças climáticas — não serão resolvidos por alguém com uma perspectiva unidisciplinar. Se as soluções fossem simples, já teríamos resolvido essas questões. Não as vejo sendo resolvidas por alguém que seja apenas um cientista político, apenas diplomata ou apenas economista... vão precisar de alguém que tenha pelo menos um nível suficiente de ampla experiência para que possam ajudar a preencher a lacuna como parte de uma equipe de especialistas.

Ashok Jahanavi Prasad

Se o polímata se manifestasse puramente no contexto acadêmico, Ashok Jahnavi Prasad, que provavelmente é o acadêmico mais diversamente qualificado na atualidade, seria o arquétipo. Suas qualificações abrangem diversas áreas temáticas, relacionadas com, mas também além das, ciências. Ele tem cinco (reais, não honorários) doutorados (PhDs) e dez graus de Mestrado, a maioria alcançada antes de completar 35 anos em algumas das principais instituições acadêmicas do mundo, incluindo as universidades de Cambridge, Oxford e Harvard. Também ocupou cargos de professor titular em vários centros em todo o mundo.

Prasad é um polímata científico formado em medicina, pediatria, patologia, genética clínica, psiquiatria, cirurgia, saúde pública, geografia, biologia, matemática, psicologia e medicina aeronáutica. Suas principais contribuições científicas incluem o estabelecimento de uma ligação entre GABA, Valproato e mania, o que o levou a uma alternativa mais segura ao lítio tóxico; e ele tem uma síndrome que leva seu nome, a qual liga a síndrome de Hashimoto à mania. Mas também possui pós-graduação em ciências humanas: em história, antropologia e direito.

Prasad agora vive uma vida reclusa, e é por isso que ele não recebeu o tipo de reconhecimento mundial normalmente concedido a gênios que quebram recordes. Quando questionado sobre o que o motivou a buscar um número tão grande e diverso de qualificações, respondeu como um pensador verdadeiramente holístico: "Não tenho certeza se meus interesses são tão diversos; todos eles se relacionam de uma forma ou de outra". Ele diz que seu interesse principal era a psiquiatria, da qual derivaram muitos dos outros interesses.

> Entendi então que a psiquiatria era um ramo da medicina que tinha todas as dimensões — humanística, social, antropológica, científica, genética e jurídica... E cheguei mesmo à conclusão de que as ortodoxias estabelecidas deveriam ser desafiadas e, para obter uma visão real, tínhamos de olhar para a especialidade de todos os ângulos diferentes".

Ele recomenda isso para todos os "especialistas" que buscam obter uma visão abrangente e aprofundada de sua especialidade: "Buscar respostas para o seu campo por meio de uma visão adequada de outras disciplinas é extremamente saudável e, de fato, necessário".

Prasad sente que um polímata é essencialmente "uma mente inquiridora preparada para desafiar as ortodoxias estabelecidas". Ao desafiar o *status quo*, no entanto, ele se lembra da marginalização que sofreu. A reação dos outros aos seus métodos "academicamente desviantes" variava de "perplexidade a ressentimento". A maioria dos colegas, disse ele, era "respeitosa e solidária, mas havia outros que se sentiam ameaçados e até usaram meios dissimulados para desmoralizar". E então, inevitavelmente, ele recebeu o rótulo que a maioria dos gênios polimáticos costumam receber: "De um modo geral, o rótulo de excêntrico ficou comigo".

Nathan Myhrvold

"Acho que algumas pessoas têm comichão em apenas um ponto", pondera Nathan Myhrvold. "Eu sinto comichão por toda parte. É bom coçar cada um de vez em quando". Nathan Myhrvold começou sua carreira como cientista da Universidade de Cambridge, onde trabalhou com Stephen Hawking como pós-doutorando no departamento de matemática aplicada e física teórica. Então ingressou na Microsoft, onde fundou a Microsoft Research e tornou-se o estrategista-chefe da corporação, bem como o diretor de tecnologia.

Ter talvez a posição tecnológica mais importante do mundo simplesmente não era suficiente para Myhrvold. Ele tinha outros comichões. Então, aposentou-se após 14 anos na Microsoft para fundar a Intellectual Ventures, uma empresa de invenções e investimentos em patentes que desde então tornou-se a líder global no ramo das invenções. A empresa adquiriu 95 mil ativos que abrangem mais de cinquenta áreas de tecnologia. A equipe inclui Lowell Wood, que há alguns anos ultrapassou Thomas Edison como o inventor americano mais prolífico da história dos Estados Unidos. Myhrvold acumulou uma fortuna, permitindo-lhe dedicar tempo a uma ampla variedade de projetos aparentemente não relacionados que o fascinam:

> As coisas correram muito bem para mim profissionalmente. Tão bem que, a essa altura, na verdade, posso seguir minha curiosidade e mergulhar profundamente em todos os assuntos que considero fascinantes. Recentemente, estes incluem: metamateriais, epidemiologia da poliomielite, ciência e história do pão e da panificação, modelagem térmica de asteroides, as taxas de crescimento dos dinossauros e uma série de outros tópicos.

Myhrvold não é um diletante. Seu perfil no TED o descreve como um "pau para toda obra profissional". Ele fez parte de uma equipe que ganhou o Campeonato Mundial de Churrasco e foi o autor principal de *Modernist Cuisine,* livro de culinária, de seis volumes e 2.500 páginas, que ganhou dois prêmios James Beard. Também é fotógrafo premiado da vida selvagem que participou de várias expedições explorando vulcões e sítios arqueológicos em todo o mundo. Publicou vários artigos científicos sobre astronomia e paleontologia e — como um dos principais doadores do Instituto SETI e de outras iniciativas — é considerado um dos principais "patronos das ciências" do país.

Myhrvold é um caso clássico de um "excêntrico" não conformista. Apesar de ter ocupado cargos importantes em organizações poderosas no início de sua carreira — a Universidade de Cambridge com Stephen Hawking e a Microsoft como CTO, por exemplo —, ele se sentiu compelido a se liberar. Para um polímata, esses ambientes podem se tornar claustrofóbicos demais. Junto com o reconhecimento de alto nível como especialista geralmente vem a pressão e a responsabilidade constantes de precisar estar à frente de todos. Para a maioria, isso significa foco exclusivo e desgastante. "Acho que a escolha que fiz foi resistir à conformação para não deixar que meus amplos interesses fossem arrancados de mim", disse ele. "Fazer isso requer certa dose de desafio às normas sociais, pelo menos se seus interesses tendem para atividades intelectuais". Portanto, para Myhrvold, era fundamental manter-se fiel à sua destinação natural. Ele se propôs a estabelecer sua individualidade.

Ele reconhece que dividir a atenção entre os campos pode obviamente ter desvantagens, mas acredita que tem a importante vantagem de permitir que você chegue aos campos de uma perspectiva nova e útil. "Apliquei técnicas estatísticas que aprendi fazendo análises econométricas de tendências de litígios de patentes em astronomia e paleontologia", disse ele, "e consegui mostrar que os métodos convencionais que os principais pesquisadores vinham usando em certos aspectos desses campos apresentavam sérios defeitos".

Myhrvold entrou em todos os seus campos como um "estranho", um *outsider*.

> Em certo sentido, não estava qualificado — pelo menos no papel — para todos os empregos reais que já tive!... especialistas que adquiriram seu conhecimento com grande custo pessoal muitas vezes se ressentem ou resistem a ideias trazidas por recém-chegados. Então, como um recém-chegado, às vezes me vejo tendo de lutar contra esse preconceito a fim de obter um julgamento justo para minhas ideias.

Este é um caso típico de "especialistas" guardando zelosamente suas disciplinas. Ainda assim, Myhrvold é um pensador crítico que confia tanto na inteligência geral e no bom senso quanto no conhecimento específico da área. Além disso, sendo um dos inventores mais prolíficos de nossa época, Myhrvold inquestionavelmente pode, sim, oferecer *insights* sobre a origem das ideias criativas: "nas sessões de invenção que realizamos em minha empresa, é comum eu ou um de nossos outros inventores pegar uma ideia emprestada de um campo muito diferente e aplicá-la à área que estamos inventando para chegar a algo bastante novo e útil". Isso confirma a noção apresentada ao longo deste livro e por incontáveis outros de que a descoberta criativa é o produto de conexões interdisciplinares.

Como CEO da Intellectual Ventures, uma das principais empresas de invenção do mundo, Myhrvold certamente tem uma profissão polimática — que garante uma síntese de diferentes ideias e projetos, mas também em que são importantes a troca de códigos e a mudança cognitiva:

> Não é incomum eu trabalhar em até meia dúzia de campos diferentes em um único dia. Parte disso decorre do meu trabalho como CEO de uma empresa que está envolvida em uma ampla gama de disciplinas, portanto, em um dia posso estar em reuniões com epidemiologistas, depois com cientistas de materiais, depois com uma equipe de fotografia, depois com meus chefes de pesquisa — e também trabalhando em minha pesquisa de astronomia ou paleontologia antes e depois das reuniões. Como estou interessado em cada um desses elementos e me envolvo com eles regularmente, a troca de contexto não é tão difícil.

Myhrvold é inflexível quanto à existência de certas profissões as quais, por definição, garantem a contribuição do polímata. "Em campos profissionais em que a resolução de problemas, a aprendizagem e a inventividade são cruciais, é útil ser amplo tanto em interesses como em conhecimentos". E, finalmente, ele expressa um otimismo quanto à habilidade do mundo do século XXI em produzir polímatas.

Este é o melhor século de todos os tempos para os polímatas. Nunca houve melhor acesso a todo o espectro do conhecimento humano ou a outras pessoas interessadas em quaisquer assuntos específicos que você considere fascinantes. Graças à enorme biblioteca de informações *online*, a barreira para aprender sobre uma nova área nunca foi tão pequena.

Tim Ferriss

Tim Ferriss é provavelmente o nome mais conhecido e influente no mundo de autoajuda empresarial, que está em rápido crescimento. Ele alcançou a fama após o sucesso estrondoso de seu primeiro livro, *Trabalhe 4 Horas por Semana*, no qual estabeleceu um método de elaboração de estilo de vida que envolve um plano para reduzir as horas de trabalho enquanto se aumenta a renda. Foi esse projeto que permitiu que ele se tornasse um consultor de sucesso e investidor inicial em algumas das principais empresas de tecnologia do mundo, como Uber, Facebook e Alibaba, bem como dançarino de tango que quebrou recorde, campeão de *kick-boxing* e poliglota em um espaço de tempo surpreendentemente curto.

Os próximos dois livros de Ferriss na série *4 Horas* abordaram assuntos completamente diferentes: *The 4-Hour Body*, que se concentrava em dieta, exercícios físicos, sono e desempenho sexual; e *The 4–Hour Chef*, que fornece dicas práticas de culinária e receitas. Estes também se tornaram *best-sellers* do *New York Times*.

Desde então, Ferriss tem dedicado a maior parte de seu tempo ao desenvolvimento de uma estrutura de "superaprendizagem" que permite a qualquer pessoa aprender qualquer coisa, em qualquer lugar. Ele produziu uma das séries de *podcast* de negócios mais baixadas do mundo, com base em entrevistas com as pessoas mais bem-sucedidas em suas áreas (que lhe valeu o título: "Oprah do Audio"). Isso serviu como material para seus próximos dois livros (também *best-sellers* do *New York Times*): *Ferramentas dos Titãs* e *Uma Tribo de Mentores*. Ao "testar" essas ideias, Ferriss combinou as percepções de especialistas com seus próprios experimentos de aprendizagem, pelos quais a *Newsweek* o chamou de "a melhor cobaia do mundo".

Essa aclamação incontestável, por suas realizações abrangentes, nos leva a questionar sua própria confissão de que ele "parece ser um polímata", em vez de realmente ser um. A princípio, não funcionou para ele. "Acidentalmente (ou por necessidade), e depois como projeto, eu aproveitei meus pontos fortes e fracos — que poderiam ser vistos como uma combinação de TOC e TDAH — para criar algo que parecesse uma vida ou uma carreira". É claro que ele tinha muitos interesses em campos diferentes, mas não havia método naquela loucura na época.

"Eu não me propus a ser um polímata; não tive nenhuma abordagem específica para adquirir habilidades múltiplas logo no início. Como resultado, foi tudo muito aleatório — muitas tentativas falharam, desde música, basquete e línguas estrangeiras". Então, enquanto escrevia seu primeiro livro, ele percebeu que havia um método particularmente eficaz por meio do qual poderia perseguir seus objetivos aparentemente díspares.

> Foi apenas enquanto escrevia *Trabalhe 4 Horas por Dia* que comecei a ver sistematicamente como poderia codificar algum tipo de estrutura (usando algumas ideias emprestadas em grande parte de outras pessoas) para adquirir habilidades perfeitamente... e isso me levou até onde estou agora.

Com frequência, Ferriss "sai de seu quadrado" para se envolver em algum tipo de iniciativa de total imersão, com "pontapé inicial", que utiliza para avaliar e realizar várias habilidades. E todas as vezes, seja levantando peso, desenhando ou cantando, ele emprega a mesma estrutura. "Pessoalmente, acho que ter um modelo é extremamente útil se você estiver lidando com diferentes habilidades ao mesmo tempo. Se você provou ser eficaz, isso o ajuda a sentir que não está começando do zero toda vez." Ferriss acredita que usando seu modelo de aprendizagem repetidamente testado, que ele chama de DSSS, praticamente qualquer pessoa pode aprender qualquer habilidade muito rapidamente. Para explicar o modelo, ele se refere à sua imersão mais recente — aprender a tocar tambor de aço percussivo em uma semana, praticando de seis a nove horas por dia.

O primeiro aspecto do modelo é *Desconstrução* — dividindo a habilidade em seus componentes básicos. Portanto, no caso dos tambores de aço, a questão que ele colocaria imediatamente é "como pegar todo esse instrumento e toda a música associada a ele e separá-lo em partes". A maneira como ele fez isso foi analisar os componentes como contato manual, ritmos básicos, acompanhamento e frequência de treinamento. Existe, por exemplo, uma frequência de treinamento ideal? Tudo depende de qual é o objetivo.

Em seguida está a *Seleção* — aplicar a Lei de Pareto (ou o princípio "80/20") a cada peça constituinte que foi identificada. "Identifique 20%, ou os componentes que fornecerão 80% das habilidades de que precisará em qualquer resultado para o qual está otimizando", diz Ferriss. Ele insiste que, a fim de determinar os aspectos mais necessários do processo, é importante estabelecer um objetivo claro. "Minha meta na semana passada era ir a um café superlotado e fazer uma apresentação improvisada por uma hora".

Em seguida, talvez o mais importante, mas, em geral, o mais negligenciado: *Sequenciamento* — pegar esses componentes e colocá-los em ordem para que haja uma progressão lógica. "Se pegar a música, por exemplo, se você iniciar um grupo de 1.000 pessoas escolhidas aleatoriamente em teoria musical, terá um número de fracasso/abandono muito alto", insiste Ferriss. "Se você decidir que é importante o suficiente, deve vir mais tarde". A ordem das coisas pode fazer uma grande diferença no processo de aprendizagem.

Por fim, o *Engajamento* — "É preciso ter algum tipo de compromisso que me responsabilize por investir o trabalho, o tempo e a energia necessários se quero adquirir o básico em um curto período de tempo". Em última análise, porém, a "meta-habilidade", como ele a chama, é fazer aos especialistas ou mentores perguntas boas e específicas — tentando identificar o que eles usam regularmente, mas o que não ensinam de forma explícita ou com frequência. "Em que ações se perde tanto tempo", ele perguntava, "quais exercícios desnecessários são usados com tanta frequência?".

O objetivo final de Tim Ferriss é criar um exército de "superaprendizes"; centenas de milhares de pessoas que, por sua vez, podem criar outros milhões. "Se eu tenho uma especialização, é a meta-aprendizagem e a aquisição de habilidades de execução. Este é o conjunto que engloba toda essa experimentação". Ele afirma que o DSSS se aplica totalmente a qualquer contexto cultural ou econômico. Simplesmente depende da abordagem do indivíduo. "Se olharmos para um lugar como o Japão; é, em muitos aspectos, uma das culturas mais rígidas do ponto de vista hierárquico e profissional que alguém já encontrou", diz ele. "Apesar disso, você ainda encontra empreendedores incríveis, que violam as regras ou as suposições, e estão fazendo coisas que até 20 anos atrás seriam inimagináveis".

Ferriss está extremamente confiante de que essa estrutura é a chave para uma versatilidade excepcional entre vários domínios. Ela permite que você adquira habilidades e conhecimento de forma rápida, eficiente e potencialmente em um padrão em nível mundial. No entanto, talvez haja algo a ser dito sobre "pegar no batente" ou "investir tempo". Na verdade, existe uma afirmação comum de que só se pode realizar ou se destacar em um determinado campo se investir tempo e esforço suficientes nele. A regra das "10.000 horas" de Malcolm Gladwell vem à mente. "Não tenho problemas com as pessoas que dedicam tempo, contanto que estejam dedicando tempo para a coisa certa", diz Ferriss. "O enorme esforço não compensa a falta de especificidade. Para ser excepcional em qualquer coisa, você tem de ser eficiente".

De acordo com Ferriss, o *resultado* é mais importante do que quaisquer noções preconcebidas sobre o "trabalho árduo" necessário para realizar algo. Mesmo em grandes avanços criativos, que muitos presumem vir como resultado de dedicação intensa e de longo prazo, parece que não são necessariamente a carga horária e a mão de obra o que se exigem. A quantidade de tempo e esforço necessários para essas descobertas costuma ser superestimada, ele sente. "Quando as pessoas 'se esforçam', na maioria das vezes, como resposta ao estresse, elas retornam aos seus modos habituais de pensamento; isso não vai ajudá-lo a resolver um problema que você não conseguiu resolver usando exatamente o mesmo modo de pensar".

O que é essencial, ele argumenta, é "desenvolver a habilidade de olhar para um problema ou campo de múltiplas perspectivas com contribuições de outras áreas e maneiras divergentes de pensar".

Esse *insight* não é apenas intuitivo. Ele dá exemplos de vários empreendedores e investidores de grande sucesso, muitos dos quais entrevistou em profundidade:

> Eles não dedicam mais horas por semana à procura de todas as ofertas possíveis. Na verdade, aplicam mais restrições do que outras pessoas e, simultaneamente, se expõem a muitos campos mais amplos de análise intelectual e estudo histórico. Por exemplo, muitos dos melhores investidores que conheço estudam biologia evolutiva e psicologia comportamental e a história dos movimentos de massa, o que, para as pessoas que dependem de assistir à TV e ler publicações sobre finanças, parece uma perda de tempo. Alguns deles se recusam a ter reuniões pessoais ou apenas tomar um cafezinho 99% do tempo. Eles colocam restrições ao que são consideradas oportunidades, ao mesmo tempo em que ampliam sua exposição a modos divergentes de pensamento e também a aspectos da natureza e do comportamento humanos.

Esses investidores parecem estar fazendo o que muitos considerariam uma distração. No entanto, eles (de forma consciente ou intuitiva) sentem que a busca por uma compreensão mais profunda e mais ampla do comportamento humano lhes dará uma vantagem competitiva nos negócios. Tal compreensão só pode vir de um retrocesso do micro para o macro, vendo o quadro geral e fazendo conexões de outra forma insondáveis. "Ter uma visão panorâmica nos ajuda a ver a inter-relação e a interconexão de diferentes campos, em vez de vê-los como disciplinas puramente separadas", insiste Ferriss.

Talvez, a maior revelação dos extensos estudos de Ferriss e das discussões com especialistas em nível mundial seja que todos empregam uma abordagem semelhante para se sobressair no aprendizado e na execução. "Seja tango, aquisição de linguagem, levantamento de peso ou investimento, quando você estuda as pessoas que são os melhores nesses campos díspares, os 5% melhores têm muito mais em comum entre si do que com os que atuam em seus próprios campos". Isso demonstra claramente que inteligência, talento e criatividade não são necessariamente domínios específicos; podem (pelo menos em princípio) ser aplicados em diferentes domínios. "Parte do que passei um tempo fazendo no *podcast* é explorar os hábitos, a rotina, os princípios e as estruturas mentais dos melhores desempenhos em diferentes áreas para que as pessoas pudessem começar a identificar as sobreposições".

A noção comum de que a especialização leva a uma maior segurança financeira é um mito, diz Ferriss. Ele apresenta a teoria do comediante e guru da administração Scott Adam para explicar que o número de pessoas que podem obter uma recompensa financeira extraordinária, segurança ou oportunidade por estarem entre os 1% melhores em sua área é, por definição, muito pequeno. Só há segurança no emprego se você for o melhor — o que, obviamente, é extremamente difícil. Por outro lado, se alguém puder chegar aos 10% melhores em dois ou mais campos ou habilidades aparentemente não relacionados e, em seguida, sintetizá-los de forma inteligente e cuidadosa, terá maior probabilidade de sucesso.

Este último nem sempre é incentivado por empregadores, professores, colegas e pela sociedade em geral. Conforme descoberto anteriormente, polímatas ou aspirantes a polímatas em geral enfrentam ceticismo, na melhor das hipóteses, e muitas vezes o ostracismo por suas escolhas não convencionais. Mas Ferriss diz que todos devem se libertar das pressões sociais e financeiras de se "especializar". "Você não precisa da permissão de ninguém para pensar diferente, para experimentar", insiste. "Talvez, se você está cercado por essas pessoas, deva fazer as malas, encontrar amigos melhores, mudar para outro lugar". Na verdade, o próprio Ferriss decidiu deixar o Vale do Silício depois de muitos anos morando lá por causa do que descreveu como a crescente presunção intelectual e "mente fechada disfarçada de mente aberta". "Se você se recusa a fazer isso, deve se perguntar o quão importante é realmente se tornar um polímata, explorar modos alternativos de ser; ou apenas soa bonito dizer que é importante para você?".

No entanto, Ferriss deixa bem claro que isso só funcionará se um plano cuidadosamente pensado for estabelecido desde o início. "A última coisa que quero que as pessoas façam é, sem qualquer tipo de análise, rede de segurança, estratégia ou plano de contingência, largar o emprego para se tornar um "polímata". Você tem de se esforçar, pensar bem para ter uma imagem clara de onde está e para onde quer ir de antemão". Ele nos lembra que sempre houve um método para sua própria loucura. "Às vezes, parece que estou correndo por aí fazendo um milhão de coisas, mas, na verdade, existe uma estrutura subjacente". Ele despreza os especuladores do Vale do Silício que afirmam ter "espírito livre", mas, na verdade, são apenas andarilhos sem rumo.

Embora o trabalho de Ferriss se concentre no desenvolvimento do ser individual, ele não perdeu de vista as implicações sociais que isso inevitavelmente terá. Não diferente de muitos pensadores incisivos ao longo deste livro, ele também sente que os polímatas têm algo único e, de fato, bastante necessário a oferecer à sociedade:

> Estamos sofrendo de problemas antigos que ainda não foram resolvidos, bem como de problemas novos que o mundo nunca viu. Acho que os polímatas são preparados, em especial, para servir potencialmente a funções críticas, como solucionadores de problemas; fornecer essas inovações criativas que são muito incomuns, mas ainda muito necessárias, para moldar um futuro melhor para as pessoas.

CAPÍTULO 8

Donos do Nosso Futuro

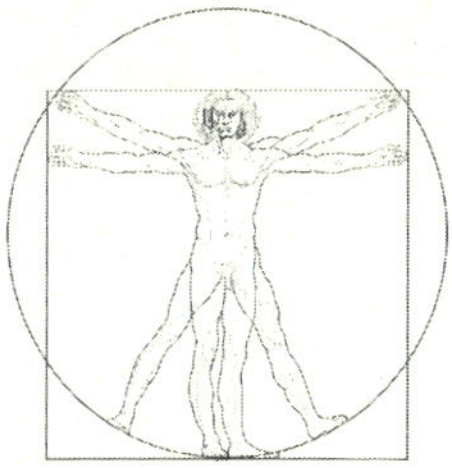

A *consciência* continua sendo um dos grandes mistérios da vida. É considerada um "problema difícil" na filosofia e na ciência. Durante milênios, tem sido pesquisada em separado por filósofos, místicos e poetas, e agora por físicos, neurocientistas e psicanalistas. O físico acredita que a resposta está na mecânica quântica, o neurocientista, no tronco cerebral, o teólogo, na metafísica, e assim por diante. Talvez, a verdadeira resposta esteja em uma síntese muito particular de tudo o que foi dito acima. Ou talvez nenhuma. Como podemos saber quando vários "especialistas" examinam um fenômeno tão complexo e multidimensional por meio de suas respectivas lentes unidimensionais? Devemos criar um painel interdisciplinar de "especialistas" movidos pelo ego? Ou talvez o problema seja mais bem sintetizado em uma mente única e multidimensional — que seja de um artista, um cientista e um espiritualista em igual medida? Quantas dessas mentes nós realmente temos?

Não é de se admirar, então, que os polímatas tenham sido os principais formadores da história, e razão pela qual continuarão inevitavelmente a moldar o futuro. Seu valor para a sociedade sempre foi e continuará sendo indispensável.

Para o indivíduo, o valor da polimatia está bastante claro agora. Sendo naturalmente multifacetados, os seres humanos não alcançam a otimização e a autorrealização até que muitas, senão todas, as suas facetas tenham permissão para florescer. Fundamentalmente, os polímatas expressam as características humanas mais importantes necessárias para a sobrevivência (versatilidade), a perspectiva (unidade) e o progresso (criatividade). De maneira mais geral, a polimatia promove uma vida mais divertida e gratificante, bem como decisões e opiniões mais criteriosas.

Permite um pensamento multidimensional e holístico e, portanto, um maior entendimento mútuo e uma celebração da humanidade em toda a sua diversidade e universalidade. Ela traz consigo grandes mudanças nos processos de pensamento e estilo de vida, de uma forma que (pelo menos potencialmente) maximiza a experiência, o conhecimento e a realização para este breve período na Terra. Talvez o mais importante, porém, como conhecimento *é* poder, a polimatia — por meio da aquisição de um amplo conhecimento e habilidade — é um meio poderoso de emancipação social e intelectual.

Então você tem uma visão. Um sentimento que precisa de expressão. Uma ideia que se sente obrigado a compartilhar com o mundo. Ou, como a consciência, você tem uma musa que precisa ser explorada. Agora, deve trazê-la à vida *por todos os meios possíveis*. Pode ser o tema de um filme, retratado em pintura, o tema de um romance e a inspiração para uma composição musical? Talvez também pudesse se tornar a base de um produto, dispositivo ou aplicativo móvel recém-inventado e propagado por uma empresa, uma instituição de caridade ou um movimento social? Por que não todas as opções anteriores?

Estes são apenas alguns dos canais de descoberta e expressão de que dispomos. Para transformar muitos, senão todos, em realidade, você precisará selecionar, nutrir e empregar todas as ferramentas cognitivas que possui pessoalmente — conhecimento, habilidade artística, habilidade matemática, potencial de liderança e assim por diante — e procurar constantemente assimilar outras. Onde houver uma lacuna em seus conhecimentos ou habilidades, colabore e aprenda com pessoas mais qualificadas. Dessa forma, você está sendo fiel à sua visão, aos seus sentimentos — e, finalmente, ao seu Eu (*self*) multifacetado. Para quem está de fora, você agora será visto como uma excentricidade — isto é, um polímata. Na realidade, você está simplesmente sendo humano.

A percepção dos polímatas pela sociedade é bastante determinada pelas instituições que têm uma influência definidora sobre ela. E, portanto, devemos estar conscientes da infeliz realidade, de que não é do interesse da maioria dos líderes ter sete bilhões de mentes curiosas, empoderadas e atuando de forma ideal. Governos, forças armadas, empresas, agências de inteligência, instituições religiosas e outras organizações que se baseiam em ignorância, subjugação e conformidade não sobreviveriam dessa forma. Para alguns, a ideia de uma revolução polimática global que liberte o potencial humano em massa é perigosa. A ruptura que isso traria para a ordem existente é uma perspectiva desastrosa para aqueles que querem mantê-la. A polimatia torna-se, assim, uma forma de resistência; um protesto contra a desumanização e a ignorância fomentada por um sistema baseado no *apartheid* sociointelectual (isto é, a especialização).

Os facilitadores da globalização e da singularidade — ambas projetadas para nós como visões progressistas e utópicas — continuarão inevitavelmente a ser seus maiores beneficiários. Na verdade, muitos deles são polímatas. Mas nós, como leigos, sempre atentos a isso, devemos aproveitar ao máximo o pouco que nos chega e usá-lo para aumentar nossa autonomia intelectual e social da melhor maneira possível. É bastante possível fazer a diferença no nível individual e independente usando tecnologia, empreendedorismo e compartilhamento de ideias, como têm nos mostrado, nos últimos anos, inúmeros autodidatas, *start-ups* de negócios, cineastas "de guerrilha", blogueiros, *start-ups* de tecnologia e produtores de música independentes. Se cada um de nós puder exercer essa individualidade à sua maneira, a dinâmica do poder no futuro pode se tornar muito diferente. Podemos criar uma nova cultura que coloque a plena realização do potencial humano no seu cerne.

Da forma como está, o amplo sistema de especialização está deixando você sem noção sobre o mundo e seu lugar nele. Isso é o mesmo que permitir que outros o explorem intelectual e financeiramente. Está condicionando você a trair sua beleza primordial e aprisionar suas muitas formas de expressão. Está impedindo você de usar sua própria mente de forma livre, aberta e otimizada. Mais importante, isso está frustrando a sua capacidade de existir em sua totalidade e fazer sua contribuição única para a humanidade. Felizmente, existe outra maneira de viver.

Polimatia através do tempo e do espaço

Alberto Magno (Alemanha, século XIII) – Professor do polímata Tomás de Aquino; fez contribuições para praticamente todos os aspectos da ciência, incluindo cosmologia, zoologia, fisiologia, botânica e química. Também escreveu vários volumes sobre filosofia (principalmente lógica), teologia e teoria musical.

Alfred Lee Loomis (Estados Unidos, século XX) – Advogado, soldado e banqueiro de investimentos bem-sucedido que usou sua fortuna para fundar o famoso laboratório científico Tuxedo Park, para o qual convidou os principais cientistas do mundo a colaborar e onde ele próprio deu importantes contribuições à física.

Al-Farabi (Síria, século X) – Teórico político, lógico, metafísico e cosmólogo que escreveu mais de 100 livros sobre vários ramos da filosofia, bem como muitos outros assuntos, incluindo música, física, alquimia e psicologia.

Al-Kindi (Iraque, século IX) – Estudioso importante na Casa da Sabedoria do califa al Ma'mun, escreveu tratados impressionantes sobre medicina, astronomia, psicologia, matemática, astrologia, política, lógica, metafísica e alquimia. Sua enorme produção, da qual cerca de 242 obras sobreviveram, inclui até trabalhos importantes sobre teoria musical e geografia.

Al Razi (Pérsia, séculos IX e X) – Começou sua carreira como músico da corte, cambista e alquimista antes de finalmente fazer seu grande avanço acadêmico na medicina: ele escreveu uma das principais enciclopédias médicas do período, *Al Hawi*. Também compôs mais de 200 obras em outras áreas, incluindo astronomia, física, gramática e teologia, enquanto, acima de tudo, tornou-se o primeiro dos grandes filósofos neoplatônicos persas.

Apayya Dikshita (Índia, século XVI) – Santo Tamil, poeta, místico e filósofo da corte de Vijayanagar. Dikshita produziu mais de 150 trabalhos sobre praticamente todos os aspectos do aprendizado de Sânscrito.

Arthur Samuel Atkinson (Nova Zelândia, século XIX) – Estudioso da cultura polinésia, etnografia e línguas (escreveu um dicionário Maori), soldado (juntou-se aos voluntários e *bushrangers*), advogado (começou a prática jurídica após sua qualificação), astrônomo (foi o observador do eclipse de Vênus pela Royal Society), naturalista (foi um renomado colecionador de flora e fauna) e político (membro do Parlamento da região de Taranaki).

Athanasius Kircher (Alemanha/Roma, século XVII) – Engenheiro que inventou um relógio magnético, vários autômatos e o primeiro megafone. Ele também foi egiptólogo e sinólogo, que produziu trabalhos em assuntos tão diversos como matemática, mineração, música e a *scientia universalis*.

Henrique Cornélio Agrippa (Alemanha, século XVI) – Teólogo também considerado um dos maiores filósofos ocultistas da história europeia. Atuava em três carreiras distintas, como médico, advogado e soldado.

Bede (Inglaterra, século VII) – Monge, teólogo, linguista, cantor e poeta que também escreveu extensivamente sobre história, gramática e astronomia — por fim, produziu cerca de 60 obras.

Carlos Y Gengora (México, século XVII) – Teólogo e cartógrafo nomeado geógrafo real por Carlos III e encarregado de produzir o primeiro mapa da Nova Espanha. Posteriormente, recebeu a cadeira de matemática e ciências exatas na Universidade do México e também escreveu o que é considerado o primeiro romance espanhol da América Latina, *Los Infortunios de Alonso Ramírez,* bem como diversos poemas.

Cícero (Itália, século I a.C) – Marco Túlio Cícero, que gozou de igual aclamação como político, advogado e orador, bem como estudioso da linguagem, filosofia e ciência política.

Claude Martin (França/Grã-Bretanha/Índia, século XVIII) – soldado de alto escalão (primeiro com o exército francês e depois como major-general com o exército britânico), arquiteto que projetou vários edifícios na distinta cidade indiana de Lucknow, um dos colecionadores de arte mais proeminentes da região, empreendedor em série, médico autodidata, aventureiro que introduziu balões de ar quente na Índia, e filantropo, que abriu escolas na Índia e na França.

Claudio Ptolomeu (Egito, século II) – Um grego que viveu sob o auge do Império Romano e escreveu tratados significativos sobre muitos aspectos da ciência, incluindo astronomia, óptica, astrologia, geografia e matemática.

Demétrio Cantemiro (Romênia, século XVIII) – Príncipe da Moldávia, que escreveu sobre assuntos tão diversos como linguística, história, música, filosofia e geografia.

Dirck Volckertszoon Coornhert (Holanda, século XVII) – Gravador, poeta, linguista, teólogo, escritor político e estadista.

Fathullah Shirazi (Pérsia/Índia, século XVI) – Como inventor, financista, estadista, jurista, engenheiro, matemático, filósofo, artista e médico, ele se tornou um dos cortesãos mais valorosos do imperador indiano Akbar.

Francis Bacon (Inglaterra, século XVI) – Conhecido por sua citação "Eu considero todo conhecimento como minha província", ele entrou para a história como advogado, filósofo da ciência, teólogo, estadista e literato que alguns acreditam ser o verdadeiro autor de muitas das obras de Shakespeare.

Eratóstenes (Grécia, século IV a.C) – Bibliotecário da Grécia antiga, conhecido por ter sido generalista enciclopédico e o "segundo melhor em todos os assuntos" (depois de Aristóteles).

Fu Xi (Segundo milênio a.C.) – Embora considerado uma figura mitológica na cultura chinesa, ele é reconhecido como um dos primeiros imperadores, profetas e heróis culturais do período Xia; acredita-se ter inventado diversas coisas que definiram a cultura chinesa, incluindo os primeiros métodos de escrita, técnicas específicas de pesca e armadilhas e instrumentos musicais, como o *guqin*. Conhecido por ter reinado por mais de 100 anos, ele também é considerado o provável autor do tratado filosófico mais influente de todos os tempos, o *I Ching*.

Geoffrey Chaucer (Inglaterra, século XIV) – Reverenciado hoje como o pai da literatura inglesa e um dos maiores poetas da língua inglesa, ele também se destacou em posições profissionais de direito, militar, diplomacia e administração antes de se tornar um intelectual aclamado que trouxe contribuições notáveis para a filosofia, alquimia e astronomia.

Adriano (Roma, século II) – O mais versátil dos imperadores romanos, ele atuou como soldado e comandante militar de sucesso, e então serviu em pelo menos 17 posições diferentes em cargos públicos. Também escreveu poesia em grego e latim, projetou edifícios como arquiteto habilidoso e foi um célebre caçador.

Harry Johnston (Inglaterra, século XIX) – O modelo geral de administrador explorador-acadêmico britânico durante a Conquista da África. Ingressou na Royal Geographic Society inicialmente como pintor e depois como botânico. Também se tornou um notável antropólogo, escritor de viagens e romancista.

Heinrich Agrippa (Alemanha, século XVI) – Considerado um dos maiores filósofos ocultistas da história europeia (escritor de *De Occulta Philosophia*), mas também foi teólogo, médico, advogado e soldado.

Henry Thompson (Inglaterra, século XIX) – Um dos principais cirurgiões de seu tempo, que teve Napoleão III, imperador da França, como um de seus pacientes. Criou e manteve um observatório astronômico privado e foi um talentoso pintor, romancista e gastrônomo. Suas outras atividades incluem ser um dos maiores colecionadores de porcelana rara do mundo, além da criação de aves; mais tarde, escreveu um livro sobre automóveis.

Hípias de Elis (Grécia, século V a.C.) – Referido por Platão nos Diálogos Socráticos como poeta, gramático, teórico musical, arqueólogo, historiador da filosofia, astrônomo, matemático e artesão.

Hunayn Ibn Ishaq (Iraque, século IX) – Estudioso de origem cristã que traduziu 116 obras para o califa al-Ma'mun, incluindo *Timaeus*, de Aristóteles, *Metafísica* e o *Antigo Testamento*, em siríaco e árabe. Também acabou se tornando o médico pessoal do califa, e produziu cerca de 36 obras de sua autoria, que abrangiam assuntos tão variados quanto lexicografia, oftalmologia e filosofia.

Ibn Bajjah (Andaluzia, século XII) – Começou sua carreira como músico da corte e poeta do governador almorávida de Saragoça, e de fato alguns dizem que o atual hino nacional espanhol é derivado de seu *Nuba al Istihlal*. Escreveu um livro importante sobre botânica, o *Kitab al Nabat*, bem como vários tratados de psicologia, matemática, física, medicina, astronomia e filosofia.

Ivan Mažuranic (Croácia, século XX) – Teve carreiras talentosas como advogado, astrônomo, matemático, economista, poeta, linguista e político.

James Weldon Johnson (Estados Unidos, século XX) – Uma das maiores figuras culturais do Renascimento do Harlem, nos anos 1920, ele começou sua carreira como compositor da Broadway e mais tarde publicou seu famoso romance *A Autobiografia de um Ex-Negro*, bem como aclamada poesia. Profissionalmente, Johnson teve várias carreiras em direito, diplomacia, jornalismo e política.

Joseph Priestley (Inglaterra, século XVIII) – Ministro da igreja inglesa que, além de ser um dos teólogos mais respeitados de seu tempo, fez contribuições significativas para a química (água com gás), linguagem (gramática inglesa), física (eletricidade), história (cronogramas e gráficos) e filosofia (metafísica).

Kenneth Essex Edgeworth (Inglaterra, século XX) –– Vencedor oficial da Medalha Pollock no exército britânico durante a Primeira Guerra Mundial, também era engenheiro treinado e publicou quatro livros sobre economia durante a Grande Depressão, bem como uma série de artigos inovadores sobre astronomia.

Konrad Megenberg (Alemanha, século XIV) –– Padre erudito, escreveu poemas e hinos, bem como tratados sobre história, filosofia e muitos ramos das ciências naturais.

Lucas, o Evangelista – Discípulo de Paulo, referido no *Novo Testamento* como médico dos Colossenses em várias ocasiões. Ao se tornar um dos quatro evangelistas ou autores dos Evangelhos canônicos de Jesus, ele é considerado um dos primeiros historiadores e teólogos do Cristianismo. Também é reconhecido como um dos primeiros pintores do Cristianismo; a ele são atribuídas as primeiras imagens icônicas de Maria e Jesus.

Mary Anne Evans (Inglaterra, século XIX) – Alcançou sucesso como romancista e psicanalista, mas também como poliglota, filósofa e colunista. Ela teve de usar o (agora famoso) pseudônimo George Eliot em parte por causa de seu gênero, mas também por causa de suas atividades adicionais em outras áreas.

Michael Servatus (Espanha, século XVI) – Teólogo e filósofo humanista que publicou obras sobre medicina e astrologia, ensinava matemática enquanto estudava direito e medicina, após o que foi empregado como médico do arcebispo de Vienne. Também escreveu poesia, e como poliglota, usou suas habilidades linguísticas para fazer várias traduções da Bíblia.

Nasir Khusrow (Pérsia, século XI) – Poliglota que começou sua carreira como financista do sultão seljúcida Toghrul Beg e escreveu um tratado de matemática, que agora se perdeu. Então partiu em uma jornada espiritual famosa para Meca e Jerusalém, narrando suas viagens (publicadas como o famoso *Safarnama*) e escreveu obras teológicas e filosóficas, mas é mais conhecido como um dos grandes poetas da Pérsia.

Nicolau de Kues (Alemanha/Roma, século XV) – Teólogo, filósofo e místico que se tornou cardeal em Roma. Ele foi um jurista treinado e fez descobertas acadêmicas em matemática e astronomia — seus tratados *De Docta Ignorantia*, *De Vision Dei* e *On Conjectures* se tornaram os trabalhos científicos mais importantes do início da Renascença.

Omar Khayyam (Pérsia, século XI) – Mais conhecido por seu *Rubaiyat* (uma coleção de poemas popularizada no Ocidente), mas começou sua carreira como matemático e também escreveu livros importantes sobre assuntos que vão desde mineralogia e música até medicina e teologia.

William Petty (Inglaterra, século XIX) – Destacou-se como arquiteto naval, médico, professor de música, químico e engenheiro que contribuiu para o nascimento da ciência moderna, e fez a conexão entre o Renascimento e o Iluminismo.

Plínio, o Velho (Roma, século I) – Um dos mais célebres naturalistas da história, mas também extraordinário advogado, estadista, soldado (comandante na Germânia e escritor de táticas militares), historiador e gramático.

Posidónio (Grécia, século I a.C.) – Descrito por seu contemporâneo Estrabão como "o filósofo mais erudito de seu tempo", ele fez observações filosóficas sobre física (incluindo meteorologia e geografia física), astronomia, astrologia e adivinhação, sismologia, geologia e mineralogia, hidrologia, botânica, ética, lógica, matemática, história, história natural, antropologia e guerra.

Samudragupta (Índia, século IV) – O segundo e mais célebre dos governantes Gupta, foi um monarca polimático que, além de patrono das artes e da erudição, era conhecido por sua genialidade militar e por se destacar como poeta e músico.

Samuel ibn Naghrillah (Andaluzia, século XII) – Passou de comerciante a general militar, e de vizir a Califa, tornando-se um dos judeus mais influentes da Andaluzia. Também foi um estudioso talmúdico, escreveu sobre a gramática hebraica e se tornou um dos poetas icônicos dessa época.

Sri Chinmoy (Índia, século XX) – Ganhou renome no Ocidente como líder espiritual indiano e filósofo místico e autor, escreveu mais de 1.500 livros, consistindo em poemas, reflexões espirituais, tratados teológicos e peças, bem como 12.000 poemas curtos. Também foi um artista visual com uma vasta produção, bem como prolífico compositor e multi-instrumentalista. Começou a praticar levantamento de peso mais tarde na vida e surpreendeu o mundo ao bater vários recordes mundiais.

Su Shi (China, século XI) – Polímata artístico que se destacou em pintura, caligrafia, poesia, gastronomia e literatura. Seus escritos incluem cerca de 2.700 poemas, 800 cartas e seu famoso livro de viagens conhecido como "ensaios de viagem de um dia".

Su Song (China, século XI) – Funcionário público que serviu em muitas diferentes funções, incluindo Ministro da Justiça, diplomata, administrador financeiro e engenheiro civil. Também foi um arquiteto e astrônomo aclamado, escreveu um tratado abrangente sobre farmacologia e, embora seu foco principal fosse as ciências, também foi grande poeta, crítico de arte e colecionador renomado.

Tai Situ Changchub Gyaltsen (Tibete, século XIV) – Governante do Tibete e comandante militar, também foi pintor reverenciado e notável estudioso de gramática.

Walter Russell (Estados Unidos, século XX) – Organista de igreja, pintor de retratos, arquiteto, escultor, editor de arte, esportista, físico, filósofo espiritual e inventor do termo *New Age* como "filosofia do despertar espiritual do homem".

William Pember Reeves (Nova Zelândia, século XIX) – Em vários momentos de sua vida, ele foi atleta, advogado, diplomata (Alto Comissário em Londres), banqueiro (presidente do Banco Central da Nova Zelândia), jornalista (editor do *Canterbury Times*), poeta (publicou poemas aclamados como *The Passing of the Forest* e *A Colonist in his Garden*) e historiador (escreveu uma história da Nova Zelândia) antes de entrar para a política a fim de atuar como Ministro do Trabalho, Educação e Justiça simultaneamente.

Zaharije Orfelin (Austro-Sérvia, século XVIII) – Mestre gravador e um dos principais editores da época, que editou obras sobre história cultural e fitoterapia. Também foi um célebre poeta e linguista que contribuiu para a formação da língua eslavo-sérvia.

Zhang Heng (China, século II) – Poeta, pintor e escultor consagrado, que se tornou o astrônomo-chefe da corte real. Como matemático, ele fez um cálculo inovador de *pi*, e seu trabalho como inventor produziu a primeira esfera armilar movida a água do mundo, uma versão aprimorada do relógio de água e o primeiro sismômetro do mundo.

Bibliografia Selecionada

AL GHAZALI, A. *Autobiography (Deliverance from Error)*. Fons Vitae, 2001.

ANDERSON, J. L. *Che Guevara: A Revolutionary Life*. Bantam Books, 1996.

ANSARI, T. *Destiny Disrupted: A History of the World through Islamic Eyes*. Public Affairs, 2010.

ARMSTRONG, K. *The Great Transformation*. Anchor Books, 2007.

BLACK, J. *The Secret History of the World*. Quercus, 2007.

BERNSTEIN, A. *The New York Times Practical Guide to Practically Everything*. St. Martin's Press, 2009.

BERTALANFFY, L. *General Systems Theory: Foundations, Development, Application*. George Braziller, 2003.

BOSTROM, N. *Superintelligence: Paths, Dangers Strategies*. Oxford, 2016.

BRANDS, H. W. *The First American: The Life and Times of Benjamin Franklin*. Anchor Books, 2002.

BROCKMAN, J. *This Explains Everything: Deep, Beautiful and Elegant Theories about the Way the World Works*. HarperCollins, 2013.

BRONOWSKI, J. *The Ascent of Man*. BBC, 2011.

BROOMFIELD, J. *Other Ways of Knowing: Recharting Our Future with Ageless Wisdom*. Inner Traditions, 1997.

BRYSON, B. *A Short History of Nearly Everything*. Broadway Books, 2003.

BURCKHARDT, J. *The Civilization of the Renaissance in Italy*. Penguin Classics, 1990.

BURKE, P. *A Social History of Knowledge: From Gutenberg to Diderot*. Polity Press, 2000.

BURKE, P. *A Social History of Knowledge: From the Encyclopedia to Wikipedia*. Polity Press, 2011.

CAPRA, F. The Systems View of Life: A Unifying Vision. Cambridge University Press, 2016.

CAPRA, F. *The Web of Life: A New Synthesis of Mind and Matter*. Flamingo, 1997.

CASTILIGONE, B. *The Book of the Courtier*. Penguin Classics, 2004.

CHARLES, Prince of Wales. *Harmony: A New Way of Looking at Our World*. Harper & Row, 2010.

CLARK, K. *Civilisation*. John Murray Publishers, 2005.

COOPER, D. E. *World Philosophies*. John Wiley & Sons, 2002.

DAVIDSON, B. *Africa in History*. Simon & Schuster, 1995.

DA VINCI, L. *Notebooks*. Oxford World's Classics, 2008.

DE BONO, E. *Lateral Thinking: A Textbook of Creativity*. Penguin Books, 2009.

DIAMOND, J. *The World until Yesterday: What Can We Learn from Traditional Societies?*. Penguin Books, 2013.

DIOP, C. A. *The African Origins of Civilization: Myth or Reality?*. A Capella Books, 1974.

DONKIN, R. *The History of Work*. Palgrave McMillan, 2010.

DUBERMAN, M. *Paul Robeson*. Random House, 1989.

DURANT, W. *The Lessons of History*. Simon & Schuster, 2010.

DURANT, W. *Our Oriental Heritage (The Story of Civilization)*. Simon & Schuster, 1954.

DUTTA, K. *Rabindranath Tagore: The Myriad-Minded Man*. I.B. Tauris, 2008.

ERISSON, K. A., N. Charness, P. J. Feltovich, and R. R. Hoffman, eds. *The Cambridge Handbook of Expertise and Expert Performance*. Cambridge University Press, 2006.

FAKHRY, M. *A History of Islamic Philosophy*. Columbia University, 2004.

FARWELL, B. *Burton: A Biography of Sir Richard Francis Burton*. Penguin Books, 1990.

FERNANDEZ-ARMESTO, F. *Ideas that Changed the World*. Dorling Kindersley, 2003.

FRANKLIN, B. *Autobiography*. Dover, 1996.

FRODEMAN, R., ed. *The Oxford Handbook on Interdisciplinarity*. Oxford University Press, 2012.

FUNG, Y. *A Short History of Chinese Philosophy: A Systematic Account of Chinese Thought from Its Origins to Present Day*. Simon & Schuster, 1997.

GARDNER, H. *Multiple Intelligences*. Basic Books, 2006.

GAZZANIGA, M. S. *Human: The Science Behind What Makes Us Unique*. HarperCollins, 2008.

GELB, M. *Think Like Da Vinci: 7 Easy Steps to Boosting Your Everyday Genius*. Harper Element, 2009.

GOULD, S. J. *The Hedgehog, the Fox, and the Magister's Pox: Mending and Minding the Misconceived Gap between the Sciences and the Humanities*. Vintage, 2004.

GRAFTON, A. *Leon Battista Alberti*. Penguin, 2002.

GREENE, R. *Mastery*. Profile Books, 2012.

HARARI, Y. N. *Homo Deus: A Brief History of Tomorrow*. Penguin Books, 2015.

HARMAN, C. *A People's History of the World: From the Stone Age to the New Millennium*. Verso Books, 2008.

HELLER, A. *Renaissance Man*. Routledge and Keegan Paul, 1978.

HIMMICH, B. *The Polymath* (Modern Arabic Literature). The American University in Cairo Press, 2008.

HOBSON, J. M. *The Eastern Origins of Western Civilisation*. Cambridge University Press, 2004.

HOFSTADTER, D. *Gödel, Escher, Bach: An Eternal Golden Braid*. Penguin Books, 2000.

HOURANI, A. *A History of the Arab Peoples*. Faber and Faber, 2005.

HUNTFORD, R. *Nansen: The Explorer as Hero*. Abacus, 2001.

HURRY, J. *Imhotep*. Oxford University Press, 1928.

JENKINS, R. *Churchill: A Biography*. Pan, 2002.

JOHANSSON, F. *Medici Effect: What You Can Learn from Elephants and Epidemics*. Harvard Business School Press, 2006.

JONES, J. *The Lost Battles: Leonardo, Michelangelo and the Artistic Duel That Defined the Renaissance*. Simon & Schuster, 2010.

KAHNEMAN, D. *Thinking, Fast and Slow*. Penguin Books, 2013.

KELLY, I. *Casanova: Actor, Spy, Lover, Priest*. Hodder Paperbacks, 2009

KEMP, M. *Leonardo*. Oxford University Press, 2011.

KHALDÛN, Ibn. *The Muqaddimah: An Introduction to History*. Abridged ed. Princeton University Press, 2004.

KOENIGSBERGER, D. *Renaissance Man and Creative Thinking: A History of Concepts and Harmony, 1400–1700*. Humanities Press, 1979.

KRUGLANSKI, A. *The Psychology of Closed Mindedness* (Essays in Social Psychology). Psychology Press, 2004.

KURZWEIL, R. *The Singularity Is Near: When Humans Transcend Biology*. Viking Press, 2005.

KZNARIC, R. *How to Find Fulfilling Work (The School of Life)*. Macmillan, 2012.

LEVITIN, D. *The Organized Mind*. Penguin, 2015.

LINGS, M. *Muhammad: His Life Based on the Earliest Sources*. Islamic. Texts Society, 1983.

LYONS, J. *The House of Wisdom: How the Arabs Transformed Western Civilization*. Bloomsbury Publishing, 2010.

MARX, K. *Grundrisse*. Penguin Books, 1993.

MCGILCHRIST, I. *The Master and His Emissary: The Divided Brain and the Making of the Western World*. Yale University Press, 2012.

MIRANDOLA, G. P. *Oration on the Dignity of Man*. Regnery Publishing, 1996.

MONTAIGNE, M. *Essays*. Penguin, 1993.

MORAN, J. *Interdisciplinarity (The New Critical Idiom)*. Routledge, 2010.

MORGAN, M. *Lost History: The Enduring Legacy of Muslim Scientists, Thinkers and Artists*. National Geographic Society, 2008.

MORRIS, E. *The Rise of Theodore Roosevelt*. Modern Library, 2001.

NASR, S. H. *Science and Civilization in Islam*. Suhail Academy Lahore, 1968.

NICHOLL, C. *Leonardo Da Vinci: The Flights of the Mind*. Penguin, 2005.

NY TIMES STAFF. *The New York Times Guide to Essential Knowledge: A Desk Reference for the Curious Mind*. St. Martin's Press, 2008.

OLDMEADOW, H. *Journeys East: 20th Century Western Encounters with Eastern Religious Traditions*. World Wisdom, 2004.

PAINTER, F. V. N. *A History of Education History of Ed* (Classic Reprint). Forgotten Books, 2012.

PERKIN, H. J. *The Rise of Professional Society: England since 1880*. Routledge, 1989.

PERRY, W. *Spiritual Ascent: A Compendium of the World's Wisdom*. Fons Vitae, 2008.

PLATO. *Early Socratic Dialogues*. Penguin Classics, 2005.

PONTINg, C. *World History: A New Perspective*. Pimlico, 2002.

PRIESS, D. D. *Innovations in Educational Psychology: Perspectives in Learning, Teaching and Human Development*. Springer, 2010.

RIDLEY, M. *Nature via Nurture*. Harper Perennial, 2004.

ROBERTS, J. M.; WESTAD, O. A. *The Penguin History of the World*. 6th ed. Allen Lane, 2013.

ROBINSON, A. *Sudden Genius? The Gradual Path to Creative Breakthroughs: Creativity Explored through Ten Extraordinary Lives*. Oxford University Press, 2010.

ROBINSON, A. *The Last Man Who Knew Everything*. OneWorld Publications, 2006.

ROOT-BERNSTEIN, M. *Sparks of Genius: The 13 Thinking Tools*. Houghton Mifflin (Trade), 2001.

ROSE, J. *The Intellectual Life of the British Working Classes*. Yale University Press, 2001.

RUSSELL, B. *History of Western Philosophy*. Routledge Classics, 2004.

SAID, E. *Orientalism*. Penguin Books, 2003.

SEUNG, S. *Connectome – How the Brain's Wiring Makes Us Who We Are*. Penguin Books, 2012.

SHAVININA, L. *International Handbook of Giftedness*. Springer, 2009.

SHAVININA, L. *International Handbook of Innovation*. Springer, 2003.

SMITH, H. *The World's Religions*. HarperSanFrancisco, 2009.

STERNBERG, R. *Creativity: From Potential to Realisation*. American Psychological Association, 2004.

TOYNBEE, A. J. *A Study of History: Abridgement of Vols. I–VI*. Oxford University Press, 1988.

TOYNBEE, A. J. *A Study of History: Abridgement of Vols. VII–X*. Oxford University Press, 1988.

VAN DOREN, C. *A History of Knowledge: Past, Present and Future*. Ballantine Books, 1991.

VASARI, G. *The Lives of the Artists*. Oxford Paperbacks, 2008.

WATSON, P. *Ideas: A History from Fire to Freud*. Phoenix, 2006.

WEINHART, F. *Copernicus, Darwin and Freud: Revolutions in the History and Philosophy of Science*. Wiley-Blackwell, 2008.

WELLS, H. G. *A Short History of the World*. Penguin Classics, 2006,

WILSON, E. O. *Consilience: The Unity of Knowledge*. Abacus, 1999.

WIREDU, K. *A Companion to African Philosophy* (Blackwell Companions to Philosophy). Wiley-Blackwell, 2005.

O Autor

"Ele surge rapidamente como um jovem Leonardo da Vinci"

Professor Nasser D. Khalili – Fundador da Coleções Khalili

Waqās é diretor artístico da Coleções Khalili — uma das coleções particulares de arte mais abrangentes e diversificadas do mundo —, em que seu trabalho inclui parceria com o Google para tornar a arte mais acessível por meio de curadoria digital e otimização visual. Como artista, suas próprias pinturas têm sido encomendadas e adquiridas por grandes instituições em todo o mundo.

Paralelamente, Waqās está concluindo seus estudos de pós-graduação em Neurociência no Kings College London, onde faz pesquisas sobre abordagens multidisciplinares para a pesquisa e tratamento da dor crônica.

Antes disso, Waqās foi jornalista diplomático e editor. Como correspondente mundial da *FIRST Magazine*, suas entrevistas exclusivas incluíram chefes de governos, líderes empresariais e intelectuais famosos em todo o mundo. Ele tornou-se editor dos Relatórios Oficiais das Reuniões do Governo de líderes da Commonwealth (2011–2015) e, mais recentemente, de *Holy Makkah* — o primeiro estudo holístico sobre a cidade sagrada em língua inglesa —, que recebeu elogios da UNESCO, da Commonwealth e do Vaticano.

Waqās começou sua carreira explorando diferentes áreas: ele se qualificou como profissional de *fitness*, treinou uma divisão de elite das Forças Armadas Britânicas, foi analista de promoção de investimentos no Golfo, trabalhou na vanguarda de comunicações estratégicas e tornou-se professor visitante sobre História Internacional na University of the West of England.

Nascido e criado na Grã-Bretanha, Waqās morou desde então em vários países em toda a Europa, África, Oriente Médio e Sul da Ásia. Ele tem diplomas em Economia (BSc, SOAS) e Relações Internacionais (MSc, LSE), mas sua verdadeira educação veio dos cinco anos que passou viajando pelo mundo pesquisando e escrevendo *O Polímata*, seu primeiro livro.

Agradecimentos

Acredito que tudo emana de uma única Fonte. Então, como eu seria incapaz de "agradecer" a Deus, gostaria de expressar que tenho consciência de Suas bênçãos, que neste caso se manifestaram em minha habilidade de escrever este livro. Nem é preciso dizer que agradeço a meus pais, Aftab e Jamila, por serem os preciosos canais através dos quais fui trazido à existência, e por seu amor e apoio contínuos. Agradeço também aos meus irmãos por estarem lá por mim desde o começo.

Agradeço à minha linda esposa, Varsha, que esteve comigo durante toda esta jornada, tanto como amorosa crítica como uma fonte de imensa inspiração. Sou também grato pelo carinho e apoio de longa data que meus sogros têm demonstrado.

Um agradecimento especial a Robin Jones, meu agente literário, que perseverou comigo nos tempos difíceis em que a maioria dos editores evitava publicar um livro que eles não podiam facilmente "definir". Agradeço à equipe da John Wiley & Sons por dar este salto de fé e por facilitar o processo de publicação de forma cooperativa. Obrigado também ao meu amigo de longa data e companheiro de viagem Paul Gladstone-Reid pelas explosões de energia e *insights* que ele trouxe às nossas conversas ao longo de muitos anos.

Como autor de primeira viagem, o que mais aprendi com o processo de escrita deste livro é que se você estender a mão para estranhos com sinceridade e persistência humilde, eles geralmente respondem. Sendo um "ninguém" no mundo literário, tive a audácia de abordar alguns dos maiores nomes do nosso mundo, em busca de seu tempo e seus *insights*, sem nada a oferecer em troca, exceto gratidão. Estou impressionado com sua gentileza e agradeço a todos eles, em ordem alfabética:

- A.J. Jacobs
- Anders Sandberg
- Ashok Jahnavi Prasad
- Azeem Ibrahim
- Benjamin Dunlap
- Billy Childish
- Daniel Levitin
- David E. Cooper
- Douglas Hofstadter
- Edward de Bono
- Felipe Fernandez-Armesto
- F. Story Musgrave
- Gayatri Chakravoti Spivak
- Graham Hancock
- Hamlet Isakhanli
- Iain McGilchrist
- Jao-Tsung-I
- Jimmy Wales
- Juli Crockett
- Keith Eyeons
- Ken Robinson
- Matt Ridley
- Nasser David Khalili
- Nathan Myhrvold
- Noam Chomsky
- Patricia Fara
- Peter Burke
- Rand Spiro
- Ray Kurzweil
- Raymond Tallis
- Roger Scruton
- Seyyed Hosien Nasr
- Tim Ferriss
- Vaclav Smil
- Ziauddin Sardar

Imhotep – arquiteto, poeta, médico, sacerdote, filósofo, estadista (Egito, século 27 aC)

Aristóteles – zoólogo, botânico, físico, filósofo, teórico da arte, teórico político, astrônomo (Grécia, século IV aC)

Ban Zhao – historiador, genealogista, bibliotecário, poeta, filósofo, escritor de viagens, astrônomo (China, século I)

Lubna de Córdoba – matemático, linguista, poetas, cientista, bibliotecário (Andaluzia, século X)

Shen Kuo – anatomista, astrônomo, artista, poeta, engenheiro, matemático, burocrata (China, século X)

Ibn Sina – médico, filósofo, teólogo, matemático, poeta, astrônomo (Pérsia, século XI)

Hildegard de Bingen – teóloga, compositora, poetisa, filósofa, cientista, gramática (Alemanha, século XII)

Ibn Khaldun – filósofo, historiador, economista, sociólogo, diplomata, antropólogo (Tunísia, século XIV)

Nezahualcoyotl – arquiteto, filósofo, poeta, patrono das artes, monarca (Mesoamérica, século XV)

Leonardo Da Vinci – artista, engenheiro, arquiteto, filósofo, dramaturgo, cartógrafo, anatomista, naturalista (Itália, século XV)

Ahmed Baba – educador, linguista, teólogo, antropólogo, jurista (África Ocidental, século XVI)

Nicolau Copérnico – astrônomo, artista, matemático, economista, advogado, diplomata, clérigo (Polônia, século XVI)

Gottfried Wilhelm Leibnitz – advogado, diplomata, engenheiro, bibliotecário, alquimista, historiador, matemático, físico, geólogo, filósofo (Alemanha, século XVII)

Anna Maria Van Schurman – artista, linguista, feminista, advogada, teóloga (Holanda, século XVII)

Benjamin Franklin – editor, escritor, empresário, filósofo, cientista, inventor, diplomata (Estados Unidos, século XVIII)

Johann Von Goethe – filósofo, poeta, artista, advogado, cientista, dramaturgo (Alemanha, século XVIII)

Mikhail Lomonosov – físico, astrônomo, geólogo, químico, artista, poeta, historiador, linguista (Rússia, século XVIII)

Thomas Jefferson – advogado, arquiteto, inventor, filósofo, linguista, estadista (século XVIII, Estados Unidos)

Alexander Von Humboldt – explorador, botânico, oceanógrafo, antropólogo, zoólogo, anatomista, geólogo (Alemanha, século XIX)

Jose Rizal – romancista, artista, médico, ativista político, linguista, poeta (Filipinas, século XIX)

William Morris – artista, empresário, editor, poeta, romancista, ativista político (Grã-Bretanha, século XIX)

Karl Marx – historiador, economista, filósofo, sociólogo, jornalista, ativista (Alemanha, século XIX)

Florence Nightingale – enfermeira, matemática, teóloga, feminista, humanitária (Grã-Bretanha, século XIX)

Lewis Carroll (Charles Dodgson) – fotógrafo, inventor, poeta, romancista, clérigo, matemático (Grã-Bretanha do século XIX)

Richard Francis Burton – poeta, esgrimista, linguista, explorador, antropólogo, soldado, espião (Grã-Bretanha, século XIX)

Winston Churchill – soldado, jornalista, historiador, escritor, artista, estadista (Grã-Bretanha, século XX)

Rabindranath Tagore – poeta, dramaturgo, filósofo, pintor, compositor, romancista (Índia, século XX)

Rudolf Steiner – artista, arquiteto, filósofo, espiritualista, agricultor, educador, fitoterapeuta, ativista político (Áustria, século XIX)

Jean Cocteau – escultor, pintor, poeta, dramaturgo, cineasta, compositor, dramaturgo, romancista (França, século XX)

Jan Smuts – botânico, filósofo, jornalista, advogado, soldado, estadista (África do Sul, século XX)

Muhammad Iqbal – filósofo, advogado, poeta, linguista, político (Paquistão do século XX)

Albert Schweitzer – compositor, teólogo, médico, filósofo, humanitário (Alsácia, século XX)

Paul Robeson – atleta, advogado, cantor, ator, linguista, ativista (Estados Unidos, século XX)

Cheikh Anta Diop – historiador, físico, cientista político, antropólogo, político (Senegal, século XX)

Maya Angelou – dançarina, cantora, poetisa, escritora, romancista, cineasta, jornalista, linguista, historiadora, ativista (Estados Unidos, século XXI)

Jay Tsung-I – historiador, indologista, sinologista, filósofo, calígrafo, compositor, linguista, poeta (China, século XXI

Dados Técnicos:

• Formato:	16 x 23 cm
• Mancha:	12 x 19 cm
• Fonte texto:	Garamond
• Corpo:	11
• Entrelinha:	13
• Total de páginas:	264
• Lançamento:	2022